Gesprächs-Check

Das Formularbuch für Ihre Mitarbeitergespräche.

Mit allen wichtigen Checklisten, Selbst-Tests, Argumentationsplänen und Planungshilfen. Inkl. genauer Erläuterungen.

Als Kopiervorlage und auf CD-ROM

Sicher • gut • beraten
Fachverlag für Recht und Führung
http://www.recht-und-fuehrung.de

Vorwort

Können wir mit kurzen „Checks“ dazu beitragen, Mitarbeitergespräche zu besseren Ergebnissen zu bringen?

Das war die ausschlaggebende Frage, die zu dem nun vorliegenden Gesprächs-Check führte.

Sehr geehrte Leserin, sehr geehrter Leser,

die Anregung zu diesem „Gesprächs-Check“ kam von einer Gutachterin, die uns ihre Erfahrungen mit dem „Handbuch für den Vorgesetzten“ mitteilte:

> „Vielleicht geht es Ihnen wie mir: Ich glaubte immer, es sei nicht notwendig, sich auf Mitarbeitergespräche unter 4 Augen groß vorzubereiten.
>
> Als dann ein besonders schwieriges Gespräch mit einem Mitarbeiter vor der Tür stand, beschloss ich, es diesmal doch zu tun. Dazu zog ich eine Checkliste aus dem „Handbuch für den Vorgesetzten“ heran.
>
> Es kam zu einem Gesprächsverlauf, den ich nie erwartet hätte. Anstatt der üblichen Konfrontation entstand ein **konstruktiver Dialog,** in dem eine gehörige Portion **Vertrauen auf beiden Seiten** aufgebaut wurde.
>
> Da ich wissen wollte, woran das lag, nahm ich mir auch die **Zeit, das Gespräch nachzubereiten**. Bei einer Gelegenheit kurz darauf setzte ich das in dieser Nacharbeit zusammengestellte wieder ein und erhielt eine **sehr positive Resonanz** von dem Mitarbeiter, der ursprünglich als „extrem schwierig“ eingestuft worden war. Seine Leistungen und sein Ansehen im Team stiegen wie von selbst stark an.
>
> Seitdem nutze ich die Hilfen aus dem „Handbuch für den Vorgesetzten“ häufig.“

Ich freue mich, Ihnen nun den „Gesprächs-Check“ zu präsentieren, in dem wir Ihnen viele Hilfen für Ihre Mitarbeitergespräche zusammengestellt haben.

Nach der guten Erfahrung empfehle ich Ihnen, sich etwas Ihrer kostbaren **Zeit zu sparen** und zur **kostengünstigen Beratung** in Ihr Bücherregal zu greifen.

Testen Sie es mal:

Überlegen Sie kurz, welches Gespräch als nächstes auf Sie zu kommt.
Suchen Sie dann aus dem **Inhaltsverzeichnis** die passenden Seiten heraus und setzen Sie die **Tipps und Hinweise** ein, um sich vorzubereiten.
Zugegeben, das dauert beim ersten Mal etwas länger, bis alles bedacht ist.
Doch dieser Lernprozess lohnt sich! Bereits beim 2. Mal sind Sie **schneller mit der Vorbereitung fertig** und mit jedem neuen Gespräch werden Sie **Erfolge** verbuchen können.

Ich wünsche Ihnen auf jeden Fall viele interessante Gespräche mit positiven Resultaten.

Mit freundlichen Grüßen

Daniela Birkelbach

Daniela Birkelbach
Produktmanagement
Gesprächs-Check
Das Formularbuch für Ihre Mitarbeitergespräche

Mit allen wichtigen Checklisten, Selbst-Tests, Argumentationsplänen und Planungshilfen.

Teil I: Allgemeines zur Gesprächsführung von A-Z

Teil II: Mitarbeitergespräche von A-Z

Teil III: Kritikgespräche für spezielle Fälle

Extrateil: Eigene Gespräche

Teil I: Allgemeines zur Gesprächsführung von A-Z

Die Instrumente der Fragetechnik ermöglichen Ihnen, ein Gespräch erfolgreich in die von Ihnen gewünschte Richtung zu lenken.

Fragen sind eine wirksame Methode, um

- neue Sichtweisen und Ideen zu kreieren,
- den Gesprächspartner zu aktivieren,
- das Gespräch zu steuern,
- die zwischenmenschliche Beziehung im Gespräch zu intensivieren.

2 Gruppen sind zu unterscheiden:

A) Fragetypen

B) Fragearten (siehe nächste Seite)

A) Fragetypen

Es gibt 2 Fragetypen:

1. offene Fragen
2. geschlossene Fragen

1 Offene Fragen

Durch diesen Fragetyp räumen Sie dem Befragten eine Vielzahl von Beantwortungs-Alternativen ein. Sie schränken ihn in keiner Weise ein und akzeptieren kein einfaches „Ja“ oder „Nein“. Dadurch geben Sie dem Befragten bewusst die Möglichkeit, zu sagen, was er denkt und möchte.

Offene Fragen leiten Sie durch so genannte W-Wörter ein:

Was .... wollen Sie erreichen?
Wer .... gab Ihnen diese Information?
Wann .... könnten Sie anfangen?
Wie .... stellen Sie sich Ihre Aufgabe vor?
Weshalb ...... mussten Sie Ihre Arbeitsstelle aufgeben?
Warum .... wollen Sie uns verlassen?
Welche .... Ziele haben Sie?
Wieso .... haben Sie Kollege Müller die Informationen vorenthalten?
Wie viele ..... Jahre sind Sie bei unserem Unternehmen beschäftigt?

2 Geschlossene Fragen

Durch geschlossene Fragen zwingen Sie den Befragten, nur mit „Ja“ oder „Nein“ zu antworten.

Eingeleitet werden diese Fragen durch Verben wie:

Haben Sie .... eine Berufsausbildung?
Waren Sie .... im Ausland tätig?
Können Sie ... gut Englisch sprechen?
Wussten Sie ... von dieser Intrige?
Ist es richtig, .. dass Sie vorbestraft sind?
Möchten Sie ... eine Tasse Kaffee?

Merkblatt: So setzen Sie offene und geschlossene Fragen optimal ein

1	**Offene Fragen sind dann sinnvoll,**
	wenn Sie ein Gespräch in Gang bringen wollen, um ...
	... unsichere und verschlossene Mitarbeiter zum Reden zu bewegen.
	... Anfangshemmungen nervöser Mitarbeiter abzustellen.
	... eine entspannte Gesprächsatmosphäre zu erzeugen.
	wenn Sie ein Gespräch zielorientiert vorwärts bringen wollen, um ...
	... ein Ergebnis in die gewünschte Richtung zu bringen.
	... ein Thema von einem anderen Gesichtspunkt aus zu betrachten.
	... einen zurückhaltenden Mitarbeiter zum Mitdenken zu bewegen.
	wenn Sie auf den Partner eingehen wollen, um ...
	... zu signalisieren, dass Sie an seiner Meinung interessiert sind.
	... zu zeigen, dass Sie aktiv zuhören und während des Gesprächs mitdenken.
	... einen regen Dialog führen wollen.
2	**Geschlossene Fragen sind dann sinnvoll,**
	wenn Sie sich Informationen beschaffen wollen, um ...
	... Sachverhalte klarzustellen.
	... präzise Antworten zu erhalten.
	... Probleme zielgenau zu klären.
	wenn Sie Zeit gewinnen wollen, um ...
	... auf unangenehme Fragen antworten zu können.
	... Gegenargumente zu vermeiden.
	... keine Einwände zuzulassen.

Kopiervorlage

Darauf sollten Sie beim Einsatz von Fragetypen achten:

- Berücksichtigen Sie bei der Anwendung von offenen Fragen den Wortschatz Ihres Gesprächspartners. Offene Fragen erfordern ein besseres Ausdrucksvermögen.
- Geschlossene Fragen bergen eine größere Gefahr der Suggestiv-Wirkung in sich. Daher sollte der Gesprächspartner genügend Zeit zum Antworten haben.
- Verfügt Ihr Gesprächspartner über ein gutes Ausdrucksvermögen, sollten Sie geschlossene Fragen vermeiden. Er könnte sich dadurch behindert und eingeengt füllen.

Merkblatt: So setzen Sie offene und geschlossene Fragen optimal ein

Offene Fragen sind dann sinnvoll,
wenn Sie ein Gespräch in Gang bringen wollen, um ...
... unsichere und verschlossene Mitarbeiter zum Reden zu bewegen.
... Anfangshemmungen nervöser Mitarbeiter abzustellen.
... eine entspannte Gesprächsatmosphäre zu erzeugen.
wenn Sie ein Gespräch zielorientiert vorwärts bringen wollen, um ...
... ein Ergebnis in die gewünschte Richtung zu bringen.
... ein Thema von einem anderen Gesichtspunkt aus zu betrachten.
... einen zurückhaltenden Mitarbeiter zum Mitdenken zu bewegen.
wenn Sie auf den Partner eingehen wollen, um ...
... zu signalisieren, dass Sie an seiner Meinung interessiert sind.
... zu zeigen, dass Sie aktiv zuhören und während des Gesprächs mitdenken.
... einen regen Dialog führen wollen.
Geschlossene Fragen sind dann sinnvoll,
wenn Sie sich Informationen beschaffen wollen, um ...
... Sachverhalte klarzustellen.
... präzise Antworten zu erhalten.
... Probleme zielgenau zu klären.
wenn Sie Zeit gewinnen wollen, um ...
... auf unangenehme Fragen antworten zu können.
... Gegenargumente zu vermeiden.
... keine Einwände zuzulassen.

B) Fragearten

Welche Art von Fragen Sie stellen, hängt von dem Ziel ab, das Sie erreichen wollen.

1 Die Informationsfrage

Mit einer Informationsfrage können Sie die Einstellung des Gesprächspartners erfahren und Fakten ermitteln. Sie kommen schnell zum Kern des Gesprächs und erfahren von Ihrem Gesprächspartner seine Sichtweise.

Beispiel: „Was haben Sie für berufliche Ziele?"

2 Die Lösungsfrage

Mit dieser Frageart können Sie den Gesprächspartner aktivieren, an Lösungen mitzuarbeiten. Sie zielt darauf ab, den Mitarbeiter in die Problemlösung mit einzubeziehen und ihn für das Gespräch zu motivieren.

Beispiel: „Haben Sie eine Idee, wie wir dieses Problem lösen können?"

3 Die Suggestivfrage (rhetorische Frage)

Suggestivfragen sind in vielen Fällen keine echten Fragen. Sie legen damit dem Befragten die Antwort in den Mund und führen ihn gezielt in die gewünschte Richtung. Die Fragen beziehen Sie konkret auf einen bestimmten Fall und schließen eine Bewertung mit ein. Suggestivfragen werden meist in geschlossener Form gestellt und haben oft die negative Tendenz eines unterschwelligen Vorwurfs.

Beispiel: „Sind Sie nicht auch der Meinung, Sie hätten sich mehr um diese Arbeit kümmern müssen?"

Unterschwelliger Vorwurf: „Gerade von Ihnen hätte ich in dieser Angelegenheit mehr erwartet!"

4 Die Gegenfrage

Hierbei antworten Sie auf eine Frage mit einer Gegenfrage. Damit gewinnen Sie die Initiative zurück und Zeit für eine geeignete Antwort.

Beispiel: „Herr Müller, warum sind Sie mit den Listen immer noch nicht fertig?"

Gegenfrage: „Bis wann benötigen Sie denn die Listen?"

5 Die Motivationsfrage

Die Motivationsfrage eignet sich zur positiven Gestaltung des Gesprächsklimas.

Beispiel: „Könnten Sie Ihre große Erfahrung auch an die jüngeren Kollegen weitergeben?"

6 Die Kontrollfrage

Mit der Kontrollfrage können Sie überprüfen, ob Sie mit dem Befragten inhaltlich übereinstimmen. Sie können so ausschließen, dass falsche oder abweichende Antworten gegeben wurden.

Beispiel: „Habe ich Sie richtig verstanden? Sie wollen uns zum Monatsende verlassen?"

Merkblatt: So setzen Sie Fragearten optimal ein

1	**Informationsfragen können Sie anwenden, um ...**
	... inhaltliche, objektive Aspekte einer Situation zu klären.
	... einen Einstieg in die Besprechung von Problemsituationen zu finden.
	... die Einstellung des Gesprächspartners zu ermitteln.
2	**Lösungsfragen können Sie anwenden, um ...**
	... den Gesprächspartner in die Lösungsfindung einzubeziehen.
	... nach weiteren Lösungsalternativen zu suchen.
	... dem Gesprächspartner das Gefühl zu geben, er habe das Problem gelöst.
3	**Suggestivfragen können Sie anwenden, um ...**
	... wertorientierte und beziehungsrelevante Botschaften zu vermitteln.
	... dem Befragten eine bestimmte Antwort nahe zu legen.
	... dem Befragten eine Meinung zu suggerieren.
4	**Gegenfragen können Sie anwenden, um ...**
	... die Gesprächsinitiative zurück zu gewinnen.
	... zusätzliche Informationen zu bekommen.
	... in Engpass-Situationen Zeit für eine Antwort zu gewinnen.
5	**Motivationsfragen können Sie anwenden, um ...**
	... ein positives Gesprächsklima zu erzeugen.
	... Formulierungen „partnerschaftlich" auszudrücken.
	... den Gesprächspartner selbstsicher zu machen.
6	**Kontrollfragen können Sie anwenden, um ...**
	... festzustellen, ob Ihr Gesprächspartner einen Gedankengang mitvollzogen hat.
	... sicherzugehen, dass bestimmte Informationen richtig verstanden wurden.
	... ein Gespräch abzuschließen.

Kopiervorlage

Tipps, wie Sie Fragen am besten einsetzen:

- Stellen Sie immer nur eine Frage.
- Lassen Sie Ihrem Gesprächspartner genügend Zeit, Ihre Frage zu beantworten.
- Hören Sie während der Antwort gut zu.
- Formulieren Sie Ihre Frage ohne Vorurteil.
- Formulieren Sie Ihre Frage präzise.
- Begründen Sie ungewöhnliche Fragen.
- Lassen Sie in Ihrer Fragestellung nicht den Eindruck eines Verhörs aufkommen.
- Achten Sie darauf, dass die Fragen nicht zu künstlich und konstruiert klingen. Seien Sie flexibel genug, um zusätzlich mit weiteren Fragen situationsbezogen nachzufragen.

Merkblatt: So setzen Sie Fragearten optimal ein

Informationsfragen können Sie anwenden, um ...
... inhaltliche, objektive Aspekte einer Situation zu klären.
... einen Einstieg in die Besprechung von Problemsituationen zu finden.
... die Einstellung des Gesprächspartners zu ermitteln.
Lösungsfragen können Sie anwenden, um ...
... den Gesprächspartner in die Lösungsfindung einzubeziehen.
... nach weiteren Lösungsalternativen zu suchen.
... dem Gesprächspartner das Gefühl zu geben, er habe das Problem gelöst.
Suggestivfragen können Sie anwenden, um ...
... wertorientierte und beziehungsrelevante Botschaften zu vermitteln.
... dem Befragten eine bestimmte Antwort nahe zu legen.
... dem Befragten eine Meinung zu suggerieren.
Gegenfragen können Sie anwenden, um ...
... die Gesprächsinitiative zurück zu gewinnen.
... zusätzliche Informationen zu bekommen.
... in Engpass-Situationen Zeit für eine Antwort zu gewinnen.
Motivationsfragen können Sie anwenden, um ...
... ein positives Gesprächsklima zu erzeugen.
... Formulierungen „partnerschaftlich“ auszudrücken.
... den Gesprächspartner selbstsicher zu machen.
Kontrollfragen können Sie anwenden, um ...
... festzustellen, ob Ihr Gesprächspartner einen Gedankengang mitvollzogen hat.
... sicherzugehen, dass bestimmte Informationen richtig verstanden wurden.
... ein Gespräch abzuschließen.

Alle Gespräche zwischen Führungskraft und Mitarbeiter, die über die routinemäßige Alltagskommunikation hinausgehen, zählen zu den so genannten Mitarbeitergesprächen. Sie können verschiedene Funktionen haben wie: Informationen auszutauschen, Anweisungen zu geben, Aufgaben zu delegieren, Konflikte zu bewältigen und Probleme zu lösen.

Es gibt folgende Arten von Mitarbeitergesprächen:

1. Das anlassbezogene Gespräch mit einem Mitarbeiter,
2. das regelmäßige Mitarbeitergespräch,
3. das Coaching-Gespräch.

Merkmale eines anlassbezogenen Mitarbeitergesprächs

- Sie führen das Gespräch mit einem Mitarbeiter anlassbezogen.

  Gesprächsfelder können unter anderem sein:

  - Einführungsgespräch
  - Briefinggespräch
  - Rückkehrgespräch/Fehlzeitengespräch
  - Disziplinargespräch
  - Zwischenstandskontrolle bei Projekten
  - Abgangsgespräch
  - Unterweisungsgespräch
  - Kritikgespräch
- Sie vereinbaren mit dem Mitarbeiter einen kurzfristigen Termin.
- Das Gespräch findet an Ort und Stelle statt.
- Sie planen für das Gespräch eine Dauer von höchstens 5 bis 30 Minuten ein.
- Ihr Ziel ist es, dem Mitarbeiter auf schnellem Weg Informationen zu vermitteln.

Merkmale eines regelmäßigen Mitarbeitergesprächs

- Das Mitarbeitergespräch findet regelmäßig und geplant statt. Zu den Gesprächsfeldern zählen:
  - Zielvereinbarungsgespräch
  - Beurteilungsgespräch
  - Fördergespräch
  - Jahresmitarbeitergespräch
  - Rückmeldegespräch
- Grundlage des Mitarbeitergesprächs ist die Motivation des Mitarbeiters.
- In dem Mitarbeitergespräch ziehen Sie Bilanz über das vergangene Jahr.
- Sie vereinbaren Zielsetzung und Arbeitsschwerpunkte und besprechen konkrete Fördermaßnahmen zur fachlichen und persönlichen Weiterbildung.
- Mitarbeitergespräche finden immer zu einem vereinbarten Termin statt.
- Mittels strukturierter Vorbereitungsbögen planen Sie das Gespräch intensiv.
- Sie planen cirka 2 Stunden für das Gespräch ein.
- Sie sorgen dafür, dass das Gespräch ungestört verläuft.
- Ihr Ziel sind klare Zielvereinbarungen.

Notizformular: Mitarbeitergespräch

Anliegen des Gesprächs:	
Gesprächsart:	
Ziel des Gesprächs:	
Geplante Dauer des Gesprächs:	
Gesprächsteilnehmer:	
Gesprächsort:	
Störungen zulassen:	Ja ❑ Nein ❑
Gesammelte Hintergrund-informationen über:	a) Mitarbeiter: b) Gesprächsanlass:
Notwendige Gesprächsunterlagen:	
Mögliche Argumente:	
Geplante Maßnahmen:	
Ergebnis:	
Analyse:	
Fazit:	

Kopiervorlage

Merkmale eines Coaching-Gesprächs

- Sie stehen Ihrem Gegenüber als Berater zur Seite. Dabei versuchen Sie, Defizite zu definieren, Ursachen zu analysieren und den Mitarbeiter fachlich zu unterstützen.
- Das Coaching findet regelmäßig statt.
- In der Regel führen Sie mit dem Mitarbeiter 4-Augen-Gespräche.
- Sie unterstützen das Coaching durch verschiedene Methoden wie Übungen, Fallbeispiele, Videoanalyse.
- Ihr Ziel ist es, Defizite beim Mitarbeiter zu minimieren, zu beseitigen, Pluspunkte zu stärken und zu fördern.

Notizformular: Mitarbeitergespräch

Anliegen des Gesprächs:	
Gesprächsart:	
Ziel des Gesprächs:	
Geplante Dauer des Gesprächs:	
Gesprächsteilnehmer:	
Gesprächsort:	
Störungen zulassen:	Ja ❏ Nein ❏
Gesammelte Hintergrund-informationen über:	a) Mitarbeiter: b) Gesprächsanlass:
Notwendige Gesprächsunterlagen:	
Mögliche Argumente:	
Geplante Maßnahmen:	
Ergebnis:	
Analyse:	
Fazit:	

Als Vorgesetzter haben Sie die Verantwortung für den Gesprächsablauf. Von Ihnen hängt ab, welchen Inhalt ein Gespräch haben soll.

Um eine wirkliche Meinungs- und Verhaltensänderung zu bewirken, sollten Sie nicht zu dem Mitarbeiter, sondern mit ihm sprechen. So fühlt Ihr Mitarbeiter sich ernst genommen und nicht in eine passive Rolle gedrängt.

Die 5 Regeln einer erfolgreichen Gesprächsführung

1 Sorgen Sie für ein positives Gespräch

- Schaffen Sie eine „Win-Win-Situation“: Am Ende des Gesprächs sollen beide Teilnehmer zumindest einen Teilerfolg erzielt haben. Geben Sie Ihrem Gesprächspartner die Chance, seine Argumente vorzubringen. Signalisieren Sie Kooperation. Demonstrieren Sie nicht den Chef, der keine Widerrede duldet. Das führt zu Frustration und Misstrauen.
- Arbeiten Sie die Sichtweisen und Bedürfnisse Ihres Gesprächspartners heraus.
- Wappnen Sie sich gegen Argumente und unerwartete Gesprächsabläufe, indem Sie sich gut vorbereiten und mögliche Einwände, Sichtweisen und Fragen berücksichtigen.
- Haben Sie Mut und Selbstvertrauen. Vertrauen Sie Ihrer Improvisationsgabe und Kreativität.
- Sie haben das Gespräch viel leichter im Griff, wenn Sie ausgeschlafen und richtig fit sind. Beachten Sie vor allem vor schwierigen Gesprächen, zu welcher Tageszeit und an welchem Tag Sie den Termin festlegen.

2 Achten Sie Ihren Gesprächspartner

- Bringen Sie Ihrem Gesprächspartner Ihre Wertschätzung entgegen und treten Sie ihm mit positiven Gedanken gegenüber.
- Auch wenn er anderer Meinung ist, sollten Sie nicht nachtragend sein. Versuchen Sie vielmehr, seinen Standpunkt nachzuvollziehen und seine Motive oder Bedürfnisse zu verstehen. Lassen Sie sich seinen Standpunkt mit einem praktischen Beispiel erläutern.

Suchen Sie immer nach Lösungen, die für beide Seiten annehmbar sind (Win-Win-Lösung).

3 Seien Sie glaubwürdig

- Überzeugen Sie Ihren Mitarbeiter von Ihren ehrlichen Absichten.
- Spielen Sie keine Rolle und seien Sie immer Sie selbst.

4 Kommunizieren Sie mit „Ich-Botschaften“

Vermeiden Sie unpersönliche Formulierungen, um negative Assoziationen im Gespräch zu unterbinden. Kommunizieren Sie nicht in so genannten Du-Botschaften.

Beispiel: „Sie sollten in einer Stunde Ihren Bericht abliefern.“

oder

„Man könnte meinen, dass Sie sich heute selbst im Weg stehen.”

Checkliste: So führen Sie ein gutes Gespräch

1	Kommunizieren Sie aktiv und zielgerichtet, um Ihrem Mitarbeiter alle nötigen Informationen für die Arbeit zu übermitteln.	❑
	Lassen Sie die Mitarbeiter an Ihrem Wissens- und Erfahrungsstand teilhaben.	❑
	Gehen Sie nicht überstürzt in ein Gespräch. Bereiten Sie sich gründlich und schriftlich vor.	❑
2	Suchen Sie nach Gesprächslösungen, die für beide Seiten akzeptabel sind.	❑
	Benutzen Sie Informationen nicht als Machtmittel oder Mittel zum Zweck.	❑
	Seien Sie nicht nachtragend und akzeptieren Sie die Meinung Ihres Gesprächspartners.	❑
3	Spielen Sie keine Rolle. Bleiben Sie immer Sie selbst. Sagen Sie das, was Sie auch meinen.	❑
	Sprechen Sie Ihre Ziele und Absichten offen aus.	❑
	Achten Sie darauf, dass verbale und nonverbale Botschaften (Körperhaltung, Gestik) übereinstimmen. Verzichten Sie bei ruhigen Worten auf hektische Bewegungen.	❑
	Überzeugen Sie durch fachliche Kompetenz. Setzten Sie sich mit Einwänden Ihres Gesprächspartners sachlich auseinander. Beziehen Sie dabei deutlich Stellung.	❑
4	Kommunizieren Sie in „Ich-Botschaften“. Vermeiden Sie unpersönliche Worte wie „man“.	❑
5	Verwenden Sie die Meta-Kommunikation, um Gesprächsblockaden zu lösen.	❑
	Behalten Sie immer das Gesprächsziel im Auge. Formulieren Sie Teil- und Zwischenergebnisse, treffen Sie mit dem Gesprächspartner verbindliche Vereinbarungen.	❑

Kopiervorlage

Besser: „Ich bin der Meinung, dass ...“

Mit „Ich-Botschaften“ teilen Sie gleichzeitig etwas von Ihren eigenen Empfindungen und Emotionen mit. Damit signalisieren Sie gleichzeitig Vertrauen.

5 Verwenden Sie die „Meta-Kommunikation“

Die Meta-Kommunikation ist ein wirksames Mittel, um Kommunikationsstörungen wieder in den Griff zu bekommen,

- wenn sich das Gespräch emotional zugespitzt hat,
- wenn Sie sich mit Argumenten im Kreis drehen.
- Meta-Kommunikation bedeutet, Sie kommunizieren nicht mehr über das Sachthema, sondern über die Kommunikation selbst. Dabei schauen Sie wie aus einer Hubschrauberperspektive auf das Gespräch, um mögliche Störungsquellen zu analysieren.

Schritte der Meta-Kommunikation:

- Unterbrechen Sie das Gespräch höflich, aber bestimmt.
- Erklären Sie Ihrem Gesprächspartner, dass Sie den Eindruck haben, das Gespräch sei festgefahren.
- Suchen Sie gemeinsam mit Ihrem Gesprächspartner nach den Ursachen und Vorschlägen, wie der Gesprächsverlauf verbessert werden kann.

Checkliste: So führen Sie ein gutes Gespräch

Kommunizieren Sie aktiv und zielgerichtet, um Ihrem Mitarbeiter alle nötigen Informationen für die Arbeit zu übermitteln.	❑
Lassen Sie die Mitarbeiter an Ihrem Wissens- und Erfahrungsstand teilhaben.	❑
Gehen Sie nicht überstürzt in ein Gespräch. Bereiten Sie sich gründlich und schriftlich vor.	❑
Suchen Sie nach Gesprächslösungen, die für beide Seiten akzeptabel sind.	❑
Benutzen Sie Informationen nicht als Machtmittel oder Mittel zum Zweck.	❑
Seien Sie nicht nachtragend und akzeptieren Sie die Meinung Ihres Gesprächspartners.	❑
Spielen Sie keine Rolle. Bleiben Sie immer Sie selbst. Sagen Sie das, was Sie auch meinen.	❑
Sprechen Sie Ihre Ziele und Absichten offen aus.	❑
Achten Sie darauf, dass verbale und nonverbale Botschaften (Körperhaltung, Gestik) übereinstimmen. Verzichten Sie bei ruhigen Worten auf hektische Bewegungen.	❑
Überzeugen Sie durch fachliche Kompetenz. Setzten Sie sich mit Einwänden Ihres Gesprächspartners sachlich auseinander. Beziehen Sie dabei deutlich Stellung.	❑
Kommunizieren Sie in „Ich-Botschaften". Vermeiden Sie unpersönliche Worte wie „man".	❑
Verwenden Sie die Meta-Kommunikation, um Gesprächsblockaden zu lösen.	❑
Behalten Sie immer das Gesprächsziel im Auge. Formulieren Sie Teil- und Zwischenergebnisse, treffen Sie mit dem Gesprächspartner verbindliche Vereinbarungen.	❑

Gesprächsleitfaden

Der nachfolgende Gesprächsleitfaden ermöglicht es Ihnen, sich auf alle (Mitarbeiter-)Gespräche vorzubereiten.

Sie können damit

- Gespräche strukturieren,
- wesentliche Gesprächsteile vormerken,
- das Gesprächsziel formulieren,
- Spielraum für eine flexible Gesprächsführung einplanen.
- Lesen Sie den Leitfaden zur Einstellung auf das Gespräch vorab durch und lassen Sie ihn auf sich wirken.
- Gehen Sie Punkt für Punkt durch und überlegen Sie sich, wie Sie die Vorgaben in der Praxis individuell umsetzen können.
- Denken Sie darüber nach, an welchen Gesprächsstellen es Probleme geben könnte, und bereiten Sie sich darauf vor, diese Hürden zu meistern.
- Legen Sie sich den Gesprächsleitfaden beim Gespräch als Spickzettel vor, um mehr Sicherheit zu haben.
- Achten Sie auf die Körpersprache Ihres Gegenübers. Reagieren Sie vor allem auf Signale von Rückzug oder Geschlossenheit wie verkrampft angezogene Arme oder „sich im Stuhl klein machen". Erkennen Sie das, müssen Sie mehr Zeit darauf verwenden, ein offenes Klima herzustellen.
- Erörtern Sie den Anlass: Hier kommt es vor allem darauf an, dass beide Gesprächspartner dieselbe Vorstellung davon haben, worum es geht. Sie erreichen das, indem Sie in der Vorbereitung die Wortwahl so ausarbeiten, dass sie der Sprache des Gegenübers nahe kommt, und bitten ihn, den Kern des Gesprächsinhalts noch einmal in eigenen Worten zu wiederholen. Versuchen Sie dann, Gemeinsamkeiten und Unterschiede zu ermitteln, um den Gesprächsgegenstand abzustimmen.

Gesprächsleitfaden

Gesprächsbeginn

- Grundvoraussetzung eines jeden Gesprächs sind Höflichkeit und Freundlichkeit.
- Begegnen Sie Ihrem Gesprächspartner unvoreingenommen und ohne persönliche Wertung.
- Gehen Sie auf Ihren Mitarbeiter zu und begrüßen Sie ihn mit einem freundlichen Händedruck. Danken Sie ihm für sein Kommen.
- Setzen Sie sich mit Ihrem Gesprächspartner an einen aufgeräumten Tisch, auf dem nur die Gesprächsunterlagen liegen. Setzen Sie sich nicht genau gegenüber, sondern platzieren Sie sich über Eck.
- Konzentrieren Sie sich auf Ihren Gesprächspartner, halten Sie Blickkontakt und sprechen ruhig und nicht hastig. Gehen Sie auf die Argumente Ihres Gegenübers ein.

Erörterung des Gesprächsanlasses

- Umreißen Sie den Gesprächsanlass.
- Erläutern Sie detailliert das Ziel Ihres Gesprächs.
- Nennen Sie den Zeitrahmen.

Die Position des Mitarbeiters

- Fragen Sie Ihren Mitarbeiter nach seiner Sichtweise.
- Machen Sie sich Notizen und unterbrechen Sie Ihren Gesprächspartner nicht.

Ihre eigene Position

- Haken Sie nach, wenn Ihnen etwas unklar ist.
- Stellen Sie Ihre eigene Sichtweise dar. Bestätigen Sie den Standpunkt Ihres Mitarbeiters oder überzeugen Sie ihn von Ihrer Sichtweise.

Negative Faktoren abbauen

- Schaffen Sie Vertrauen, indem Sie auf die Gefühle Ihres Mitarbeiters eingehen. Akzeptieren Sie seine Emotionalität. Achten Sie jedoch darauf, dass das Gesprächsziel nicht aus den Augen verloren wird.
- Reagieren Sie auf Aggression nicht mit Gegenaggression.

Das Kerngespräch

- Erarbeiten Sie gemeinsam mit Ihrem Mitarbeiter einen für beide Seiten akzeptablen Lösungsweg.
- Suchen Sie nach Ursachen für die unterschiedlichen Sichtweisen.
- Seien Sie flexibel und tolerant.
- Verlieren Sie das Gesprächsziel nicht aus den Augen.
- Wenn Ihr Gesprächspartner seine Meinung nicht sofort ändern möchte, vertagen Sie den Punkt und bieten Sie an, sich Gedanken hierzu zu machen, weitere Informationen einzuholen und diesen Punkt dann zu einem gleich festgelegten Termin noch einmal zu besprechen.

Gesprächsabschluss

- Fassen Sie die wichtigsten Punkte zusammen. Erörtern Sie noch einmal die Kompromisse und Differenzen.
- Halten Sie die Ergebnisse schriftlich fest, und geben Sie eine Kopie an Ihren Gesprächspartner weiter.

Kopiervorlage

Gesprächsleitfaden

Gesprächsbeginn
■ Grundvoraussetzung eines jeden Gesprächs sind Höflichkeit und Freundlichkeit. ■ Begegnen Sie Ihrem Gesprächspartner unvoreingenommen und ohne persönliche Wertung. ■ Gehen Sie auf Ihren Mitarbeiter zu und begrüßen Sie ihn mit einem freundlichen Händedruck. Danken Sie ihm für sein Kommen. ■ Setzen Sie sich mit Ihrem Gesprächspartner an einen aufgeräumten Tisch, auf dem nur die Gesprächsunterlagen liegen. Setzen Sie sich nicht genau gegenüber, sondern platzieren Sie sich über Eck. ■ Konzentrieren Sie sich auf Ihren Gesprächspartner, halten Sie Blickkontakt und sprechen ruhig und nicht hastig. Gehen Sie auf die Argumente Ihres Gegenübers ein.
Erörterung des Gesprächsanlasses
■ Umreißen Sie den Gesprächsanlass. ■ Erläutern Sie detailliert das Ziel Ihres Gesprächs. ■ Nennen Sie den Zeitrahmen.
Die Position des Mitarbeiters
■ Fragen Sie Ihren Mitarbeiter nach seiner Sichtweise. ■ Machen Sie sich Notizen und unterbrechen Sie Ihren Gesprächspartner nicht.
Ihre eigene Position
■ Haken Sie nach, wenn Ihnen etwas unklar ist. ■ Stellen Sie Ihre eigene Sichtweise dar. Bestätigen Sie den Standpunkt Ihres Mitarbeiters oder überzeugen Sie ihn von Ihrer Sichtweise.
Negative Faktoren abbauen
■ Schaffen Sie Vertrauen, indem Sie auf die Gefühle Ihres Mitarbeiters eingehen. Akzeptieren Sie seine Emotionalität. Achten Sie jedoch darauf, dass das Gesprächsziel nicht aus den Augen verloren wird. ■ Reagieren Sie auf Aggression nicht mit Gegenaggression.
Das Kerngespräch
■ Erarbeiten Sie gemeinsam mit Ihrem Mitarbeiter einen für beide Seiten akzeptablen Lösungsweg. ■ Suchen Sie nach Ursachen für die unterschiedlichen Sichtweisen. ■ Seien Sie flexibel und tolerant. ■ Verlieren Sie das Gesprächsziel nicht aus den Augen. ■ Wenn Ihr Gesprächspartner seine Meinung nicht sofort ändern möchte, vertagen Sie den Punkt und bieten Sie an, sich Gedanken hierzu zu machen, weitere Informationen einzuholen und diesen Punkt dann zu einem gleich festgelegten Termin noch einmal zu besprechen.
Gesprächsabschluss
■ Fassen Sie die wichtigsten Punkte zusammen. Erörtern Sie noch einmal die Kompromisse und Differenzen. ■ Halten Sie die Ergebnisse schriftlich fest, und geben Sie eine Kopie an Ihren Gesprächspartner weiter.

Wenn Sie jede Art von Gespräch, ob Gruppen- oder Einzelgespräch, aktiv mitbestimmen möchten, sollten Sie die verschiedenen Gesprächsführungstechniken kennen und wissen, wann und wie Sie sie richtig einsetzen.

Die wichtigsten Gesprächstechniken, und in welchen Situationen sie passend sind

Der Smalltalk

Diese Gesprächsform bleibt an der Oberfläche. Jeder hat die Gelegenheit, das Gespräch zu steuern.
Anwendung: Machen Sie Smalltalk, wenn Sie auf Versammlungen mit jemandem locker beisammen stehen oder sich warm reden wollen.

Der Dialog

Sinn des Dialogs ist der Austausch wechselseitiger Informationen. Dabei verhält sich keiner der Gesprächspartner dominant oder autoritär. Jeder respektiert die Bedürfnisse und Wünsche des anderen.
Anwendung: Führen Sie einen Dialog, wenn Sie mit Ihrem Gesprächspartner einen zufrieden stellenden Gesprächsabschluss anstreben, zum Beispiel bei Verhandlungsgesprächen.

Das autoritäre Gespräch

Der autoritäre Sprecher fordert unbedingten Gehorsam und führt das Gespräch ohne Widerrede.
Anwendung: Setzen Sie die autoritäre Gesprächstechnik ein, wenn Sie als Führungskraft intriganten Mitarbeitern durch deutliche Worte Grenzen aufzeigen wollen.

Das partnerschaftlich-autoritäre Gespräch

Dieser Gesprächsstil ist eine Mischung aus autoritären und partnerschaftlichen Elementen. Die Führungskraft berücksichtigt die persönlichen Belange des Gesprächspartners und gibt diesem dabei Spielraum für eigene Argumente.
Anwendung: Der partnerschaftlich-autoritäre Gesprächsstil ist geeignet, wenn Sie mit einem Kritikgespräch einen Mitarbeiter davon überzeugen wollen, seine Verhaltensweisen in Zukunft zu ändern.

Die qualifizierte Beratung

In der Rolle eines Beraters bestimmt die Führungskraft den Gesprächsverlauf weitgehend selbst. Dabei geht sie präzise auf die Bedürfnisse des Gegenübers ein.
Anwendung: Wenn Sie bei Beurteilungs- oder Zielvereinbarungsgesprächen als Coach gemeinsam mit dem Mitarbeiter eine Zielplanung entwickeln, sollten Sie das Gespräch wie ein professioneller Berater führen.

Das direktive Gespräch

Hauptmerkmal dieser Gesprächsform ist das Formulieren von meist geschlossenen Fragen, auf die der Gesprächspartner nur mit „Ja" oder „Nein" antworten kann. Dadurch demonstriert die Führungskraft Autorität, vernachlässigt dabei aber die Belange des anderen, redet viel, unterbricht häufig und erteilt Ratschläge.
Anwendung: Wenn Sie strikte Anweisungen erteilen wollen, ist die direktive Gesprächsform geeignet.

Das nondirektive Gespräch

Grundlegende Bedingung dieses Gesprächsstils ist „aktives Zuhören". Dabei orientiert sich die Führungskraft an den Äußerungen des Gesprächspartners und versucht, sich auf dessen Situation, Problematik und persönliche Sichtweise einzustellen. Sie kritisiert nicht, fordert nicht und weist Argumente nicht zurück, sondern bemüht sich um Verständnis.
Anwendung: Setzen Sie das nondirektive Gespräch in Vorstellungs- und Mitarbeitergesprächen ein, bei denen es gilt, mit dem Gesprächsteilnehmer konstruktiv zu kommunizieren.

Das Stressgespräch

Eine Steigerung des direktiven Gesprächs ist das Stressgespräch. Darin wird der Gesprächspartner durch ständige, scharf formulierte Fragen verunsichert und eventuell zu Geständnissen und Zugeständnissen genötigt.
Anwendung: Stressgespräche werden eingesetzt in Verhören, die ähnlich einem Polizeiverhör darauf abzielen, Schuldeingeständnisse zu erhalten. Achtung: Wenden Sie ein Stressgespräch nur in begründeten Fällen bei erwiesenem Tatbestand an!

Übersicht von A-Z:
Wählen Sie für jede Situation die richtige Gesprächstechnik

Abmahnung	autoritäres Gespräch
Anti-Mobbinggespräch	direktives Gespräch
Auflockerung, Warming-up	Smalltalk
Beurteilungsgespräch	partnerschaftlich-autoritäres Gespräch
Coachinggespräch	qualifizierte Beratung
Delegationsgespräch	partnerschaftlich-autoritäres Gespräch
Einleitung einer Verhandlung	Smalltalk
Erfahrungsaustausch	Dialog
Erörterung von Problemen	nondirektives Gespräch
Fehlzeitengespräch	autoritäres Gespräch
Gehaltsgespräch (als Führungskraft)	Wählen Sie die geeignete Gesprächstechnik entsprechend Ihrer Zielsetzung
Gehaltsgespräch (als Mitarbeiter)	Dialog
Kennenlernen	Smalltalk
Kritikgespräch mit kaum kündbaren Mitarbeitern	direktives Gespräch
Kundengespräch	qualifizierte Beratung
Streitgespräch	Dialog
Suchtgespräch	partnerschaftlich-autoritäres Gespräch
Verhandlung	Dialog
Verkaufsgespräch	qualifizierte Beratung
Verhör	Stressgespräch
Vermittlung eines Konflikts	nondirektives Gespräch
Versetzungsgespräch	autoritäres Gespräch
Zielvereinbarungsgespräch	qualifizierte Beratung
Zurechtweisung eines intriganten Mitarbeiters	direktives Gespräch

Kopiervorlage

Das sollten Sie beachten:

Da jede Gesprächssituation von vielen unterschiedlichen Faktoren abhängt, ist bei der Wahl der geeigneten Technik Vorsicht geboten. Üben Sie daher Selbstkritik, um Missverständnisse zu vermeiden. Bitten Sie auch regelmäßig um Feedback, um sich darüber Klarheit zu verschaffen, inwieweit Ihre Wahrnehmung des Gesprächspartners zutreffend ist.

Übersicht von A-Z: Wählen Sie für jede Situation die richtige Gesprächstechnik

Abmahnung	autoritäres Gespräch
Anti-Mobbinggespräch	direktives Gespräch
Auflockerung, Warming-up	Smalltalk
Beurteilungsgespräch	partnerschaftlich-autoritäres Gespräch
Coachinggespräch	qualifizierte Beratung
Delegationsgespräch	partnerschaftlich-autoritäres Gespräch
Einleitung einer Verhandlung	Smalltalk
Erfahrungsaustausch	Dialog
Erörterung von Problemen	nondirektives Gespräch
Fehlzeitengespräch	autoritäres Gespräch
Gehaltsgespräch (als Führungskraft)	Wählen Sie die geeignete Gesprächstechnik entsprechend Ihrer Zielsetzung
Gehaltsgespräch (als Mitarbeiter)	Dialog
Kennenlernen	Smalltalk
Kritikgespräch mit kaum kündbaren Mitarbeitern	direktives Gespräch
Kundengespräch	qualifizierte Beratung
Streitgespräch	Dialog
Suchtgespräch	partnerschaftlich-autoritäres Gespräch
Verhandlung	Dialog
Verkaufsgespräch	qualifizierte Beratung
Verhör	Stressgespräch
Vermittlung eines Konflikts	nondirektives Gespräch
Versetzungsgespräch	autoritäres Gespräch
Zielvereinbarungsgespräch	qualifizierte Beratung
Zurechtweisung eines intriganten Mitarbeiters	direktives Gespräch

5 To-dos für Ihre Gesprächsvorbereitung

Zu jedem erfolgreichen Gespräch gehört eine gründliche und umfassende Vorbereitung. Arbeiten Sie dazu vor jedem wichtigen Gespräch die folgenden 5 Punkte systematisch durch:

1. Planen Sie die Eckdaten: Termin, Ort, Dauer.
2. Legen Sie den organisatorischen Ablauf fest.
3. Stellen Sie sich auf Ihre(n) Gesprächspartner ein.
4. Bereiten Sie sich inhaltlich vor.
5. Bereiten Sie notwendige Unterlagen vor.

1 Die Planung der Eckdaten

- **Termin und Gesprächsdauer**
  Wählen Sie den Termin so, dass ausreichend Zeit für das Gespräch vorhanden ist und es ohne Unterbrechungen stattfinden kann. Für schwierige Gespräche beachten Sie außerdem Ihre Leistungskurve. Legen Sie den Termin auf einen Zeitpunkt, an dem beide Partner ausreichend fit sind.
- **Ort**
  Als Ort eignen sich sowohl ein Besprechungszimmer, Ihr Büro oder das Büro des Mitarbeiters, sofern dort die nötige Ruhe herrscht und Vertraulichkeit sichergestellt ist.
- **Setting**
  Besprechungstische eignen sich für Gespräche besser als der eigene Schreibtisch. Sie signalisieren dem Gesprächspartner die Wichtigkeit des Anlasses und bieten die Möglichkeit, ein Gegenübersitzen zu vermeiden.

2 Legen Sie den organisatorischen Ablauf fest

- Erstellen Sie eine Gesprächsgliederung.
- Planen Sie gegebenenfalls Pausen ein.
- Informieren Sie den Gesprächsteilnehmer über Zeitpunkt, Ort und Anlass des Gesprächs.
- Überlegen Sie, ob eine mündliche oder schriftliche Einladung sinnvoller ist. Die Auswahl hängt vom Gesprächsanlass ab.
- Bei komplexeren Gesprächen wie Zielvereinbarungs-, Jahres- oder Kritikgesprächen ist eine schriftliche Einladung angebrachter.
- Weniger umfangreiche und kurzfristig angesetzte Gespräche wie Zwischenfeedback oder Einführungsgespräche können mündlich vereinbart werden.
- Informieren Sie Ihren Mitarbeiter, auf welche Gesprächspunkte er sich gegebenenfalls vorbereiten soll.

3 Stellen Sie sich auf Ihren Gesprächspartner ein

Denken Sie daran: Jeder Gesprächspartner ist ein Individuum. Zur besseren Verständigung und um das Gespräch möglichst effizient zu gestalten, sollten Sie seine Eigenarten, Vorlieben, Stärken und Schwächen kennen. Versetzen Sie sich dazu gedanklich in Ihren Mitarbeiter hinein und versuchen Sie, seine Gesprächsziele, möglichen Einwände und Argumente vorauszusehen.

4 Bereiten Sie sich inhaltlich vor

- Formulieren Sie das Thema/die Themen und die Zielsetzung präzise.
- Überlegen Sie, welches Ziel Sie persönlich mit diesem Gespräch verfolgen. Planen Sie dann Ihre Gesprächsführung und wählen Sie die geeigneten Gesprächstechniken.

Checkliste: Gesprächsvorbereitung

1 ▶
Anlass/Thema: ____________
Gesprächsort: ____________
Datum/Termin: ____________
Teilnehmer: ____________
Voraussichtliche Dauer des Gesprächs: ____________

		OK?
	Organisatorische Gesprächsvorbereitung	
2 ▶	Steht der Termin fest?	❑
	Wurde der Besprechungsraum gebucht?	❑
	Wurde der Teilnehmer über Termin, Dauer und Thema informiert?	❑
	Inhaltliche Gesprächsvorbereitung	
3 ▶	Habe ich mich genügend auf den Gesprächspartner vorbereitet?	❑
4 ▶	Habe ich die Gesprächsziele definiert?	❑
	Habe ich die geeigneten Gesprächsführungstechniken zur Erreichung meiner Gesprächsziele gewählt?	❑
	Habe ich genügend Zielalternativen?	❑
	Ist mit Komplikationen zu rechnen? Habe ich mich darauf vorbereitet, wie ich mit Komplikationen umgehe?	❑
5 ▶	Habe ich eine Gesprächsgliederung konzipiert?	❑
	Habe ich die wichtigsten Aspekte und Argumente notiert?	❑
	Ist der Einstieg formuliert? Ist der Schluss gut vorbereitet? Stehen für schwierige Situationen Formulierungen zur Verfügung?	❑ ❑ ❑
	Worauf soll sich der Gesprächspartner vorbereiten?	❑
	Wurden die notwendigen Gesprächsunterlagen zusammengestellt und, falls notwendig, vorab verteilt?	❑

Kopiervorlage

- Achten Sie darauf, dass Ihr Mitarbeiter durch Ihre Art der Gesprächsführung das Gefühl bekommt, etwas erreicht zu haben.
- Ihr Gesprächsziel sollte realistisch sein. Überlegen Sie sich im Vorfeld Alternativziele, falls das Gespräch von Ihrem Konzept abweicht.
- Notieren Sie wichtige Aspekte sowie Ihre eigenen Argumente, Beispiele etc.
- Legen Sie sich Formulierungen für den Gesprächsbeginn und für schwierige Situationen zurecht.

5 Bereiten Sie notwendige Unterlagen vor

Mit gut strukturierten Unterlagen sorgen Sie für mehr Effizienz. Gesprächsunterlagen sind z. B. sinnvoll bei

- Gesprächen über Organisatorisches wie Workflow-Fragen (Flussdiagramm; Organigramm),
- Zielvereinbarungsgesprächen (Vertragsmuster),
- vielen zu klärenden Fragen (Fragenliste),
- Zuständigkeitsangelegenheiten (Aufgabenliste).

Checkliste: Gesprächsvorbereitung

Anlass/Thema ______________________________

Gesprächsort: ______________________________

Datum/Termin: ______________________________

Teilnehmer: ______________________________

Voraussichtliche Dauer des Gesprächs: ______________________________

	OK?
Organisatorische Gesprächsvorbereitung	
Steht der Termin fest?	❑
Wurde der Besprechungsraum gebucht?	❑
Wurde der Teilnehmer über Termin, Dauer und Thema informiert?	❑
Inhaltliche Gesprächsvorbereitung	
Habe ich mich genügend auf den Gesprächspartner vorbereitet?	❑
Habe ich die Gesprächsziele definiert?	❑
Habe ich die geeigneten Gesprächsführungstechniken zur Erreichung meiner Gesprächsziele gewählt?	❑
Habe ich genügend Zielalternativen?	❑
Ist mit Komplikationen zu rechnen? Habe ich mich darauf vorbereitet, wie ich mit Komplikationen umgehe?	❑
Habe ich eine Gesprächsgliederung konzipiert?	❑
Habe ich die wichtigsten Aspekte und Argumente notiert?	❑
Ist der Einstieg formuliert? Ist der Schluss gut vorbereitet? Stehen für schwierige Situationen Formulierungen zur Verfügung?	❑ ❑ ❑
Worauf soll sich der Gesprächspartner vorbereiten?	❑
Wurden die notwendigen Gesprächsunterlagen zusammengestellt und, falls notwendig, vorab verteilt?	❑

Körpersprache

Bis zu 50 % Ihrer Botschaften vermitteln Sie durch

- Ihre Gesten,
- Ihre Mimik,
- Ihre Körperhaltung und
- Ihr äußeres Erscheinungsbild.

Sie senden damit nonverbale Botschaften aus, die Ihr Gegenüber teilweise bewusst, teilweise unbewusst empfängt. Sie geben ihm Einblicke in Ihr Innenleben und prägen sein Bild von Ihnen. Die nebenstehende Checkliste zeigt Ihnen, auf welche Punkte Sie achten müssen, um

- den wichtigen Kommunikationsfaktor Körpersprache zu Ihrem Vorteil zu nutzen und
- Nachteile durch eine ungünstige Körpersprache zu vermeiden.

1 Äußeres Erscheinungsbild

Kleiden Sie sich so, dass Sie Respekt gegenüber Ihren Kunden, Vorgesetzten und Mitarbeitern zum Ausdruck bringen. Sorgen Sie dafür, dass Kleidungsstücke wie Krawatte oder Hose nicht zu eng sind und Sie bei der Atmung behindern. Achten Sie insgesamt auf ein gepflegtes Äußeres und checken Sie vor wichtigen Gesprächen kurz Ihr Erscheinungsbild:

- Haare o.k.?
- Brillenträger: Brille sauber?
- Raucher: Atem frisch?
- Fingernägel o.k.?
- Kleidung o.k.?
- Schuhe sauber?

2 Haltung

Achten Sie beim Sitzen auf eine aufrechte, aber entspannte Haltung, und trainieren Sie sich einen festen und selbstbewussten Gang an. Beides signalisiert Geradlinigkeit und eine selbstbewusste Grundhaltung. Wenn Sie gestresst oder angespannt sind, dehnen und strecken Sie sich, atmen Sie tief ein und seufzen Sie beim Ausatmen mit geöffnetem Mund. Wenn Sie müde sind, bekommen Sie durch Hüpfen neue Energie.

3 Blickkontakt

Mit Blickkontakt schaffen Sie Nähe und unterstreichen Ihre Glaubwürdigkeit. Beim Sprechen, genauso wie beim Zuhören, sollten Sie Ihren Gesprächspartner aufmerksam anschauen. Vermeiden Sie jedoch, ihn offensiv und über einen längeren Zeitraum anzustarren, das wirkt aggressiv.

Weichen Sie dem Blick Ihres Gesprächspartners während des Gesprächs möglichst nicht aus, und lassen Sie Ihren Blick nicht zu lange im Raum umherschweifen. Sie riskieren damit, dass Ihr Gesprächspartner denkt, Sie seien unkonzentriert oder hätten etwas zu verbergen. Vermeiden Sie es auch, während des Gesprächs aus dem Fenster zu blicken. Das signalisiert Desinteresse.

4 Mimik

Ihr Gesichtsausdruck sollte offen und freundlich sein. Fühlen Sie sich verkrampft, machen Sie vor dem Gespräch kleine Übungen, die Ihre Muskulatur entspannen:

- Grimassen
- Kaubewegungen
- Lächeln

Checkliste: So beherrschen Sie Ihre Körpersprache perfekt

1	Ich wähle mein Outfit nach dem Prinzip „Kleider machen Leute" und achte darauf, dass ich mich in meiner Kleidung wohl fühle.	❑
	Vor einem Gespräch checke ich mein Äußeres: Haare, (Brille), Atem, Fingernägel, Kleidung, Schuhe.	❑
2	Wenn ich angespannt bin, entspanne ich mich mit ein paar Dehnungen und einigen tiefen Seufzern, um locker und unverkrampft in das Gespräch zu gehen.	❑
	Wenn ich müde bin, hole ich mir durch Auf-der-Stelle-Wippen oder -Hüpfen neue Energie.	❑
	Ich komme mit einem festen und selbstbewussten Schritt zum Gespräch.	❑
	Ich sitze aufrecht, ohne dabei steif zu wirken.	❑
	Ich bin aufmerksam, konzentriert und entspannt.	❑
3	Ich halte Blickkontakt.	❑
	Während des Gesprächs schaue ich nicht aus dem Fenster und lasse meinen Blick nicht im Raum umherschweifen.	❑
4	Mit Lächeln, Grimassen oder Kaubewegungen entspanne ich meine Gesichtszüge.	❑
	Um negative Gesichtsausdrücke oder ein verkrampft wirkendes Lächeln zu vermeiden, mache ich vorher einen kurzen Mimik-Test vor dem Spiegel.	❑
	Ich begrüße meinen Gesprächspartner mit einem Lächeln, das ich gezielt, aber nicht überzogen einsetze.	❑
5	Ich sorge für einen günstigen Sitzplatz mit guten Lichtverhältnissen.	❑
6	Ich kenne die häufigsten nonverbalen Signale und achte bewusst auf meine Körpersprache.	❑
	Ich vermeide geballte Fäuste, gespreizte Beine und auf die Hüften gestützte Hände.	❑
	Ich bleibe ich selbst und spiele meinem Gesprächspartner keine Show vor.	❑

Kopiervorlage

Begrüßen Sie Ihren Gesprächspartner mit einem Lächeln. Lächeln Sie aber während des Gesprächs nicht zu viel, sonst werden Sie nicht ernst genommen.

Machen Sie vor dem Spiegel Mimik-Tests. So vermeiden Sie, dass Ihr Lächeln verkrampft wirkt und sich negative Gesichtsausdrücke einschleichen können.

5 Sitzplatz

Prüfen Sie vorher, wo das Gespräch stattfinden wird. Wählen Sie einen günstigen Sitzplatz, an dem Sie „Rückendeckung" haben und den Raum und seine Eingänge überblicken. Checken Sie die Lichtverhältnisse, um nicht durch die Sonne oder von Lampen geblendet zu werden,

6 5 nonverbale Signale, die Sie kennen sollten

Nutzen Sie Ihr Wissen über die Bedeutung der folgenden Signale, um Ihre eigene Körpersprache optimal zu steuern und die nonverbalen, meist unbewussten Botschaften Ihres Gesprächspartners richtig zu deuten:

- Gekreuzte Arme oder Beine: Signalisieren eine defensive Haltung.
- Gesenkter Kopf: Zeigt Langeweile und Distanz oder signalisiert Unterwürfigkeit und kritiklose Zustimmung.
- Stuhllehnen mit den Händen umklammern: Erweckt den Eindruck, dass Emotionen (Angst, Aggressionen) unterdrückt werden.
- Wegsehen oder an der Kleidung zupfen: Deutet auf Verlegenheit hin.
- Auf der Tischplatte mit den Fingern trommeln: Drückt Unsicherheit und Ungeduld aus.

Checkliste: So beherrschen Sie Ihre Körpersprache perfekt

Ich wähle mein Outfit nach dem Prinzip „Kleider machen Leute“ und achte darauf, dass ich mich in meiner Kleidung wohl fühle.	❑
Vor einem Gespräch checke ich mein Äußeres: Haare, (Brille), Atem, Fingernägel, Kleidung, Schuhe.	❑
Wenn ich angespannt bin, entspanne ich mich mit ein paar Dehnungen und einigen tiefen Seufzern, um locker und unverkrampft in das Gespräch zu gehen.	❑
Wenn ich müde bin, hole ich mir durch Auf-der-Stelle-Wippen oder -Hüpfen neue Energie.	❑
Ich komme mit einem festen und selbstbewussten Schritt zum Gespräch.	❑
Ich sitze aufrecht, ohne dabei steif zu wirken.	❑
Ich bin aufmerksam, konzentriert und entspannt.	❑
Ich halte Blickkontakt.	❑
Während des Gesprächs schaue ich nicht aus dem Fenster und lasse meinen Blick nicht im Raum umherschweifen.	❑
Mit Lächeln, Grimassen oder Kaubewegungen entspanne ich meine Gesichtszüge.	❑
Um negative Gesichtsausdrücke oder ein verkrampft wirkendes Lächeln zu vermeiden, mache ich vorher einen kurzen Mimik-Test vor dem Spiegel.	❑
Ich begrüße meinen Gesprächspartner mit einem Lächeln, das ich gezielt, aber nicht überzogen einsetze.	❑
Ich sorge für einen günstigen Sitzplatz mit guten Lichtverhältnissen.	❑
Ich kenne die häufigsten nonverbalen Signale und achte bewusst auf meine Körpersprache.	❑
Ich vermeide geballte Fäuste, gespreizte Beine und auf die Hüften gestützte Hände.	❑
Ich bleibe ich selbst und spiele meinem Gesprächspartner keine Show vor.	❑

Wollen Sie Ihren Mitarbeiter mit den richtigen Worten überzeugen, müssen Sie genau wissen, was Sie erreichen wollen und warum Sie sprechen.

Eine der wichtigsten Voraussetzungen für den Erfolg eines Mitarbeitergesprächs ist die Verständlichkeit, mit der Sie die Informationen erfolgreich weitergeben.

Viele Tipps aus der Rhetorik, die speziell bei Reden und Plädoyers eingesetzt wird, nutzen Ihnen auch in einem 4-Augen-Gespräch.

1 Verbessern Sie die Verständlichkeit Ihrer Sprache

- **Einfache Wortwahl**
  Lösen Sie sich von der Fachsprache, und versuchen Sie, den Sachverhalt mit einfachen, verständlichen Worten zu vermitteln. Je schwieriger der Inhalt ist, desto wichtiger ist die einfache Darstellung. Wenn Fachbegriffe vorkommen, müssen Sie diese erklären.
- **Gliederung**
  Geben Sie Ihren Gedanken eine „innere Gliederung“, und achten Sie auf eine sinnvolle Reihenfolge. Der „rote Faden“ sollte erkennbar bleiben.
- **Textaufbau**
  Machen Sie Ihrem Mitarbeiter durch eine „äußere Ordnung“ Ihr Anliegen verständlich. Äußern Sie Zwischenbemerkungen, betonen Sie Aussagen, machen Sie Pausen, und unterstützen Sie gegebenenfalls Ihre Ausführungen durch visuelle Hilfsmittel wie Flipchart.
- **Zeitliche Begrenzung**
  Bringen Sie die Länge Ihres Textes in ein angemessenes Verhältnis zum Redeziel. Halten Sie die Balance zwischen einer zu knappen Darstellung und einer zu weitschweifigen Ausführung, die sich in Details verliert. Verzichten Sie auf überflüssige Erläuterungen, Füllwörter und leere Phrasen.
- **Interesse wecken**
  Um den Zuhörer mit Worten zu fesseln, sollten Sie Stimulatoren einsetzen: Bringen Sie treffende Beispiele, rhetorische Fragen („Haben wir in der Vergangenheit nicht eine hervorragende Leistung erbracht?“), sprechen Sie Ihren Zuhörer direkt an, gebrauchen Sie humorvolle Formulierungen, gelungene Zitate und machen Sie spontane Pausen. Achten Sie jedoch darauf: Zu viele Stimulatoren gefährden die Übersichtlichkeit und Prägnanz.
- Setzen Sie weder Modewörter noch Schlagwörter ein wie „Das ist der Hit“ oder „Das ist total cool“,
- Vermeiden Sie Konjunktive wie „Ich würde sagen“,
- Vermeiden Sie Füllwörter wie „äh“,
- Sprechen Sie anschaulich, bringen Sie Vergleiche und Beispiele.

2 Verwenden Sie Sprechtechniken

- **Artikulation**
  Formulieren Sie Ihre Sätze in einem mäßigen Sprechtempo. Dadurch ist es Ihnen möglich, wichtige Wörter und Silben zu betonen sowie die Tonhöhe zu variieren.
  Sprechen Sie deutlich und vermeiden Sie, Silben zu verschlucken und in den Bart zu nuscheln.

Checkliste: Rhetorik-Regeln für Ihre Mitarbeitergespräche

1	Ich verwende eine einfache und klare Satzformulierung.	❑
	Komplizierte Sachverhalte versuche ich zu vermeiden oder erkläre sie verständlich und anschaulich.	❑
	Bevor ich spreche, sortiere ich meine Gedanken und unterscheide Wesentliches von Unwesentlichem.	❑
	Ich achte immer darauf, den „roten Faden“ zu behalten.	❑
	Wichtige Inhalte oder Wörter unterstütze ich durch Pausen, Betonungen, Zusammenfassungen oder Zwischenbemerkungen.	❑
	Ich achte stets auf die Satz- oder Redelänge und vermeide Ausschweifungen oder zu knappe Formulierungen.	❑
	Meine Redeinhalte versuche ich durch humorvolle Wörter und interessante Zitate spannend und anregend zu gestalten.	❑
	Ich formuliere meine Sätze nach dem Motto „In der Kürze liegt die Würze“ und verwende lieber prägnante Sätze.	❑
	Fremdwörter setze ich sparsam ein und dem Bildungsstand meiner Zuhörer angemessen.	❑
	Auf Füllwörter wie „an und für sich“, „wohl“ oder „halt“ verzichte ich.	❑
	Ich verwende rhetorische Fragen, indem ich meinen Gedankengang als Frage umformuliere. Dadurch steigere ich die Aufmerksamkeit meiner Zuhörer.	❑
	Wichtige Aussagen vertiefe ich durch Wiederholungen.	❑
2	Um richtig verstanden zu werden, spreche ich langsam und deutlich.	❑
	Meine Lautstärke passe ich der Umgebung an und strapaziere meine Zuhörer nicht mit zu lauten oder zu leisen Worten.	❑

Kopiervorlage

- **Lautstärke**
  Die richtige Lautstärke hängt vom Thema, der Umgebung und den Zuhörern ab. Sprechen Sie zu laut, können Sie Spannungen verursachen. Zu leises Sprechen kann Ihnen als Schüchternheit ausgelegt werden.
- **Sprechtempo**
  Verändern Sie Ihr Sprechtempo. Einen wichtigen Gedanken sollten Sie langsam aussprechen. Durch Tempoverzögerung erzeugen Sie zusätzliche Spannung. Sprechen Sie zu schnell, überfordern Sie die Aufmerksamkeit Ihres Zuhörers, und wichtige Informationen gehen verloren. Sprechen Sie im Zweifel eher langsamer als schneller.
- **Sprechpausen**
  Durch Pausen unterstützen Sie Ihre Aussage, und wichtige Gliederungen können Sie dadurch verdeutlichen. Die Sprechpause ist ein wichtiges Mittel, um die Interpunktion Ihrer Aussage (Satzende, Gedankenstrich und Absätze) zu unterstreichen.

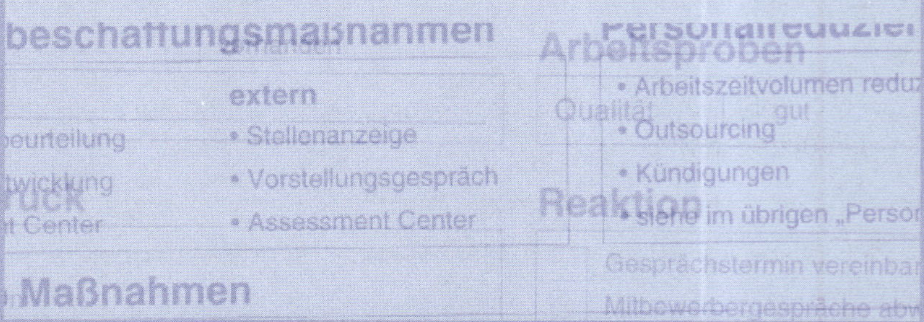

Checkliste: Rhetorik-Regeln für Ihre Mitarbeitergespräche

Ich verwende eine einfache und klare Satzformulierung.	❑
Komplizierte Sachverhalte versuche ich zu vermeiden oder erkläre sie verständlich und anschaulich.	❑
Bevor ich spreche, sortiere ich meine Gedanken und unterscheide Wesentliches von Unwesentlichem.	❑
Ich achte immer darauf, den „roten Faden“ zu behalten.	❑
Wichtige Inhalte oder Wörter unterstütze ich durch Pausen, Betonungen, Zusammenfassungen oder Zwischenbemerkungen.	❑
Ich achte stets auf die Satz- oder Redelänge und vermeide Ausschweifungen oder zu knappe Formulierungen.	❑
Meine Redeinhalte versuche ich durch humorvolle Wörter und interessante Zitate spannend und anregend zu gestalten.	❑
Ich formuliere meine Sätze nach dem Motto „In der Kürze liegt die Würze“ und verwende lieber prägnante Sätze.	❑
Fremdwörter setze ich sparsam ein und dem Bildungsstand meiner Zuhörer angemessen.	❑
Auf Füllwörter wie „an und für sich“, „wohl“ oder „halt“ verzichte ich.	❑
Ich verwende rhetorische Fragen, indem ich meinen Gedankengang als Frage umformuliere. Dadurch steigere ich die Aufmerksamkeit meiner Zuhörer.	❑
Wichtige Aussagen vertiefe ich durch Wiederholungen.	❑
Um richtig verstanden zu werden, spreche ich langsam und deutlich.	❑
Meine Lautstärke passe ich der Umgebung an und strapaziere meine Zuhörer nicht mit zu lauten oder zu leisen Worten.	❑

Mit Schlagfertigkeit können Sie in Diskussionen und Verhandlungen schnell und knapp die richtige Antwort oder das passende und überzeugende Argument finden.

Mit Schlagfertigkeit gewinnen Sie Selbstbewusstein und Souveränität. Es hilft Ihnen, sich durchzusetzen, zu behaupten oder Sie nicht zum Opfer unfairer Angriffe werden zu lassen.

Situationen, in denen Sie schlagfertig sein müssen, sind zum Beispiel

- persönliche Angriffe oder Beleidigungen,
- hitzige Diskussionen,
- überraschende oder zudringliche Fragen,
- peinliche Situationen,
- unangemessenes Verhalten einer anderen Person.

So trainieren Sie Schlagfertigkeit

1 Die Übersetzungsmethode

Diese flexible Allround-Technik ermöglicht es Ihnen, Angriffen gewachsen zu sein. Sie eignet sich bei

- Beleidigungen
- unabsichtlichen Kränkungen
- Vorwürfen oder unsachlicher Kritik

Anwendung:
Vergleichbar mit einem Dolmetscher übersetzen Sie die unangebrachten Worte Ihres Gegenübers. Damit nehmen Sie die Situation in die Hand und bestimmen ihren Ausgang. Sie können dabei humorvoll, lustig, frech oder aggressiv sein. Versuchen Sie jedoch, bei Ihren Antworten stets diplomatisch und nicht verletzend zu sein.

2 Die Ausweichmethode

Diese einfache Technik schützt Sie vor unbedachten Äußerungen und eignet sich besonders bei

- zudringlichen und überraschenden Fragen,
- wenn Sie keine schnelle Antwort parat haben,
- wenn Sie zeitlich unter Druck gesetzt werden.

Anwendung:
Wenn Sie vor unangenehme Entscheidungen gestellt werden und sich nicht sofort entscheiden wollen, bitten Sie um Bedenkzeit, und antworten Sie zu einem anderen Zeitpunkt.

3 Die Kontermethode

Bei dieser Technik des Konterns leiten Sie den Angriff auf Ihren Gesprächspartner zurück. Damit verschaffen Sie sich Respekt und Anerkennung. Diese Methode eignet sich bei

- Kränkungen,
- witzigen Angriffen oder Beleidigungen,
- Personen, die Ihnen eine Falle stellen wollen,
- Situationen, in denen ein Publikum dabei ist.

Anwendung:
- Lehnen Sie Ihre Antwort formal an den Angriff an. Geben Sie ein Echo wieder. Übernehmen Sie Formulierungen wortwörtlich, wo es sich anbietet.
- Kehren Sie den Angriff um. Nehmen Sie dafür Gegenbegriffe. Machen Sie Weiß zu Schwarz.
- Drehen Sie witzige Angriffe um. Bauen Sie Ihren Gegenangriff auf, indem Sie wichtige Formulierungen übernehmen und daraus einen noch originelleren Konter machen.

4 Die Fragemethode

Diese Methode sichert Ihnen Souveränität und verhindert Ihre eigene Bloßstellung. Sie eignet sich bei

- provozierenden Fragen,
- einer angespannten Atmosphäre,
- Unhöflichkeit,
- Unterstellungen.

Anwendung:
- Holen Sie Ihren Gesprächspartner wieder auf die sachliche Ebene zurück, indem Sie ihm eine Gegenfrage stellen.
- Werden Sie unberechtigt angegriffen, können Sie die Frage positiv formulieren und sich nach einem Verbesserungsvorschlag erkundigen.
- Angriffe können Sie schlagfertig erwidern, indem Sie aggressiv gegenfragen.

Beispiel:
„Was wollen Sie damit sagen?"
„Wie kommen Sie zu dieser Behauptung?"
„Haben Sie mir nicht richtig zugehört?"
„Wieso verdrehen Sie mir das Wort im Mund?"

Kopiervorlage

Beispiele für die Anwendung von Schlagfertigkeitsmethoden

1 Die Übersetzungsmethode	
Gesprächspartner	**Ihre schlagfertige Antwort**
„Sie haben ja keine Ahnung!"	„Sie meinen, wir sind unterschiedlicher Auffassung in dieser Angelegenheit?"
„Ihnen fehlt der nötige Teamgeist!"	„Ja, ich denke, ich kann anspruchsvolle Aufgaben eigenverantwortlich und eigenständig lösen."
2 Die Ausweichmethode	
Gesprächspartner	**Ihre schlagfertige Antwort**
„Ich brauche von Ihnen eine schnelle Entscheidung!"	„Haben Sie Verständnis, dass ich Ihnen jetzt keine Entscheidung mitteile. Ich werde Sie morgen darüber informieren."
„Mit Ihrem Vorschlag bin ich nicht einverstanden!"	„Ich werde Ihren Einwand bei unserem nächsten Treffen behandeln, um vorher die notwendigen Informationen zu besorgen."
„Von Ihrer Arbeitsmethode halte ich gar nichts!"	„Ich werde Ihnen morgen mitteilen, wie ich über Ihre Meinung denke."
3 Die Kontermethode	
Gesprächspartner	**Ihre schlagfertige Antwort**
„Lady Astor zu Winston Churchill bei einer Abendgesellschaft: ‚Wenn ich Ihre Frau wäre, würde ich Gift nehmen."	„Winston Churchill antwortet: ‚Wenn ich Ihr Mann wäre, würde ich es nehmen."
Dialog mit Gegenangriffen der Frontal-Moderatoren Ulrich Kienzle und Bodo H. Hauser: Hauser: „6 Milliarden Miese bei Daimler Benz. Nicht mal Ihr Schwaben könnt mehr mit Geld umgehen." Kienzle: „Bald 6 Millionen Arbeitslose in Deutschland, Hauser. Und alle Autobahnen schon gebaut." Hauser: „Darum brauchen wir das Bündnis für Arbeit, verehrter Sozialpartner." Kienzle: „Sie sind doch absolut bündnisunfähig, Hauser." Hauser: „Und Sie sind arbeitsunfähig."	
4 Die Fragemethode	
Gesprächspartner	**Ihre schlagfertige Antwort**
„Sie sind ja faschistoid!"	„Was meinen Sie mit faschistoid?"
„Sie verstehen überhaupt nichts von Ihrer Arbeit."	„Was kann ich Ihrer Meinung nach ändern, um meine Arbeit besser zu machen?"

Beispiele für die Anwendung von Schlagfertigkeitsmethoden

Die Übersetzungsmethode	
Gesprächspartner	**Ihre schlagfertige Antwort**
„Sie haben ja keine Ahnung!“	„Sie meinen, wir sind unterschiedlicher Auffassung in dieser Angelegenheit?“
„Ihnen fehlt der nötige Teamgeist!“	„Ja, ich denke, ich kann anspruchsvolle Aufgaben eigenverantwortlich und eigenständig lösen.“
Die Ausweichmethode	
Gesprächspartner	**Ihre schlagfertige Antwort**
„Ich brauche von Ihnen eine schnelle Entscheidung!“	„Haben Sie Verständnis, dass ich Ihnen jetzt keine Entscheidung mitteile. Ich werde Sie morgen darüber informieren.“
„Mit Ihrem Vorschlag bin ich nicht einverstanden!“	„Ich werde Ihren Einwand bei unserem nächsten Treffen behandeln, um vorher die notwendigen Informationen zu besorgen.“
„Von Ihrer Arbeitsmethode halte ich gar nichts!“	„Ich werde Ihnen morgen mitteilen, wie ich über Ihre Meinung denke.“
Die Kontermethode	
Gesprächspartner	**Ihre schlagfertige Antwort**
„Lady Astor zu Winston Churchill bei einer Abendgesellschaft: ‚Wenn ich Ihre Frau wäre, würde ich Gift nehmen.“	„Winston Churchill antwortet: ‚Wenn ich Ihr Mann wäre, würde ich es nehmen.“
Dialog mit Gegenangriffen der Frontal-Moderatoren Ulrich Kienzle und Bodo H. Hauser: Hauser: „6 Milliarden Miese bei Daimler Benz. Nicht mal Ihr Schwaben könnt mehr mit Geld umgehen.“ Kienzle: „Bald 6 Millionen Arbeitslose in Deutschland, Hauser. Und alle Autobahnen schon gebaut.“ Hauser: „Darum brauchen wir das Bündnis für Arbeit, verehrter Sozialpartner.“ Kienzle: „Sie sind doch absolut bündnisunfähig, Hauser.“ Hauser: „Und Sie sind arbeitsunfähig.“	
Die Fragemethode	
Gesprächspartner	**Ihre schlagfertige Antwort**
„Sie sind ja faschistoid!“	„Was meinen Sie mit faschistoid?“
„Sie verstehen überhaupt nichts von Ihrer Arbeit.“	„Was kann ich Ihrer Meinung nach ändern, um meine Arbeit besser zu machen?“

Überzeugen (1/2)

Grundlagen der Argumentation

Durch geschickte Überzeugungskunst können Sie Ihren Gesprächspartner für Ihre eigene Sichtweise, Ihre Ideen und Vorschläge gewinnen.

Verwechseln Sie Überzeugung jedoch nicht mit Manipulation. Letztere dient lediglich dazu, sich Vorteile zu verschaffen. Der Gesprächspartner wird instrumentalisiert, er wird Mittel zum Zweck und in seiner Persönlichkeit abgewertet.

Die bessere Vorgehensweise ist das Überzeugen.

1 Bei der kooperativen Argumentation
(eine einvernehmliche, partnerschaftliche Kommunikation, bei der alle Kommunikationsteilnehmer bestrebt sind, ein und dasselbe Ziel zu erreichen), **werden**

- Sachverhalte gemeinsam analysiert,
- Ziele und Interessen offen gelegt,
- für alle tragfähige Lösungen gesucht,
- Meinung und Bewertung des Gesprächspartners herausgearbeitet,
- die eingesetzten Überzeugungsmittel für den Gesprächspartner transparent gemacht.

Wichtiger Punkt einer erfolgreichen Überzeugung ist der Umgang mit Einwänden.

Vermeiden Sie es, aufgrund der Vorgesetzten-Mitarbeiter-Situation einen Einwand zu überspielen oder jemanden mit so genannten „Killerphrasen" totzureden.

2 Folgende Killerphrasen sollten Sie vermeiden:

- Das wurde bei uns immer schon so gemacht.
- Dazu verfügen Sie über zu wenig Erfahrung.
- Dafür sind Sie zu jung (alt).
- Für solche Experimente reicht unser Etat nicht aus.
- Das wird Ihnen über den Kopf wachsen.
- Das wurde von uns schon vor 10 Jahren ausprobiert.
- Sie haben wohl zu viel Zeit?
- Ich setze jetzt andere Prioritäten.
- Dafür liegen uns zu wenig Informationen vor.
- Sie können da nicht mitreden, weil Sie nicht lange genug bei uns arbeiten.

3 Ihr Mitarbeiter soll Ihnen trotz seiner Einwände weiterhin vertrauen. Damit das Gespräch zufrieden stellend verläuft, sollten Sie folgende Punkte beachten:

- Lassen Sie Ihren Mitarbeiter erkennen, dass Sie seinen Einwand ernst nehmen.
- Hören Sie dem Einwand Ihres Mitarbeiters in Ruhe zu.
- Antworten Sie nicht zu rasch. Überlegen Sie, bevor Sie antworten.
  Legen Sie eine kurze Denkpause ein, um Ihre Glaubwürdigkeit zu unterstreichen.
- Reagieren Sie auf einen sachlichen Einwand mit einer sachlichen Antwort.
- Lassen Sie sich nicht zu emotionalen Äußerungen verleiten.
  Überhören Sie emotionale Einwände und bringen Sie das Gespräch wieder auf eine sachliche Ebene zurück.

Selbst-Test: Wie gut können Sie überzeugen?

		Ja	Nein
1	Mein Gesprächspartner soll am Ende des Gesprächs von meinen Argumenten überzeugt sein.	❑	❑
	Auf die Argumente meines Gesprächspartners gehe ich selten ein.	❑	❑
	Ich verschweige meinem Gesprächspartner meine eigentlichen Ziele und Interessen.	❑	❑
	Ich unterbreche meinen Gesprächspartner häufig.	❑	❑
	Wenn meine Argumente nicht ausreichen, verweise ich auf meine Position und Kompetenz in dieser Angelegenheit.	❑	❑
2	Bei Engpässen wende ich Killerphrasen an.	❑	❑
	Argumente meines Gesprächspartners entkräfte ich durch schnelle Reaktionen. Dadurch lasse ich bei ihm keine Denkpausen zu.	❑	❑
	Ich wende nicht immer rein sachliche Argumente an, sondern beziehe sie häufig auf die Person meines Gesprächspartners.	❑	❑
3	Um meinem Gesprächspartner wenig Möglichkeit zu Einwänden zu geben, verwende ich viele, dem Partner unbekannte Fach- und Fremdwörter.	❑	❑
	Ich erkenne die Meinung meines Gesprächspartners zum Schein an. Damit gewinne ich sein Vertrauen.	❑	❑
4	Gern beeindrucke ich durch Expertenwissen und überschütte meinen Gesprächspartner mit Informationen.	❑	❑
	Mit Lob und Schmeicheleien versuche ich, den Gesprächspartner auf meine Seite zu bekommen.	❑	❑

Kopiervorlage

4 Wichtige Überzeugungsregeln:

1. Bereiten Sie sich gut vor. Überlegen Sie vor Gesprächsbeginn, welches Ihre eigenen Ziele und Argumente sind. Denken Sie mögliche Gegenargumente voraus.
2. Überlegen Sie sich Alternativen und Kompromisse zu den eigenen Zielen.
3. Sprechen Sie Ihre Ziele und Absichten vor Gesprächsbeginn offen aus.
4. Bauen Sie Ihre Argumente logisch auf. Schweifen Sie nicht ab.
5. Sparen Sie mit Ihren Argumenten. Verschießen Sie nicht auf einmal Ihr Überzeugungspulver.
6. Nennen Sie immer zuerst die schwächeren Argumente. Bringen Sie die stärkeren zum Schluss.
7. Berücksichtigen Sie die Bedürfnisse und Anliegen des Gesprächspartners.
8. Fordern Sie Ihren Gesprächspartner auf, seine Ideen und Argumente einzubringen.
9. Lassen Sie Sprechpausen zu, um Ihrem Gesprächspartner Zeit zum Überdenken zu geben.

Test-Auswertung:

Haben Sie **mehr als 8 Fragen mit „Ja"** beantwortet, wollen Sie Ihren Gesprächspartner nicht überzeugen, sondern überreden. Ihnen geht es in erster Linie darum, Ihre Ziele zu verfolgen. Wie sich Ihr Gesprächspartner dabei fühlt, spielt für Sie eine Nebenrolle. Wollen Sie jedoch auf Dauer treue und motivierte Mitarbeiter an Ihrer Seite haben, sollten Sie Gespräche kooperativ und konstruktiv führen. Das heißt, suchen Sie nach einem Gesprächsergebnis, das beide Seiten zufrieden stellt. Scheuen Sie sich nicht vor Kritik und Einwänden.

Selbst-Test: Wie gut können Sie überzeugen?

	Ja	Nein
Mein Gesprächspartner soll am Ende des Gesprächs von meinen Argumenten überzeugt sein.	❏	❏
Auf die Argumente meines Gesprächspartners gehe ich selten ein.	❏	❏
Ich verschweige meinem Gesprächspartner meine eigentlichen Ziele und Interessen.	❏	❏
Ich unterbreche meinen Gesprächspartner häufig.	❏	❏
Wenn meine Argumente nicht ausreichen, verweise ich auf meine Position und Kompetenz in dieser Angelegenheit.	❏	❏
Bei Engpässen wende ich Killerphrasen an.	❏	❏
Argumente meines Gesprächspartners entkräfte ich durch schnelle Reaktionen. Dadurch lasse ich bei ihm keine Denkpausen zu.	❏	❏
Ich wende nicht immer rein sachliche Argumente an, sondern beziehe sie häufig auf die Person meines Gesprächspartners.	❏	❏
Um meinem Gesprächspartner wenig Möglichkeit zu Einwänden zu geben, verwende ich viele, dem Partner unbekannte Fach- und Fremdwörter.	❏	❏
Ich erkenne die Meinung meines Gesprächspartners zum Schein an. Damit gewinne ich sein Vertrauen.	❏	❏
Gern beeindrucke ich durch Expertenwissen und überschütte meinen Gesprächspartner mit Informationen.	❏	❏
Mit Lob und Schmeicheleien versuche ich, den Gesprächspartner auf meine Seite zu bekommen.	❏	❏

Überzeugen (2/2)

So reagieren Sie perfekt auf Einwände

Methode 1

Greifen Sie den Einwand auf

Eine Einstiegsmethode ist, den Einwand aufzugreifen und darauf einzugehen. Damit zeigen Sie Ihrem Gesprächspartner, dass Sie seinen Einwand ernst nehmen.

Methode 2

Erarbeiten Sie das Für und Wider eines Einwands gemeinsam

Indem Sie das Für und Wider eines Einwands gemeinsam mit Ihrem Gesprächspartner erarbeiten, signalisieren Sie Entgegenkommen und Kooperation.

Methode 3

Wiederholen Sie einen unerwarteten Einwand in Frageform

Greifen Sie einen unvorhergesehenen Einwand auf, indem Sie ihn in eine Frage umformulieren. Damit gewinnen Sie Zeit zum Nachdenken. Ihr Gesprächspartner wird seinen Einwand kaum wörtlich wiederholen. Seine Antwort wird meist umfangreicher. Auf diese Weise beantwortet er seinen Einwand dann teilweise selbst.

Methode 4

Stimmen Sie einem Einwand zunächst zu

Mit der „Ja-aber-Methode" stimmen Sie Ihrem Gesprächspartner zunächst rhetorisch zu, um Ihre Zustimmung danach sofort wieder zu widerrufen. Das zeigt Ihre Kompromissbereitschaft, aber auch die Überzeugung von Ihrem Standpunkt.

Methode 5

Nehmen Sie den Einwand vorweg

Mit dieser taktischen Überlegung nehmen Sie Ihrem Gesprächspartner seinen Einwand vorweg. Sie vermitteln ihm damit das Gefühl, dass Sie in seinen Problemkategorien denken.

Methode 6

Stellen Sie den Einwand zunächst zurück

Um einen Einwand zu übergehen, können Sie ihn zunächst zurückstellen. Damit Sie dennoch glaubhaft auf Ihren Partner wirken, sollten Sie den Einwand schriftlich festhalten. Gehen Sie im Verlauf des Gesprächs unbedingt noch einmal darauf ein, und sei es nur, um Ihren Partner selbst feststellen zu lassen, dass er sich erübrigt hat.

Methodenplan: So gelingt es Ihnen, überzeugend auf Einwände zu reagieren

1	Den Einwand aufgreifen und darauf eingehen	**Beispiele** ■ „Ihre Meinung ist also ..." ■ „Lassen Sie uns darüber sprechen, was Ihnen missfällt ..." ■ „Erklären Sie mir, warum Sie damit nicht einverstanden sind ..."
2	Gemeinsam das Für und Wider eines Einwands erarbeiten	**Beispiele** ■ „Lassen Sie uns doch einmal gemeinsam überlegen, was dafür und was dagegen spricht ..." ■ „Zur besseren Erarbeitung sollten wir eine Liste der zu beanstandenden Punkte machen und diese analysieren ..."
3	Einen unerwarteten Einwand in Frageform wiederholen	**Beispiele:** ■ „Sie sind also der Meinung, dass ..." ■ „Habe ich Sie richtig verstanden, dass ..."
4	Eine Zustimmung wieder einschränken	**Beispiele:** ■ „Sie haben sicherlich Recht, jedoch ..." ■ „Da bin ich auch Ihrer Meinung, allerdings ..." ■ „Das ist richtig, dennoch ..." ■ „Da stimme ich Ihnen zu, obwohl ..."
5	Den Einwand vorwegnehmen	**Beispiele:** ■ „Sie werden jetzt sicherlich einwenden ..." ■ „Ich kann verstehen, wenn Sie jetzt einwenden, dass ..." ■ „Auch wenn Sie der Meinung sein sollten, dass ..."
6	Den Einwand später aufgreifen	**Beispiele:** ■ „Bevor ich zu Ihrem Einwand komme, möchte ich zunächst noch über ..." ■ „Ich werde auf Ihren Einwand später eingehen, doch zunächst ..."
7	Den Einwand überhören	...

Kopiervorlage

Methode 7

Überhören Sie den Einwand

Auch wenn Sie Ihrem Gesprächspartner aufmerksam zuhören, gehen Sie auf seinen Einwand nicht ein. Ihr Gesprächspartner wird in diesem Fall automatisch weitersprechen oder zum nächsten Gedanken übergehen. Diese Methode eignet sich besonders, um emotionale Einwände abzublocken.

Bauen Sie sich eine Einwandskartei auf und nutzen Sie sie häufig

Eine Einwandskartei hilft Ihnen, schnell und überzeugend auf Angriffe reagieren zu können.

- Schreiben Sie auf kleine Karteikärtchen alle Einwände, Angriffe oder Provokationen, auf die Sie reagieren möchten.
- Strukturieren Sie Ihre Karteikarten nach dieser Reihenfolge:
  - Angriffe, die Sie als besonders bedrohlich empfinden
  - Angriffe, die Sie selbst erfahren haben
  - Angriffe, die Sie bei anderen beobachten konnten
- Unterscheiden Sie bei Ihren Karteikarten nach Personen wie Vorgesetzten oder Kollegen.
- Nehmen Sie im Gespräch regelmäßig Ihre Karteikarten zur Hand, und überprüfen Sie, was Sie sagen wollen und wie Sie sich verhalten wollen.
- Aktualisieren Sie Ihre Karteikarten regelmäßig.

Methodenplan: So gelingt es Ihnen, überzeugend auf Einwände zu reagieren

Den Einwand aufgreifen und darauf eingehen	**Beispiele** ■ „Ihre Meinung ist also ..." ■ „Lassen Sie uns darüber sprechen, was Ihnen missfällt ..." ■ „Erklären Sie mir, warum Sie damit nicht einverstanden sind ..."
Gemeinsam das Für und Wider eines Einwands erarbeiten	**Beispiele** ■ „Lassen Sie uns doch einmal gemeinsam überlegen, was dafür und was dagegen spricht ..." ■ „Zur besseren Erarbeitung sollten wir eine Liste der zu beanstandenden Punkte machen und diese analysieren ..."
Einen unerwarteten Einwand in Frageform wiederholen	**Beispiele:** ■ „Sie sind also der Meinung, dass ..." ■ „Habe ich Sie richtig verstanden, dass ..."
Eine Zustimmung wieder einschränken	**Beispiele:** ■ „Sie haben sicherlich Recht, jedoch ..." ■ „Da bin ich auch Ihrer Meinung, allerdings ..." ■ „Das ist richtig, dennoch ..." ■ „Da stimme ich Ihnen zu, obwohl ..."
Den Einwand vorwegnehmen	**Beispiele:** ■ „Sie werden jetzt sicherlich einwenden ..." ■ „Ich kann verstehen, wenn Sie jetzt einwenden, dass ..." ■ „Auch wenn Sie der Meinung sein sollten, dass ..."
Den Einwand später aufgreifen	**Beispiele:** ■ „Bevor ich zu Ihrem Einwand komme, möchte ich zunächst noch über ..." ■ „Ich werde auf Ihren Einwand später eingehen, doch zunächst ..."
Den Einwand überhören	**...**

Richtiges Zuhören ist einer der wichtigsten Erfolgsfaktoren für Ihre Gesprächsführung. Wenn Gesprächspartner einander nicht richtig zuhören, sind Missverständnisse und daraus resultierende Konflikte vorprogrammiert. Wer hingegen die Kunst des Zuhörens beherrscht, kann nicht nur unnötige Probleme vermeiden, sondern profitiert in mehrfacher Hinsicht:

Die 6 Vorteile des richtigen Zuhörens

1. Sie erhalten vom Gesprächspartner wichtige Sachinformationen.
2. Sie lernen die Meinungen, Wünsche und Bedürfnisse Ihres Gesprächspartners kennen und können besser darauf reagieren.
3. Sie erhalten wichtige Anhaltspunkte für die eigene Argumentation.
4. Sie können Missverständnisse vermeiden.
5. Sie können gemeinsam mit Ihrem Gegenüber echte Problemlösungen erarbeiten.
6. Sie bauen Vertrauen auf und werden als Gesprächspartner geschätzt.

Bevor Sie weiterlesen, nehmen Sie sich einen Moment Zeit für den nebenstehenden Selbst-Test. Er zeigt Ihnen, wie gut Sie zuhören können und an welchen Punkten Sie möglicherweise Nachholbedarf haben.

Die 4 Erfolgsfaktoren für gekonntes Zuhören

Tipp: Lesen Sie sich vor wichtigen Gesprächen die folgenden 4 Punkte aufmerksam durch.

1 Aufmerksam Zuhören

Sorgen Sie dafür, dass Sie Ihren Gesprächspartner akustisch und inhaltlich gut verstehen:

- Achten Sie auf eine ungestörte Gesprächssituation.
- Nehmen Sie sich viel Zeit und konzentrieren Sie sich völlig auf Ihren Gesprächspartner. Stellen Sie eigene Gedanken quasi „beiseite“.

2 Aktiv Zuhören

Während Sie zuhören, sollten Sie nicht passiv bleiben, denn das würde Ihr Gesprächspartner als Desinteresse und Unhöflichkeit interpretieren. Indem Sie aktiv zuhören, zeigen Sie Ihrem Gesprächspartner Ihre ungeteilte Aufmerksamkeit. Damit bauen Sie Vertrauen auf, das für den positiven Verlauf des Gesprächs unabdingbar ist.

Wichtige Merkmale des aktiven Zuhörens:

- Eine zugewandte, offene Sitzhaltung
- Blickkontakt
- Kopfnicken
- Bestätigungslaute wie „Hm“ oder „Ah ja“
- Anteilnahme: „Oh, das ist ja interessant. Erzählen Sie doch mal!“
- Ihr Gegenüber ausreden lassen
- Mit eigenen Worten das Gehörte zusammenfassen: „Sie meinen also, dass ...“

3 Analytisch Zuhören

Nachdem Sie aufmerksam und aktiv zugehört haben, stellt sich die Frage, ob Ihr Gesprächspartner möglicherweise Scheinargumente, falsche Informationen oder unlogische Schlussfolgerungen eingebracht hat, die das Gespräch negativ beeinflussen könnten. So sorgen Sie für sachliche Richtigkeit und Logik:

- Formulieren Sie die Aussage Ihres Gesprächspartners um, wobei Sie seinen logischen oder sachlichen Fehler berichtigen. „Habe ich Sie richtig verstanden, Sie sind der Ansicht, dass ...?“

Selbst-Test: Wie gut können Sie zuhören?

	Denken Sie an die Gespräche zurück, die Sie in den letzten Wochen geführt haben: Welches Verhalten haben Sie überwiegend umgesetzt?	Ja	Nein
1	Hatten Sie genügend Zeit für das Gespräch eingeplant?	❑	❑
	Konnten Sie es ohne Zeitdruck führen oder sahen Sie ständig auf die Uhr?	❑	❑
	Hatten Sie einen passenden, störungsfreien Ort ausgewählt?	❑	❑
	War dafür gesorgt, dass weder das Telefon noch Dritte das Gespräch stören?	❑	❑
	Waren Sie mit voller Aufmerksamkeit und Konzentration bei Ihrem Gesprächspartner?	❑	❑
2	Signalisierten Sie Ihrem Gegenüber mit nonverbalem Verhalten wie Blickkontakt und Kopfnicken Ihr Interesse?	❑	❑
	Ermunterten Sie Ihren Gesprächspartner durch interessiertes Nachfragen zum Weiterreden?	❑	❑
	Hörten Sie Ihrem Gesprächspartner zu, ohne ihn zu unterbrechen und ungeduldig zu werden?	❑	❑
	Begegneten Sie den Äußerungen Ihres Gesprächspartners ohne Werturteile?	❑	❑
	Äußerten Sie Ihre Meinung nie als Erster?	❑	❑
	Bei besonders schwierigen Gesprächen wie Beurteilungs- oder Korrekturgesprächen: Signalisierten Sie Problembewusstsein, Verständnis und Akzeptanz?	❑	❑
3	Griffen Sie während des Gesprächs die Aussagen Ihres Gesprächspartners auf, um Argumente und Sichtweisen abzuwägen?	❑	❑
	Fassten Sie von Zeit zu Zeit die Gesprächsinhalte zusammen, um auf diese Weise für Sie wichtige Aussagen und Zwischenergebnisse zu sichern?	❑	❑
4	Versuchten Sie beim Zuhören, den Gesprächspartner aus seiner Sicht zu verstehen?	❑	❑
	Gelang es Ihnen, das Gesagte nicht nur aus Ihrem Blickwinkel zu betrachten?	❑	❑
	War es Ihnen wichtig, den Gesprächspartner nicht mit voreiligen Argumenten und Worten zu verletzen?	❑	❑
	Waren Sie bereit, nach Lösungen zu suchen, die für beide Seiten akzeptabel waren?	❑	❑

Kopiervorlage

4 Empathisch Zuhören

Um richtig auf den Gesprächspartner reagieren zu können, müssen Sie erkennen, was während des Gesprächs auf der Beziehungsebene passiert. Dazu brauchen Sie Einfühlungsvermögen:

- Bereiten Sie während des Gesprächs nicht schon Ihre eigenen Antworten vor, sondern hören Sie wertneutral zu.
- Stellen Sie innerlich Ihre eigene Position für einen Moment beiseite und versuchen Sie, die Sicht des Gesprächspartners zu verstehen.
- Dies ist leichter möglich, wenn Sie sich zwischendurch bewusst entspannen.
- Empathisches Zuhören zeigt sich in einer offenen, zugewandten Sitzhaltung (keine verschränkten Arme!) und einer freundlichen, aufmerksamen Mimik. So signalisieren Sie Ihrem Gegenüber Offenheit, Wertschätzung und Einfühlungsvermögen und helfen ihm, sich für Ihren Lösungsvorschlag zu öffnen.

Test-Auswertung:

Wenn Sie **mehr als 10 Fragen mit „Nein“** beantwortet haben, fällt es Ihnen schwer, gut zuzuhören und Ihrem Gegenüber die notwendige Aufmerksamkeit zu schenken, die eine erfolgreiche Gesprächsführung ausmacht. Ohne diesen Schlüssel für eine erfolgreiche Kommunikation wird Ihnen jeder Gesprächspartner verschlossen bleiben, und wichtige Informationen über den Menschen und seine Vorstellungen und Werte bleiben Ihnen verborgen. Wollen Sie mit Ihren Mitmenschen eine offene und produktive Beziehung führen, müssen Sie aufmerksam, aktiv und nicht zuletzt einfühlsam zuhören, um sie zu verstehen. Gerade in Problemgesprächen führt gekonntes Zuhören schnell zum Kern des Problems und damit zu einer einvernehmlichen Lösung.

Selbst-Test: Wie gut können Sie zuhören?

Denken Sie an die Gespräche zurück, die Sie in den letzten Wochen geführt haben: Welches Verhalten haben Sie überwiegend umgesetzt?		
	Ja	Nein
Hatten Sie genügend Zeit für das Gespräch eingeplant?	❑	❑
Konnten Sie es ohne Zeitdruck führen oder sahen Sie ständig auf die Uhr?	❑	❑
Hatten Sie einen passenden, störungsfreien Ort ausgewählt?	❑	❑
War dafür gesorgt, dass weder das Telefon noch Dritte das Gespräch stören?	❑	❑
Waren Sie mit voller Aufmerksamkeit und Konzentration bei Ihrem Gesprächspartner?	❑	❑
Signalisierten Sie Ihrem Gegenüber mit nonverbalem Verhalten wie Blickkontakt und Kopfnicken Ihr Interesse?	❑	❑
Ermunterten Sie Ihren Gesprächspartner durch interessiertes Nachfragen zum Weiterreden?	❑	❑
Hörten Sie Ihrem Gesprächspartner zu, ohne ihn zu unterbrechen und ungeduldig zu werden?	❑	❑
Begegneten Sie den Äußerungen Ihres Gesprächspartners ohne Werturteile?	❑	❑
Äußerten Sie Ihre Meinung nie als Erster?	❑	❑
Bei besonders schwierigen Gesprächen wie Beurteilungs- oder Korrekturgesprächen: Signalisierten Sie Problembewusstsein, Verständnis und Akzeptanz?	❑	❑
Griffen Sie während des Gesprächs die Aussagen Ihres Gesprächspartners auf, um Argumente und Sichtweisen abzuwägen?	❑	❑
Fassten Sie von Zeit zu Zeit die Gesprächsinhalte zusammen, um auf diese Weise für Sie wichtige Aussagen und Zwischenergebnisse zu sichern?	❑	❑
Versuchten Sie beim Zuhören, den Gesprächspartner aus seiner Sicht zu verstehen?	❑	❑
Gelang es Ihnen, das Gesagte nicht nur aus Ihrem Blickwinkel zu betrachten?	❑	❑
War es Ihnen wichtig, den Gesprächspartner nicht mit voreiligen Argumenten und Worten zu verletzen?	❑	❑
Waren Sie bereit, nach Lösungen zu suchen, die für beide Seiten akzeptabel waren?	❑	❑

Teil II: Mitarbeitergespräche von A-Z

Abschiedsgespräch

Immer dann, wenn ein Mitarbeiter von sich aus das Unternehmen verlassen will, wird ein Abschiedsgespräch geführt.

Mit der Kündigung des Arbeitsverhältnisses durch einen Mitarbeiter gehen auch Wissen und Potenzial verloren. Nutzen Sie das Abschiedsgespräch dazu, herauszufinden, warum Ihr Mitarbeiter gekündigt hat. Dadurch erfahren Sie auch etwas Wichtiges über Ihr Unternehmen.

Gesprächsführung

- Führen Sie das Gespräch vertraulich und unter 4 Augen.
- Ermuntern Sie Ihren Mitarbeiter, alles auszusprechen, was zu seinem Entschluss geführt hat, das Unternehmen zu verlassen.
- Weisen Sie Ihren Mitarbeiter darauf hin, dass sich die Offenheit des Gesprächs nicht auf den Zeugnisinhalt auswirken wird. Besonders günstig ist es, wenn der Mitarbeiter das Zeugnis bereits erhalten hat.
- Erfragen Sie die Gründe, die Ihren Mitarbeiter zu seiner Kündigung führten:
  - Wurde er nicht genügend gefördert?
  - Herrschte ein disharmonisches Arbeitsklima?
  - Wurden seine Erwartungen nicht erfüllt?
  - Konnte er seine persönlichen Ziele nicht umsetzen?
  - War er mit Ihrem Führungsstil unzufrieden?
  - Gab es Mobbing unter den Mitarbeitern und Kollegen?
  - Fühlte er sich unterbezahlt?
  - Liegen private Kündigungsgründe vor?
  - Gibt es andere Kündigungsgründe?
- Fragen Sie nach, wie die Kündigung aus seiner Sicht hätte verhindert werden können.
- Versuchen Sie, je nach Situation, Ihren Mitarbeiter umzustimmen.
- Erkundigen Sie sich nach der neuen Arbeitsstelle.
- Klären Sie Ihren Mitarbeiter darüber auf, wie seine Informationen weiter verwendet werden.
- Ermuntern Sie gegebenenfalls den Mitarbeiter, weiterhin Kontakt zu halten.
- Verteidigen Sie Ihr Unternehmen nicht. Akzeptieren Sie die Meinung und die Erfahrung Ihres Mitarbeiters als Feedback.
- Versuchen Sie gegebenenfalls herauszufinden, ob und wie Sie Ihren Mitarbeiter eventuell später zurück gewinnen können. Versprechen Sie dabei allerdings nichts.
- Lassen Sie Ihrem Mitarbeiter eine Kopie des Gesprächs-Protokolls zukommen.

Formular: Abschiedsgespräch

Name: ______________________ Vorgesetzter: ______________________

Position: ______________________ Kündigungsgrund: ______________________

Eintrittsdatum: ______________________ Austrittsdatum: ______________________

Die nachfolgenden Punkte sollte Ihr Mitarbeiter so offen wie möglich beantworten:

	Sehr gut	gut	Zufrieden stellend	schlecht
1. Arbeitsbereich				
■ Betriebsklima	❑	❑	❑	❑
■ Bezahlung	❑	❑	❑	❑
■ Arbeitszeiten	❑	❑	❑	❑
■ Verhältnis unter den Kollegen	❑	❑	❑	❑
■ Teamarbeit	❑	❑	❑	❑
■ Kommunikation	❑	❑	❑	❑
2. Aufgabenbereich				
■ Verantwortung	❑	❑	❑	❑
■ Weiterentwicklung	❑	❑	❑	❑
■ Tätigkeit	❑	❑	❑	❑
■ Perspektive	❑	❑	❑	❑
■ Organisation	❑	❑	❑	❑
3. Führung durch den Vorgesetzten				
■ Anerkennung	❑	❑	❑	❑
■ Feedback	❑	❑	❑	❑
■ Förderung	❑	❑	❑	❑
■ Kommunikation	❑	❑	❑	❑
■ Zusammenarbeit mit der Führungskraft	❑	❑	❑	❑
■ Unterstützung durch die Führungskraft	❑	❑	❑	❑

4. Was für ein Kündigungsgrund liegt vor? (ausführliche Begründung)

Kopiervorlage

Formular: Abschiedsgespräch

Name: ______________________ Vorgesetzter: ______________________

Position: ______________________ Kündigungsgrund: ______________________

Eintrittsdatum: ______________________ Austrittsdatum: ______________________

Die nachfolgenden Punkte sollte Ihr Mitarbeiter so offen wie möglich beantworten:

	Sehr gut	gut	Zufrieden stellend	schlecht
1. Arbeitsbereich				
■ Betriebsklima	❑	❑	❑	❑
■ Bezahlung	❑	❑	❑	❑
■ Arbeitszeiten	❑	❑	❑	❑
■ Verhältnis unter den Kollegen	❑	❑	❑	❑
■ Teamarbeit	❑	❑	❑	❑
■ Kommunikation	❑	❑	❑	❑
2. Aufgabenbereich				
■ Verantwortung	❑	❑	❑	❑
■ Weiterentwicklung	❑	❑	❑	❑
■ Tätigkeit	❑	❑	❑	❑
■ Perspektive	❑	❑	❑	❑
■ Organisation	❑	❑	❑	❑
3. Führung durch den Vorgesetzten				
■ Anerkennung	❑	❑	❑	❑
■ Feedback	❑	❑	❑	❑
■ Förderung	❑	❑	❑	❑
■ Kommunikation	❑	❑	❑	❑
■ Zusammenarbeit mit der Führungskraft	❑	❑	❑	❑
■ Unterstützung durch die Führungskraft	❑	❑	❑	❑

4. Was für ein Kündigungsgrund liegt vor? (ausführliche Begründung)

Anerkennungsgespräch

Nutzen Sie das Anerkennungsgespräch, um Ihrem Mitarbeiter regelmäßig Feedback über seine guten Leistungen zu geben. Damit steigern Sie seine Motivation und geben ihm die Sicherheit, dass er auf dem richtigen Weg ist.

Grundsätze eines Anerkennungsgesprächs

- Oft werden Lob und Anerkennung von Ihrem Mitarbeiter misstrauisch betrachtet. Ihr Mitarbeiter vermutet unter Umständen, dass Sie die Anerkennung als Einstieg für eine negative Nachricht oder als Mittel zum Zweck benutzen. Sprechen Sie die Anerkennung daher nie in Verbindung mit Kritik aus. Grenzen Sie ein Anerkennungsgespräch klar von einem Beurteilungsgespräch (ab Seite 42) ab.
- Sprechen Sie Anerkennung nur vor Kollegen aus, wenn das Betriebsklima positiv und harmonisch ist. Ansonsten wecken Sie Gefühle von Neid und schüren den Konkurrenzkampf.
- Lob und Anerkennung unter 4 Augen sollten Sie aussprechen,
  - wenn Sie einen leistungsschwachen Mitarbeiter für eine eigentlich selbstverständliche Leistung anerkennen wollen.
  - wenn eine besonders gute Leistung auch besonders gewürdigt werden sollte.
  - wenn Sie Ihren Mitarbeiter für eine Leistung loben wollen, die andere Mitarbeiter nie erreichen werden.
- Behandeln Sie alle Mitarbeiter gleich. Sprechen Sie Lob und Anerkennung auch bei dem Mitarbeiter aus, der Ihnen nicht sympathisch ist.
- Loben Sie immer direkt im Anschluss an die gute Leistung. Späteres Lob erweckt den Eindruck, Sie hätten ein schlechtes Gewissen. Ihr Mitarbeiter wird dieses Lob nicht mehr ernst nehmen oder sich darüber freuen.
- Vermeiden Sie undeutliche Formulierungen und Standardfloskeln. Erklären Sie klar, warum Sie loben oder anerkennen und worin die Leistung des Mitarbeiters bestanden hat.
- Überprüfen Sie im Vorfeld genau, wer von den Mitarbeitern eines Teams das Lob oder die Anerkennung verdient hat. Das Lob soll dem richtigen Mitarbeiter ausgesprochen werden.
- Stehen Sie hinter Ihrem Lob und zeigen Sie offen Ihre Freude darüber, dass Sie Ihrem Mitarbeiter das Lob aussprechen können. Machen Sie ein freundliches Gesicht, lächeln Sie dabei und verwenden Sie motivierende und positive Worte. Zum Beispiel: „Herr Müller, ich muss es Ihnen mal offen sagen: Diesen Bericht haben Sie wirklich außergewöhnlich gut bearbeitet. Ein Mitarbeiter wie Sie ist eine echte Bereicherung für die Firma."

Checkliste: Sind Sie für ein Anerkennungsgespräch gut vorbereitet?

Bevor ich das Anerkennungsgespräch führe, informiere ich mich über das gesamte Projekt, um einen Überblick über den Arbeitsablauf und die Arbeitsleistung meines Mitarbeiters zu bekommen und das Besondere an dem zu Lobenden besser herausstellen zu können.	❑
Ich habe eine klare Formulierung für das, was ich loben will. Der Aspekt, den ich herausstelle, ist in der speziellen Situation des Mitarbeiters lobenswert. Dabei wähle ich auch Kleinigkeiten oder Teilerfolge bewusst aus.	❑
Da ich mich über die lobenswerten Eigenschaften und Leistungen meines Mitarbeiters informiert habe, stehe ich 100%ig hinter dem Lob.	❑
Bei der Auswahl habe ich die Leistung meines Mitarbeiters objektiv beurteilt – z. B. nach den vereinbarten Zielvorgaben. Ich habe mich auch nicht von Sympathie oder Antipathie leiten lassen.	❑
Ich habe mir bewusst gemacht, welche Situation die Aussprache dieses Lobs erfordert (unter 4 Augen oder vor anderen) und wähle einen geeigneten Zeitpunkt aus – das kann auch spontan sein.	❑
Für das Anerkennungsgespräch plane ich genügend Zeit ein.	❑
Ich kenne das Ziel meines Anerkennungsgesprächs – diesen Mitarbeiter allgemein zu motivieren.	❑
Ich trenne im Gespräch klar zwischen einem Anerkennungsgespräch und einem Kritikgespräch.	❑
Während des Gesprächs werte ich keine anderen Personen ab und bin loyal gegenüber allen meinen Mitarbeitern.	❑
Ich frage meinen Mitarbeiter nach seinen Eindrücken und nutze seine Anregungen für weitere Maßnahmen und Verbesserungen. Damit stärke ich Selbstvertrauen und Motivation noch mehr.	❑
Am Schluss des Gesprächs führe ich noch einmal die Punkte auf, für die ich meinen Mitarbeiter besonders gelobt habe und drücke nochmals meine Freude über die gute Leistung aus.	❑

Kopiervorlage

- Warten Sie mit Ihrem Lob oder der Anerkennung nicht auf den großen Erfolg Ihres Mitarbeiters. Loben Sie auch seine Teilerfolge.
- Geben Sie an Ihren Mitarbeiter auch Lob und Anerkennung von Kunden und dem nächsthöheren Vorgesetzten weiter. Auch wenn die Meinung anderer sich nicht mit Ihrer decken sollte: Verhalten Sie sich dahingehend objektiv und unvoreingenommen.
- Sprechen Sie Lob und Anerkennung immer persönlich aus und lassen Sie es nicht von Dritten übermitteln.
- Bringen Sie die Leistung Ihres Mitarbeiters in einen Gesamtbezug. Weisen Sie ausdrücklich auf den Nutzen hin, den die Leistung Ihres Mitarbeiters für die Abteilung oder das Unternehmen gebracht hat.

Checkliste: Sind Sie für ein Anerkennungsgespräch gut vorbereitet?

Bevor ich das Anerkennungsgespräch führe, informiere ich mich über das gesamte Projekt, um einen Überblick über den Arbeitsablauf und die Arbeitsleistung meines Mitarbeiters zu bekommen und das Besondere an dem zu Lobenden besser herausstellen zu können.	❑
Ich habe eine klare Formulierung für das, was ich loben will. Der Aspekt, den ich herausstelle, ist in der speziellen Situation des Mitarbeiters lobenswert. Dabei wähle ich auch Kleinigkeiten oder Teilerfolge bewusst aus.	❑
Da ich mich über die lobenswerten Eigenschaften und Leistungen meines Mitarbeiters informiert habe, stehe ich 100%ig hinter dem Lob.	❑
Bei der Auswahl habe ich die Leistung meines Mitarbeiters objektiv beurteilt – z. B. nach den vereinbarten Zielvorgaben. Ich habe mich auch nicht von Sympathie oder Antipathie leiten lassen.	❑
Ich habe mir bewusst gemacht, welche Situation die Aussprache dieses Lobs erfordert (unter 4 Augen oder vor anderen) und wähle einen geeigneten Zeitpunkt aus – das kann auch spontan sein.	❑
Für das Anerkennungsgespräch plane ich genügend Zeit ein.	❑
Ich kenne das Ziel meines Anerkennungsgesprächs – diesen Mitarbeiter allgemein zu motivieren.	❑
Ich trenne im Gespräch klar zwischen einem Anerkennungsgespräch und einem Kritikgespräch.	❑
Während des Gesprächs werte ich keine anderen Personen ab und bin loyal gegenüber allen meinen Mitarbeitern.	❑
Ich frage meinen Mitarbeiter nach seinen Eindrücken und nutze seine Anregungen für weitere Maßnahmen und Verbesserungen. Damit stärke ich Selbstvertrauen und Motivation noch mehr.	❑
Am Schluss des Gesprächs führe ich noch einmal die Punkte auf, für die ich meinen Mitarbeiter besonders gelobt habe und drücke nochmals meine Freude über die gute Leistung aus.	❑

Gesprächs-Check

Beförderungsgespräch

Mit dem Beförderungsgespräch übermitteln Sie Ihrem Mitarbeiter die Nachricht, dass er auf Grund seiner guten Leistung in eine höher dotierte Position versetzt wird.

Beförderungsgespräche können 2 verschiedene Ausgangssituationen haben:

a) Ihr Mitarbeiter hat sich um eine Stelle beworben und bekommt diese von Ihnen zugesprochen.

Gesprächsgrundlage

- Überlegen Sie sich vor dem Gespräch die Argumente und Gründe, warum Sie Ihren Mitarbeiter befördert haben. So können Sie Ihrem Mitarbeiter seine Beförderung plausibel erläutern. Das hilft auch Ihrem Mitarbeiter, an seine Leistung zu glauben und die Beförderung mit Stolz anzunehmen.
- Nehmen Sie sich ausreichend Zeit und übermitteln Sie die positive Nachricht nicht nebenbei und vor Dritten.
- Sorgen Sie für eine feierliche Stimmung. Überreichen Sie die Beförderung in Form einer Urkunde.
- Vermeiden Sie während des Gesprächs Störungen. Sie sollten sich während des Beförderungsgesprächs ganz auf Ihren Mitarbeiter konzentrieren.

Gesprächsleitfaden

- Beginnen Sie das Gespräch mit lobenden Worten über die guten Leistungen Ihres Mitarbeiters. Kommen Sie dann zum eigentlichen Gesprächsanlass und verkünden Sie Ihrem Mitarbeiter seine Beförderung.
- Gratulieren Sie Ihrem Mitarbeiter und zeigen Sie Ihre Freude darüber.
- Erläutern Sie die Gründe, die zu seiner Beförderung geführt haben. Nennen Sie dabei konkret die Leistungen, die zu der Beförderung beigetragen haben.
- Schildern Sie Ihre Auffassung über die Beförderung. Machen Sie deutlich, wie sehr Sie sein Engagement, seine Kompetenz und Loyalität schätzen. Zählen Sie einige Stärken Ihres Mitarbeiters auf. Ihr Mitarbeiter erkennt dadurch, dass er die Beförderung verdient hat.
- Überreichen Sie die Urkunde und stoßen Sie auf die freudige Nachricht mit Ihrem Mitarbeiter an.
- Fragen Sie Ihren Mitarbeiter nach seinen weiteren beruflichen Zielen und worauf er sich bei der neuen Arbeit freut.
- Klären Sie ab, was Ihr Mitarbeiter für die neue Aufgabe benötigt, und bieten Sie ihm Ihre Unterstützung für den neuen Berufsabschnitt an.

b) Ihr Mitarbeiter konnte Sie in der Vergangenheit von seiner guten Leistung überzeugen und wird daher von Ihnen mit einer Beförderung (neue Aufgaben, höher dotiert) ohne vorherige Ankündigung belohnt.

Gesprächsgrundlage

- Da für Ihren Mitarbeiter die Beförderung überraschend kommt, sollten Sie vorab konkrete Fakten sammeln, die für die Beförderung sprechen. So kann Ihr Mitarbeiter nachvollziehen, warum er befördert wurde.
- Klopfen Sie das Umfeld des Mitarbeiters ab: Wie ist das Betriebsklima? Entsteht durch die Beförderung Neid unter den Kollegen?
- Sorgen Sie gegebenenfalls für ein besseres Betriebsklima, indem Sie im Anschluss an die Beförderung die Gründe für die Beförderung des Mitarbeiters erläutern.
- Sprechen Sie die Beförderung nicht zwischen Tür und Angel aus. Nehmen Sie sich Zeit und sorgen Sie für Ruhe während des Gesprächs.

Gesprächsleitfaden

- Fallen Sie nicht mit der Tür ins Haus und überreichen Sie Ihrem Mitarbeiter die Urkunde nicht ohne einleitende Worte. Erklären Sie Ihrem Mitarbeiter vorab, was Sie an ihm schätzen. Zählen Sie besondere Leistungen in naher Vergangenheit auf. Schildern Sie seine Stärken und was Ihnen Positives aufgefallen ist.
- Sprechen Sie nun die Beförderung aus. Nennen Sie nochmals Gründe, warum Sie Ihren Mitarbeiter befördern.
- Bringen Sie zum Ausdruck, wie sehr Sie sich darüber freuen und dass Sie Ihrem Mitarbeiter die neue Aufgabe voll und ganz zutrauen.
- Lassen Sie Ihrem Mitarbeiter ein paar Minuten Zeit, über seine bevorstehende Beförderung nachzudenken.
- Ist er mit der neuen Aufgabe einverstanden, gratulieren Sie ihm und überreichen ihm den Umschlag mit der Urkunde.
- Ist Ihr Mitarbeiter mit der Beförderung nicht einverstanden, fragen Sie ihn nach den Gründen der Ablehnung und bitten Sie ihn, seine Ablehnung noch einmal zu überdenken. Vermeiden Sie Enttäuschung über die Ablehnung. Ihr Mitarbeiter kann sich überrumpelt oder der neuen Aufgabe nicht gewachsen fühlen. Klären Sie seine Gründe in einem weiteren Gespräch.

Kopiervorlage

Checkliste: Haben Sie alle Voraussetzungen für ein Beförderungsgespräch erfüllt?

Ich kenne die Hintergründe, warum ich meinen Mitarbeiter befördern will.	❑
Das Gespräch will ich dazu nutzen, meinem Mitarbeiter seine neuen Berufschancen aufzuzeigen.	❑
Ich habe mir die Beförderung gut überlegt und kann daher meinem Mitarbeiter meine Entscheidung begründen.	❑
Nach dem Beförderungsgespräch soll mein Mitarbeiter stolz und motiviert an die neue Aufgabe gehen.	❑
Ich frage meinen Mitarbeiter nach seinen weiteren Zielen, um ihm bei der Planung seiner beruflichen Laufbahn zu helfen.	❑
Ich versichere meinem Mitarbeiter, dass ich ihm die neue Aufgabe voll und ganz zutraue.	❑
Um Neid zu vermeiden und die Team-Motivation zu steigern, werde ich die Beförderung gegenüber den Kollegen begründen.	❑
Ich sorge für einen feierlichen Rahmen, damit mein Mitarbeiter erkennt, wie wichtig die Beförderung auch für das Unternehmen ist.	❑
Um meinem Mitarbeiter die Bedeutung seiner Beförderung klar zu machen, erläutere ich ihm die Ziele des Unternehmens.	❑
Ich stelle mich darauf ein, dass ich meinen Mitarbeiter mit der Beförderung überrasche und eine eventuelle Absage bekommen kann.	❑
Lehnt mein Mitarbeiter seine Beförderung ab, versuche ich, die Gründe dafür zu ermitteln.	❑
Ich bin nicht nachtragend und hoffe, in einem weiteren Gespräch eine positive Antwort zu bekommen.	❑

Checkliste: Haben Sie alle Voraussetzungen für ein Beförderungsgespräch erfüllt?

Ich kenne die Hintergründe, warum ich meinen Mitarbeiter befördern will.	❑
Das Gespräch will ich dazu nutzen, meinem Mitarbeiter seine neuen Berufschancen aufzuzeigen.	❑
Ich habe mir die Beförderung gut überlegt und kann daher meinem Mitarbeiter meine Entscheidung begründen.	❑
Nach dem Beförderungsgespräch soll mein Mitarbeiter stolz und motiviert an die neue Aufgabe gehen.	❑
Ich frage meinen Mitarbeiter nach seinen weiteren Zielen, um ihm bei der Planung seiner beruflichen Laufbahn zu helfen.	❑
Ich versichere meinem Mitarbeiter, dass ich ihm die neue Aufgabe voll und ganz zutraue.	❑
Um Neid zu vermeiden und die Team-Motivation zu steigern, werde ich die Beförderung gegenüber den Kollegen begründen.	❑
Ich sorge für einen feierlichen Rahmen, damit mein Mitarbeiter erkennt, wie wichtig die Beförderung auch für das Unternehmen ist.	❑
Um meinem Mitarbeiter die Bedeutung seiner Beförderung klar zu machen, erläutere ich ihm die Ziele des Unternehmens.	❑
Ich stelle mich darauf ein, dass ich meinen Mitarbeiter mit der Beförderung überrasche und eine eventuelle Absage bekommen kann.	❑
Lehnt mein Mitarbeiter seine Beförderung ab, versuche ich, die Gründe dafür zu ermitteln.	❑
Ich bin nicht nachtragend und hoffe, in einem weiteren Gespräch eine positive Antwort zu bekommen.	❑

Beurteilungsgespräch (1/3)

Grundlagen eines Beurteilungsgesprächs

Ziel eines Beurteilungsgesprächs, das regelmäßig stattfinden sollte, ist die Förderung und Entwicklung Ihres Mitarbeiters. So können Sie auf der Basis eines Beurteilungsgesprächs

- Ihren Mitarbeiter aufbauen,
- Schwächen und Entwicklungsbedarf feststellen,
- die bisherige Entwicklung einschätzen,
- das Arbeitsverhalten bewerten,
- die Kommunikation zu Ihrem Mitarbeiter aufbauen und pflegen.

Das Beurteilungsgespräch sollte von Ihnen partnerorientiert geführt werden und die fachlichen und menschlichen Aspekte der Zusammenarbeit beleuchten.

Um Beurteilungsfehler weitestgehend auszuschließen, sollten Sie Ihr eigenes Wahrnehmungs- und Urteilsvermögen kritisch betrachten und gegebenenfalls verbessern.

1

Unterscheiden Sie zwischen Verhaltensbeobachtung und Deutung des Verhaltens.

Beispiel: Ihr Mitarbeiter ist nicht bereit, aufgrund Ihrer Anordnung Überstunden zu leisten.

Ehe Sie nach Ihrer Verhaltensbeobachtung Ihren Mitarbeiter beurteilen, sollten Sie sein Verhalten objektiv deuten:

- Hat Ihr Mitarbeiter keine Lust auf seine Arbeit?
- Kann Ihr Mitarbeiter nicht länger arbeiten, weil er privat verhindert oder körperlich überlastet ist?
- Lehnt Ihr Mitarbeiter sich gegen Ihre Anweisung auf, um emotionalen Widerstand gegen Sie als Führungskraft zu leisten?
- Hat Ihr Mitarbeiter Probleme, im Team zu arbeiten?

2

Durch regelmäßige schriftliche Notizen erhalten Sie von Ihrem Mitarbeiter konkrete Eindrücke im Hinblick auf seine Leistung und sein Arbeitsverhalten. Dadurch vermeiden Sie, dass wichtige Informationen verloren gehen und die Beurteilung unvollständig ist.

3

Ehe Sie Ihren Mitarbeiter zu einem Beurteilungsgespräch bitten, sollten Sie alle Fakten über ihn gesammelt haben. Erst wenn Sie alle Informationen aus den verschiedenen Leistungs- und Verhaltensbereichen zusammengetragen haben, fügen Sie Ihre Eindrücke zu einem Gesamtbild Ihres Mitarbeiters zusammen.

4

Ihr Mitarbeiter denkt und handelt anders als Sie. Akzeptieren Sie also, dass er Herausforderungen mit eigenen Problemstrategien angeht und bewältigt. Versuchen Sie zu verstehen, wie Ihr Mitarbeiter Situationen wahrnimmt, und seien Sie sensibel für seine Empfindungen und Reaktionen.

Checkliste: So führen Sie optimale Beurteilungsgespräche

1	Urteilen Sie nicht vorschnell und unüberlegt.	❑
	Hören Sie bei Ihrer Mitarbeiter-Beurteilung nicht auf die Meinung anderer, und machen Sie sich ein persönliches Bild über Ihren Mitarbeiter.	❑
2	Machen Sie sich regelmäßig schriftliche Notizen über besondere Verhaltensweisen Ihres Mitarbeiters.	❑
	Formulieren Sie Ihre Notizen präzise.	❑
	Halten Sie sich bei Ihrer Beurteilung immer an Fakten und spekulieren Sie nicht.	❑
	Schätzen Sie die Situation realistisch ein. Vermeiden Sie Beurteilungsfehler bei persönlichen Einschätzungen.	❑
	Befassen Sie sich mit verschiedenen Einflussfaktoren wie zum Beispiel dem Arbeitsumfeld, Sympathie und Antipathie, die persönliche Verbindung zu Ihrem Mitarbeiter.	❑
3	Sammeln Sie alle relevanten Informationen über den Mitarbeiter.	❑
4	Nehmen Sie eine objektive Bewertung der Informationen vor.	❑
	Zeigen Sie Verständnis für die emotionale Befindlichkeit Ihres Mitarbeiters.	❑
	Reagieren Sie angemessen auf die Gefühle Ihres Mitarbeiters.	❑
	Akzeptieren Sie neue Verhaltensweisen und beharren Sie nicht auf den Ihrigen.	❑
5	Überprüfen Sie vor dem Gespräch den bisherigen Karriereweg des Mitarbeiters im Unternehmen.	❑
	Fragen Sie vor dem Gespräch seine vorherigen Vorgesetzten nach deren Meinung zur Arbeitsleistung des Mitarbeiters.	❑
	Seien Sie selbstkritisch gegenüber Ihrem praktizierten Führungsstil.	❑

Kopiervorlage

5

War Ihr Mitarbeiter in verschiedenen Abteilungen beschäftigt, sollten Sie Beurteilungen ehemaliger Vorgesetzter Ihres Mitarbeiters mit in den Beurteilungsprozess einbeziehen.

Checkliste: So führen Sie optimale Beurteilungsgespräche

Urteilen Sie nicht vorschnell und unüberlegt.	❏
Hören Sie bei Ihrer Mitarbeiter-Beurteilung nicht auf die Meinung anderer, und machen Sie sich ein persönliches Bild über Ihren Mitarbeiter.	❏
Machen Sie sich regelmäßig schriftliche Notizen über besondere Verhaltensweisen Ihres Mitarbeiters.	❏
Formulieren Sie Ihre Notizen präzise.	❏
Halten Sie sich bei Ihrer Beurteilung immer an Fakten und spekulieren Sie nicht.	❏
Schätzen Sie die Situation realistisch ein. Vermeiden Sie Beurteilungsfehler bei persönlichen Einschätzungen.	❏
Befassen Sie sich mit verschiedenen Einflussfaktoren wie zum Beispiel dem Arbeitsumfeld, Sympathie und Antipathie, die persönliche Verbindung zu Ihrem Mitarbeiter.	❏
Sammeln Sie alle relevanten Informationen über den Mitarbeiter.	❏
Nehmen Sie eine objektive Bewertung der Informationen vor.	❏
Zeigen Sie Verständnis für die emotionale Befindlichkeit Ihres Mitarbeiters.	❏
Reagieren Sie angemessen auf die Gefühle Ihres Mitarbeiters.	❏
Akzeptieren Sie neue Verhaltensweisen und beharren Sie nicht auf den Ihrigen.	❏
Überprüfen Sie vor dem Gespräch den bisherigen Karriereweg des Mitarbeiters im Unternehmen.	❏
Fragen Sie vor dem Gespräch seine vorherigen Vorgesetzten nach deren Meinung zur Arbeitsleistung des Mitarbeiters.	❏
Seien Sie selbstkritisch gegenüber Ihrem praktizierten Führungsstil.	❏

Beurteilungsgespräch (2/3)

Gesprächsablauf

1

Nehmen Sie sich ausreichend Zeit für das Gespräch. Zeitdruck veranlasst Sie unter Umständen zu einer vorschnellen Beurteilung.

2

Eröffnen Sie das Gespräch, indem Sie eine positive Gesprächsatmosphäre schaffen. Sprechen Sie über ein Thema von gemeinsamem Interesse.

Seien Sie aufgeschlossen und erläutern Sie den Gesprächsanlass. So kann sich Ihr Mitarbeiter entspannen und eventuelle Bedenken oder ängstliche Gedanken abbauen.

3

Heben Sie als Einstieg einige positive Aspekte des Arbeitsverhaltens Ihres Mitarbeiters heraus, die Sie im vergangenen Beurteilungszeitraum (in der Regel ein Jahr) wahrgenommen haben. Das zeigt Ihrem Mitarbeiter, dass Sie sich informiert haben und an seiner Arbeit interessiert sind.

4

Lassen Sie Ihren Mitarbeiter beschreiben, was ihm in der vergangenen Periode wichtig war:

- Was ist bei seiner Arbeit gut gelaufen, was weniger gut?
- Was hat ihm Spaß bereitet, was hat Frust erzeugt?

Unterbrechen Sie Ihren Mitarbeiter nur, wenn Sie etwas nicht verstanden haben. Ihr Mitarbeiter erkennt durch die Selbstbeurteilung am besten, wo noch Handlungsbedarf besteht.

5

Erläutern Sie Ihrem Mitarbeiter Ihre eigene Beurteilung. Gehen Sie dabei auf die Ausführungen Ihres Mitarbeiters ein.

6

Arbeiten Sie Übereinstimmungen und Unterschiede der Beurteilungen gemeinsam heraus:

- Vereinbaren Sie Verbesserungsmöglichkeiten.
- Ermitteln Sie gemeinsam den Entwicklungsbedarf Ihres Mitarbeiters.
- Besprechen Sie Entwicklungswünsche und -notwendigkeiten.

Je präziser Sie mit Ihrem Mitarbeiter die Situation aufarbeiten, desto besser können Sie Lösungswege finden.

7

Fassen Sie abschließend die Gesprächsergebnisse noch einmal zusammen. Lassen Sie auch Ihren Mitarbeiter eine Zusammenfassung des Gesprächs aus seiner Sicht geben. Erläutern Sie am Ende des Gesprächs klar die nächsten Schritte im Hinblick auf das sichtbar gewordene Defizit, dokumentieren Sie diese schriftlich, und lassen Sie den Mitarbeiter gegenzeichnen.

Checkliste: Sind Sie gut gerüstet für ein Beurteilungsgespräch?

1	Vermeiden Sie während des Gesprächs Termindruck.	❑
2	Schaffen Sie eine entspannte Atmosphäre, und wählen Sie zur Gesprächseinleitung ein neutrales Thema.	❑
3	Nennen Sie positive Leistungen Ihres Mitarbeiters.	❑
4	Fragen Sie Ihren Mitarbeiter nach der Einschätzung seiner Leistung.	❑
	Ermutigen Sie Ihren Mitarbeiter zu einer Selbsteinschätzung.	❑
	Räumen Sie Ihrem Mitarbeiter ausreichend Redeanteile ein.	❑
	Seien Sie offen gegenüber der Sichtweise Ihres Mitarbeiters.	❑
	Führen Sie Ihren Mitarbeiter durch gezieltes Fragen zu Erkenntnissen.	❑
5	Sprechen Sie Anerkennung und Kritik offen aus.	❑
6	Entwickeln Sie gemeinsam mit Ihrem Mitarbeiter neue Wege.	❑
	Legen Sie mit Ihrem Mitarbeiter Schwerpunkte für seine künftige Entwicklungsrichtung fest.	❑
7	Setzen Sie exakte, realistische Termine für die geplanten Entwicklungsmaßnahmen.	❑
	Gehen Sie abschließend noch einmal auf die positiven Aspekte der Leistung und Entwicklung Ihres Mitarbeiters ein.	❑
	Bedanken Sie sich für das Gespräch und den informativen Austausch.	❑

Kopiervorlage

Checkliste: Sind Sie gut gerüstet für ein Beurteilungsgespräch?

Vermeiden Sie während des Gesprächs Termindruck.	❑
Schaffen Sie eine entspannte Atmosphäre, und wählen Sie zur Gesprächseinleitung ein neutrales Thema.	❑
Nennen Sie positive Leistungen Ihres Mitarbeiters.	❑
Fragen Sie Ihren Mitarbeiter nach der Einschätzung seiner Leistung.	❑
Ermutigen Sie Ihren Mitarbeiter zu einer Selbsteinschätzung.	❑
Räumen Sie Ihrem Mitarbeiter ausreichend Redeanteile ein.	❑
Seien Sie offen gegenüber der Sichtweise Ihres Mitarbeiters.	❑
Führen Sie Ihren Mitarbeiter durch gezieltes Fragen zu Erkenntnissen.	❑
Sprechen Sie Anerkennung und Kritik offen aus.	❑
Entwickeln Sie gemeinsam mit Ihrem Mitarbeiter neue Wege.	❑
Legen Sie mit Ihrem Mitarbeiter Schwerpunkte für seine künftige Entwicklungsrichtung fest.	❑
Setzen Sie exakte, realistische Termine für die geplanten Entwicklungsmaßnahmen.	❑
Gehen Sie abschließend noch einmal auf die positiven Aspekte der Leistung und Entwicklung Ihres Mitarbeiters ein.	❑
Bedanken Sie sich für das Gespräch und den informativen Austausch.	❑

Fehlerquellen, die Sie bei einer Beurteilung vermeiden sollten:

1

Aus Mangel an Informationen bekommt Ihre Beurteilung keine klare Richtung. Sie sind daher übervorsichtig und versuchen einen Mittelweg zu finden, um Diskussionen oder Angriffen des Mitarbeiters aus dem Weg zu gehen.

Folge: Sie vermitteln den Eindruck von Desinteresse an Ihrem Mitarbeiter. Ihre Beurteilung wird hingenommen, trägt aber nicht zu einer partnerschaftlichen Beziehung zwischen Ihnen und dem Mitarbeiter bei.

2

Ihr Mitarbeiter liegt Ihnen am Herzen, und Sie wollen sich ihm gegenüber geneigt verhalten. Ihre Beurteilung fällt daher mit einer zu positiven Bewertung aus.

Folge: Ihr Mitarbeiter bekommt durch die unangemessen positive Beurteilung keine Chance, Fehler zu erkennen und zu verbessern.

3

Sie haben Angst, mit anerkennenden Worten Ihren Mitarbeiter dazu zu verführen, nachlässiger zu arbeiten. Ihre Beurteilung fällt daher unangemessen hart aus.

Folge: Da gute Leistungen von Ihnen nicht anerkannt werden, wird Ihr Mitarbeiter die Lust an der Arbeit verlieren. Ihre mangelnde Anerkennung demotiviert ihn in seinem Arbeitseinsatz.

4

Sie lassen sich durch einen ersten Eindruck in dem Maß beeinflussen, dass Sie spätere Wahrnehmungen nicht mehr registrieren.

Folge: Ihre Beurteilung ist nicht objektiv und wird nur an Fakten gemessen, die Sie persönlich für entscheidend halten. Ihre Bewertungsbasis besteht nur aus einem einzigen Puzzleteil des Gesamtbilds.

5

Sie beurteilen Ihren Mitarbeiter aufgrund einer unzutreffenden Ursache.

Folge: Mangelndes Interesse an Ihrem Mitarbeiter zieht mangelnde Motivation Ihres Mitarbeiters nach sich.

6

Ansichten anderer Personen werden von Ihnen kritiklos hingenommen.

Folge: Das wahre Bild über die Leistung oder Person Ihres Mitarbeiters verzerrt sich und gründet sich lediglich auf die Vorurteile oder Meinungen Dritter.

7

Sie richten Ihr Beurteilungsergebnis an den Hierarchieebenen aus. Der einfache Angestellte wird von Ihnen schlechter eingeschätzt als ein Abteilungsleiter.

Folge: Durch Ihre einseitige Beurteilungsform stören Sie das Betriebsklima und fördern Missgunst und Neid.

Checkliste: So vermeiden Sie Fehler bei einem Beurteilungsgespräch

1	Bereiten Sie Ihre Mitarbeiterbeurteilung sorgfältig vor.	❑
	Überzeugen Sie Ihren Mitarbeiter, dass Sie alles unternommen haben, um eine objektive Beurteilung abzugeben.	❑
2	Versuchen Sie nicht, Ihrem Mitarbeiter durch unangemessene Bonuspunkte zu schmeicheln. Loyalität lässt sich nicht erkaufen.	❑
	Schätzen Sie die positiven und negativen Seiten Ihres Mitarbeiters ein.	❑
3	Halten Sie die Waage zwischen Lob und Anerkennung und Kritik und Tadel.	❑
4	Beurteilen Sie nicht nach ersten Eindrücken, sondern warten Sie weitere Entwicklungsstufen Ihres Mitarbeiters ab.	❑
5	Sorgen Sie dafür, dass Schlussfolgerung und Ursache Ihrer Beurteilung übereinstimmen.	❑
6	Lassen Sie sich von der Meinung und den Vorurteilen anderer Personen nicht beeinflussen.	❑
7	Sehen Sie in jedem Mitarbeiter einen gleich wertvollen Menschen, den es zu fördern gilt.	❑
8	Bewerten Sie nicht nach Sympathie und Antipathie, sondern nach Fakten.	❑
9	Halten Sie eigene Interessen aus Ihrer Beurteilung heraus.	❑

Kopiervorlage

8

Ihre eigene positive oder negative Einstellung gegenüber Ihrem Mitarbeiter färbt auf Ihr Urteil ab.

Folge: Ihre emotionalen Entscheidungsfaktoren verhindern einen ehrlichen und offenen Umgang mit Ihrem Mitarbeiter.

9

Sie verbinden mit Ihrer Beurteilung persönliche Interessen:

- um Ihren Mitarbeiter in der Abteilung zu halten,
- um Ihren Mitarbeiter zu versetzen,
- um Ihren Mitarbeiter zu erniedrigen,
- um Ihren Mitarbeiter zu begünstigen,
- um eigene Schwächen zu überdecken.

Folge: Sie verlieren die Achtung Ihres Mitarbeiters und büßen an Autorität ein.

Checkliste: So vermeiden Sie Fehler bei einem Beurteilungsgespräch

Bereiten Sie Ihre Mitarbeiterbeurteilung sorgfältig vor.	❑
Überzeugen Sie Ihren Mitarbeiter, dass Sie alles unternommen haben, um eine objektive Beurteilung abzugeben.	❑
Versuchen Sie nicht, Ihrem Mitarbeiter durch unangemessene Bonuspunkte zu schmeicheln. Loyalität lässt sich nicht erkaufen.	❑
Schätzen Sie die positiven und negativen Seiten Ihres Mitarbeiters ein.	❑
Halten Sie die Waage zwischen Lob und Anerkennung und Kritik und Tadel.	❑
Beurteilen Sie nicht nach ersten Eindrücken, sondern warten Sie weitere Entwicklungsstufen Ihres Mitarbeiters ab.	❑
Sorgen Sie dafür, dass Schlussfolgerung und Ursache Ihrer Beurteilung übereinstimmen.	❑
Lassen Sie sich von der Meinung und den Vorurteilen anderer Personen nicht beeinflussen.	❑
Sehen Sie in jedem Mitarbeiter einen gleich wertvollen Menschen, den es zu fördern gilt.	❑
Bewerten Sie nicht nach Sympathie und Antipathie, sondern nach Fakten.	❑
Halten Sie eigene Interessen aus Ihrer Beurteilung heraus.	❑

Mit einem Interview können Sie durch geschickte Fragen feststellen, ob Ihr Bewerber fachlich und menschlich für Ihr Unternehmen geeignet ist.

Anhand der folgenden Persönlichkeits-Pyramide können Sie für das Interview die notwendigen Fragen erarbeiten:

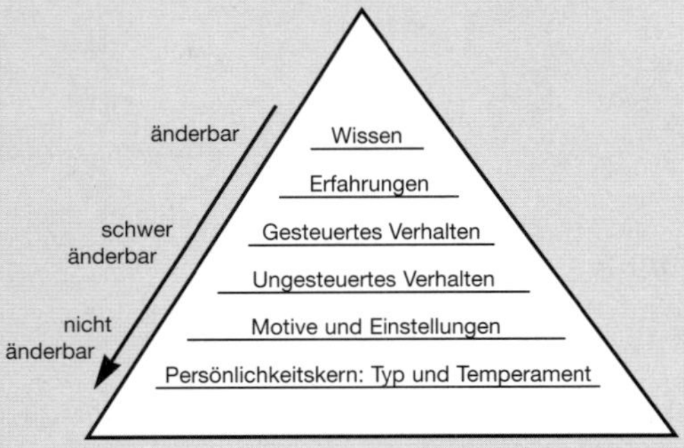

Beachten Sie bei Ihrer Bewerberauswahl insbesondere, welche Persönlichkeitsmerkmale schwer bis gar nicht änderbar sind. Die änderbaren Persönlichkeitsmerkmale können Sie durch gezielte Weiterbildung mit relativ geringem Aufwand an die Bedürfnisse der zu besetzenden Stelle anpassen.

1 Wissen

Diese Stufe enthält das Wissen von Ausbildung, Weiterbildung und Fachlektüre.

Fragemöglichkeiten:
- Was weiß der Bewerber über die Marktsituation?
- Kennt er die Kundensegmente?
- Kennt er sich mit Trends und Entwicklungen aus?

2 Erfahrungen

Bei dieser Stufe geht es um Praxis-Kenntnisse.

Fragemöglichkeiten:
- Kennt sich der Bewerber im Fachgebiet aus?
- Wie aktuell ist sein Wissen?
- Hat das fachliche Wissen Praxisbezug?'
- Kann der Bewerber aus fachlicher Sicht den Job selbstständig meistern?
- In welchen Bereichen hat er sich bereits bewährt?

3 Gesteuertes Verhalten

Diese Stufe umschreibt das, was der Bewerber unter Kontrolle hat. Sie können dieses Verhalten während des Interviews beobachten und durch ehrliche Antworten Ihres Bewerbers analysieren.

Fragemöglichkeiten:
- Kann der Bewerber mit unerwartetem Stress umgehen?
- Wie reagiert der Bewerber bei kritischen Situationen (ein Kunde beschwert sich)?

4 Ungesteuertes Verhalten

Darunter versteht man ein Verhalten, das der betreffenden Person selbst gar nicht bewusst ist, zum Beispiel nervöses Hüsteln, Nägelkauen, cholerische Ausfälle.

Fragemöglichkeiten:
- Hat der Bewerber seine Gefühle unter Kontrolle?

Checkliste: Haben Sie im Bewerberinterview alle Persönlichkeitsmerkmale angemessen geprüft?

1	**Wissen**	– Hat Ihr Bewerber das notwendige Wissen, um seine Arbeit professionell und korrekt zu erledigen? – Konnte er in seiner beruflichen Laufbahn genügend Kenntnisse erwerben, die ihn für diese Arbeit auszeichnen? – Ist seine berufliche Laufbahn lückenfrei? – Liegen Zeugnisse oder Tätigkeitsnachweise vor, die seine Kenntnisse belegen?	❑ ❑ ❑ ❑
2	**Erfahrungen**	– Hat Ihr Bewerber genügend Praxiserfahrung? – Konnte er sein Wissen bisher in realen Situationen anwenden? – Ist Ihr Bewerber ein Berufseinsteiger mit hohem Wissensstand oder ein Profi aus der Praxis? – Werden die Fragen zu dem Fachbereich von einem Experten gestellt, um die Fachkompetenz des Bewerbers zu ermitteln?	❑ ❑ ❑ ❑
3	**Gesteuertes Verhalten**	– Beherrscht Ihr Bewerber die Regeln der Etikette? – Bemüht sich Ihr Bewerber, Gefühle nicht nach außen zu zeigen? – Kann Ihr Bewerber durch geschickte Diplomatie und Einfühlungsvermögen heikle Themen und Spannungen vermeiden? – Verstellt sich Ihr Bewerber, um positiv auf Sie zu wirken?	❑ ❑ ❑ ❑
4	**Ungesteuertes Verhalten**	– Beobachten Sie das Verhalten des Bewerbers aufmerksam, um festzustellen, inwieweit Verhaltensstörungen vorliegen? – Unterscheiden Sie zwischen nervösem Verhalten infolge der Gesprächsanspannung und nervösem Verhalten auf Grund psychischer Probleme (Fingernägelkauen)? – Formulieren Sie Ihre Fragen so, dass sie sich an realistischen Situationen in der zu besetzenden Stelle orientieren? – Versuchen Sie, durch die Fragen zu ermitteln, ob das Verhalten Ihres Bewerbers zu Ihrem Team und den Kunden passt?	❑ ❑ ❑ ❑
5	**Motive und Einstellungen**	– Können Sie mit Ihren Fragen analysieren, ob Ihr Bewerber mit seinem Denken, seinen Einstellungen und seiner Mentalität zu Ihnen, den Kollegen, dem Unternehmen und den Kunden passt? – Was für eine Arbeitseinstellung hat Ihr Bewerber: „Ich arbeite, um zu leben" oder „Ich lebe, um zu arbeiten"? – Ist Ihr Bewerber eine Person mit Zielen, Visionen und Idealen oder eine Person, die lieber nach den Vorgaben des Vorgesetzten arbeitet?	❑ ❑ ❑
6	**Typ und Temperament**	– Passt Ihr Bewerber mit seinem Temperament in Ihr Team und in Ihr Unternehmen? – Können Sie durch gezielte Beobachtung während des Gesprächs auf Temperament und Typ Ihres Bewerbers schließen? • lebhaft, spricht laut, reagiert spontan = eventuelles Dominanzverhalten • spricht leise, zeigt wenig Gesten = eventuell steif oder phlegmatisch	❑ ❑

Kopiervorlage

- Weiß er sich richtig zu verhalten?
- Wird das Verhalten in alltäglichen Situationen zum Unternehmen passen?

5 Motive und Einstellungen

Gemeint ist die Mentalität Ihres Bewerbers.

Fragemöglichkeiten:
- Denkt Ihr Bewerber positiv?
- Legt er Wert auf eine qualitativ hochwertige Leistung?
- Macht ihm die Arbeit Spaß?
- Wäre er lieber woanders?
- Wieso möchte er in Ihrem Unternehmen arbeiten?
- Arbeitet er gern teamorientiert?
- Ist er offen für Neuerungen?

6 Persönlichkeitskern: Typ und Temperament

Ist Ihr Bewerber ein lebhafter Mensch? Hat er gern Hektik um sich, oder ist er eher ruhig und bedächtig in seiner Art? Lassen Sie Ihren Bewerber die Fragen nach seiner Selbsteinschätzung beantworten.

Fragemöglichkeiten:
- Kann Ihr Bewerber 5 Sachen auf einmal erledigen?
- Ist Ihr Bewerber in der Lage, ganz auf sich gestellt zu arbeiten?
- Besitzt Ihr Bewerber die notwendige Autorität, um bei Teamkonflikten nicht die Kontrolle zu verlieren?

Checkliste: Haben Sie im Bewerberinterview alle Persönlichkeitsmerkmale angemessen geprüft?

Wissen	– Hat Ihr Bewerber das notwendige Wissen, um seine Arbeit professionell und korrekt zu erledigen? – Konnte er in seiner beruflichen Laufbahn genügend Kenntnisse erwerben, die ihn für diese Arbeit auszeichnen? – Ist seine berufliche Laufbahn lückenfrei? – Liegen Zeugnisse oder Tätigkeitsnachweise vor, die seine Kenntnisse belegen?	❑ ❑ ❑ ❑
Erfahrungen	– Hat Ihr Bewerber genügend Praxiserfahrung? – Konnte er sein Wissen bisher in realen Situationen anwenden? – Ist Ihr Bewerber ein Berufseinsteiger mit hohem Wissensstand oder ein Profi aus der Praxis? – Werden die Fragen zu dem Fachbereich von einem Experten gestellt, um die Fachkompetenz des Bewerbers zu ermitteln?	❑ ❑ ❑ ❑
Gesteuertes Verhalten	– Beherrscht Ihr Bewerber die Regeln der Etikette? – Bemüht sich Ihr Bewerber, Gefühle nicht nach außen zu zeigen? – Kann Ihr Bewerber durch geschickte Diplomatie und Einfühlungsvermögen heikle Themen und Spannungen vermeiden? – Verstellt sich Ihr Bewerber, um positiv auf Sie zu wirken?	❑ ❑ ❑ ❑
Ungesteuertes Verhalten	– Beobachten Sie das Verhalten des Bewerbers aufmerksam, um festzustellen, inwieweit Verhaltensstörungen vorliegen? – Unterscheiden Sie zwischen nervösem Verhalten infolge der Gesprächsanspannung und nervösem Verhalten auf Grund psychischer Probleme (Fingernägelkauen)? – Formulieren Sie Ihre Fragen so, dass sie sich an realistischen Situationen in der zu besetzenden Stelle orientieren? – Versuchen Sie, durch die Fragen zu ermitteln, ob das Verhalten Ihres Bewerbers zu Ihrem Team und den Kunden passt?	❑ ❑ ❑ ❑
Motive und Einstellungen	– Können Sie mit Ihren Fragen analysieren, ob Ihr Bewerber mit seinem Denken, seinen Einstellungen und seiner Mentalität zu Ihnen, den Kollegen, dem Unternehmen und den Kunden passt? – Was für eine Arbeitseinstellung hat Ihr Bewerber: „Ich arbeite, um zu leben“ oder „Ich lebe, um zu arbeiten“? – Ist Ihr Bewerber eine Person mit Zielen, Visionen und Idealen oder eine Person, die lieber nach den Vorgaben des Vorgesetzten arbeitet?	❑ ❑ ❑
Typ und Temperament	– Passt Ihr Bewerber mit seinem Temperament in Ihr Team und in Ihr Unternehmen? – Können Sie durch gezielte Beobachtung während des Gesprächs auf Temperament und Typ Ihres Bewerbers schließen? • lebhaft, spricht laut, reagiert spontan = eventuelles Dominanzverhalten • spricht leise, zeigt wenig Gesten = eventuell steif oder phlegmatisch	❑ ❑

Bewerberinterview (2/2)

1 Gesprächsvorbereitung

- Verlassen Sie sich möglichst nicht auf Ihre Spontaneität im Bewerberinterview. Bereiten Sie die Fragen schriftlich vor.
- Beteiligen Sie an dem Gespräch auch Personen aus anderen Fachabteilungen. Fachliche Unsicherheiten lassen sich so vermeiden.
- Bereiten Sie einen Notizzettel vor, damit Sie wichtige Anmerkungen zu Ihrem Bewerber aufschreiben können. Das hilft Ihnen später, den richtigen Kandidaten unter mehreren Bewerbern herauszufiltern.

2 Gesprächsdurchführung

- Da Ihr Bewerber aufgeregt ist, sollten Sie zu Beginn für eine Auflockerung sorgen. Fragen Sie ihn zu seiner Anreise, zu Hobbys, und bieten Sie ihm etwas zu trinken an.
- Stellen Sie sich und andere Gesprächspartner kurz vor. Erläutern Sie kurz das geplante Vorgehen und die Zeitdauer.
- Beginnen Sie das Gespräch mit offenen Fragen. Das veranlasst Ihren Bewerber, längere Ausführungen zu machen.
- Machen Sie eine Gesprächspause, wenn Sie von Ihrem Bewerber eine ausführlichere Beantwortung erwarten.
- Geben Sie dem Bewerber die Gelegenheit, kurz seinen Lebenslauf darzustellen. Beschränken Sie seine Darstellung auf 5 bis 10 Minuten. Dadurch bekommen Sie wichtige Hinweise über Persönlichkeitskriterien, Motive für die Bewerbung oder Präsentationsfähigkeit.
- Beobachten Sie bei Ihrem Bewerber seine rhetorische Gewandtheit:
  - Kann er frei sprechen?
  - Hören sich seine Ausführungen überzeugend an?
  - Kommt er auf den Punkt?
  - Sind seine Inhalte strukturiert?
  - Ist sein Wortschatz angemessen?
  - Kann er sich klar ausdrücken?
  - Ist es angenehm, sich mit ihm zu unterhalten?
- Kommen Sie nun zum Interview-Teil. Dadurch erfahren Sie die persönliche und fachbezogene Eignung des Bewerbers und sein Bewerbermotiv.
- Unterscheiden Sie bei Ihrem Interview nach 6 verschiedenen Fragemodellen:
  - **Fachfrage**
    Beispiel: „Wie führen Sie ein Projekt durch"?
  - **Erzählfrage**
    Beispiel: „Erzählen Sie doch mal, was Sie für Erfahrungen bei Ihrer letzten Arbeitsstelle gemacht haben?"
  - **Einschätzfrage**
    Beispiel: „Wie wird sich Ihrer Meinung nach in den nächsten Monaten unsere Branche verändern?"
  - **Handlungsfrage**
    Beispiel: „Wie würden Sie eine Marketingstrategie für unser Unternehmen entwickeln?"
  - **Faktenfrage**
    Um möglichst präzise Antworten zum Lebenslauf und der Berufslaufbahn Ihres Bewerbers zu bekommen, sollten Sie ihm Faktenfragen stellen: Beispiel: „Wie sieht Ihre Gehaltsvorstellung aus?"

3 Abstimmungsfrage:

Stellen Sie nun die Abstimmungsfragen, um Unklarheiten oder Missverständnisse zu klären. Beispiel: „Wann können Sie bei uns anfangen?"

Checkliste: Wie gut sind Sie für das Bewerberinterview vorbereitet?

1	Um meinen Bewerber richtig kennen zu lernen und seine Verhaltensweisen zu ergründen, bereite ich meine Fragen gründlich und schriftlich vor.	☐
	Da ich nicht auf jedem Fachgebiet geschult bin, lasse ich Kollegen aus anderen Fachgebieten an dem Gespräch teilnehmen.	☐
	Ich mache mir während des Gesprächs Notizen, um mit Sicherheit den richtigen Bewerber auszuwählen.	☐
2	Ich habe mir im Vorfeld genau überlegt, welche Eigenschaften ich von dem zukünftigen Mitarbeiter erwarte.	☐
	Ich habe für den Anfang offene Fragen formuliert, um meinen Bewerber zu ausführlichen Antworten zu motivieren.	☐
	Ich habe mit meinen anderen Gesprächsteilnehmern abgestimmt, wer welche Fragen stellt.	☐
	Ich versuche durch meine Fragen die Persönlichkeit des Bewerbers zu analysieren.	☐
	Mein Bewerber soll durch meine Fragen nicht in seiner Intimsphäre verletzt werden.	☐
	Durch die 6 verschiedenen Fragemodelle kann ich präzise und umfassend Fakten, Denkweisen und Verhaltensweisen meines Bewerbers klären.	☐
3	Ich versuche durch Hinterfragen und Nachhaken herauszufinden, inwieweit mein Bewerber die Wahrheit spricht oder mir etwas vorspielt.	☐
	Anhand meiner ausführlichen Notizen, die ich während des Gesprächs gemacht habe, kann ich die Bewerber untereinander vergleichen und den geeigneten herausfinden.	☐
	Ich verlasse mich nicht nur allein auf die Antworten meines Bewerbers, sondern versuche auch, durch meine Menschenkenntnis und durch Einfühlungsvermögen hinter seine Fassade zu blicken.	☐

Kopiervorlage

- Achten Sie bei der Beantwortung darauf, dass der Bewerber auf den Punkt kommt und keine ausweichenden Antworten gibt.
- Haken Sie nach. Geben Sie sich nicht mit oberflächlichen und floskelhaften Antworten zufrieden.
- Klären Sie nach dem Interview Fragen Ihres Bewerbers. Bitten Sie ihn, Fragen zu stellen, und geben Sie sich als Partner, der sich für die Anliegen seiner Mitarbeiter interessiert. Durch die Fragen Ihres Bewerbers erhalten Sie ebenfalls Aufschluss über sein Engagement und Interesse.
- Klären Sie im Anschluss daran nähere Einzelheiten zu einem möglichen Vertrag wie Kündigungsfristen, Wettbewerbsverbot und Einstellungstermin.
- Teilen Sie Ihrem Bewerber mit, wann er in etwa mit einer Benachrichtigung rechnen kann, und klären Sie die Fahrtkosten.
- Werten Sie direkt im Anschluss an das Gespräch Ihre Notizen aus. Vergleichen Sie Ihre Aufzeichnungen mit denen der anderen Gesprächsteilnehmer.

Checkliste: Wie gut sind Sie für das Bewerberinterview vorbereitet?

Um meinen Bewerber richtig kennen zu lernen und seine Verhaltensweisen zu ergründen, bereite ich meine Fragen gründlich und schriftlich vor.	❑
Da ich nicht auf jedem Fachgebiet geschult bin, lasse ich Kollegen aus anderen Fachgebieten an dem Gespräch teilnehmen.	❑
Ich mache mir während des Gesprächs Notizen, um mit Sicherheit den richtigen Bewerber auszuwählen.	❑
Ich habe mir im Vorfeld genau überlegt, welche Eigenschaften ich von dem zukünftigen Mitarbeiter erwarte.	❑
Ich habe für den Anfang offene Fragen formuliert, um meinen Bewerber zu ausführlichen Antworten zu motivieren.	❑
Ich habe mit meinen anderen Gesprächsteilnehmern abgestimmt, wer welche Fragen stellt.	❑
Ich versuche durch meine Fragen die Persönlichkeit des Bewerbers zu analysieren.	❑
Mein Bewerber soll durch meine Fragen nicht in seiner Intimsphäre verletzt werden.	❑
Durch die 6 verschiedenen Fragemodelle kann ich präzise und umfassend Fakten, Denkweisen und Verhaltensweisen meines Bewerbers klären.	❑
Ich versuche durch Hinterfragen und Nachhaken herauszufinden, inwieweit mein Bewerber die Wahrheit spricht oder mir etwas vorspielt.	❑
Anhand meiner ausführlichen Notizen, die ich während des Gesprächs gemacht habe, kann ich die Bewerber untereinander vergleichen und den geeigneten herausfinden.	❑
Ich verlasse mich nicht nur allein auf die Antworten meines Bewerbers, sondern versuche auch, durch meine Menschenkenntnis und durch Einfühlungsvermögen hinter seine Fassade zu blicken.	❑

Disziplinargespräch

Ein Disziplinargespräch ist dann gegeben, wenn Ihr Mitarbeiter sich einer schweren Verfehlung schuldig gemacht hat.

In der Regel folgt auf ein Disziplinargespräch eine Abmahnung. In manchen Fällen wird auch direkt die Kündigung ausgesprochen.

Gesprächsvorbereitung

- Recherchieren Sie den genauen Sachverhalt und sorgen Sie für stichhaltige Beweise.
- Bereiten Sie sich gründlich auf das Gespräch vor.
- Halten Sie Rücksprache mit Ihrem nächsthöheren Vorgesetzten, und stimmen Sie sich mit ihm über weitere Vorgehensweisen ab.
- Falls ein Betriebsrat vorhanden ist, sollte dieser an dem Gespräch beteiligt werden.

Gesprächsdurchführung

- Führen Sie das Gespräch nicht unter 4 Augen.
- Sichern Sie sich Zeugen.
- Die Bedeutung des Gesprächs steigt, wenn Sie dem Mitarbeiter mehrere Gesprächspartner gegenüber platzieren. So können Sie gegebenenfalls auch auf fachliche Unterstützung dieser Gesprächsteilnehmer zurückgreifen.
- Begrüßen Sie Ihren Mitarbeiter trotz des schwerwiegenden Anlasses höflich.
- Kommen Sie direkt zur Sache und verzichten Sie auf ausschweifende Themen.
- Erläutern Sie das Fehlverhalten.
- Machen Sie den Ernst der Situation deutlich.
- Lassen Sie Ihren Mitarbeiter seine Sichtweise darstellen.
- Achten Sie darauf, dass das Gespräch nicht in einer Diskussion um die Schuldfrage verläuft. Sie haben ja stichhaltige Beweise für das Fehlverhalten.
- Klären Sie Änderungsmaßnahmen und Konsequenzen.

Checkliste: So führen Sie ein effektives Disziplinargespräch

Sammeln Sie alle notwendigen Unterlagen, die ein Disziplinargespräch rechtfertigen.	❑
Überlegen Sie Vorgehensweise, Maßnahmen und mögliche Konsequenzen.	❑
Beziehen Sie Ihren Vorgesetzten oder gegebenenfalls den Betriebsrat mit in das Gespräch ein. Sie schaffen so eine objektive Gesprächsebene.	❑
Achten Sie auf eine freundliche Begrüßung.	❑
Nennen Sie den Gesprächsanlass.	❑
Beschreiben Sie sachlich und stichhaltig das Fehlverhalten Ihres Mitarbeiters.	❑
Machen Sie den Ernst der Situation deutlich. Begründen Sie die Entscheidung.	❑
Lassen Sie Ihren Mitarbeiter seine Sichtweise erläutern.	❑
Vermeiden Sie lange Diskussionen um Schuldzuweisungen. Auch wiederkehrende und längst genannte Argumente Ihres Mitarbeiters sollten Sie abblocken.	❑
Lassen Sie klar erkennen, dass eine Entscheidung gefallen ist und nicht mehr rückgängig gemacht werden kann. Sie wirken ansonsten unglaubwürdig und verlieren an Autorität.	❑
Besprechen Sie Maßnahmen, wie in Zukunft das Fehlverhalten beseitigt werden kann (Ausnahme: Kündigungsgespräch).	❑
Klären Sie Ihren Mitarbeiter über die Konsequenzen auf, falls sich sein Fehlverhalten nicht ändert.	❑
Achten Sie darauf, dass Sie bis zum Schluss das Gespräch steuern. Ihr Mitarbeiter sollte das Gespräch nicht selbst in die Hand nehmen können.	❑
Lassen Sie sich nicht von emotionalen Gefühlsausbrüchen Ihres Mitarbeiters beeindrucken.	❑

Kopiervorlage

Checkliste: So führen Sie ein effektives Disziplinargespräch

Sammeln Sie alle notwendigen Unterlagen, die ein Disziplinargespräch rechtfertigen.	❏
Überlegen Sie Vorgehensweise, Maßnahmen und mögliche Konsequenzen.	❏
Beziehen Sie Ihren Vorgesetzten oder gegebenenfalls den Betriebsrat mit in das Gespräch ein. Sie schaffen so eine objektive Gesprächsebene.	❏
Achten Sie auf eine freundliche Begrüßung.	❏
Nennen Sie den Gesprächsanlass.	❏
Beschreiben Sie sachlich und stichhaltig das Fehlverhalten Ihres Mitarbeiters.	❏
Machen Sie den Ernst der Situation deutlich. Begründen Sie die Entscheidung.	❏
Lassen Sie Ihren Mitarbeiter seine Sichtweise erläutern.	❏
Vermeiden Sie lange Diskussionen um Schuldzuweisungen. Auch wiederkehrende und längst genannte Argumente Ihres Mitarbeiters sollten Sie abblocken.	❏
Lassen Sie klar erkennen, dass eine Entscheidung gefallen ist und nicht mehr rückgängig gemacht werden kann. Sie wirken ansonsten unglaubwürdig und verlieren an Autorität.	❏
Besprechen Sie Maßnahmen, wie in Zukunft das Fehlverhalten beseitigt werden kann (Ausnahme: Kündigungsgespräch).	❏
Klären Sie Ihren Mitarbeiter über die Konsequenzen auf, falls sich sein Fehlverhalten nicht ändert.	❏
Achten Sie darauf, dass Sie bis zum Schluss das Gespräch steuern. Ihr Mitarbeiter sollte das Gespräch nicht selbst in die Hand nehmen können.	❏
Lassen Sie sich nicht von emotionalen Gefühlsausbrüchen Ihres Mitarbeiters beeindrucken.	❏

Einführungsgespräch (1/2)

Grundlagen eines Einführungsgesprächs

Mit dem Beginn der zukünftigen Arbeit betritt Ihr Mitarbeiter ein neues Gebiet mit unbekannten Aufgaben und fremden Kollegen. Sein Zugehörigkeits- und Sicherheitsgefühl ist gering, Ihr Mitarbeiter muss sich völlig neu orientieren.

Das Einführungsgespräch legt die Grundlage für die Arbeitsmotivation Ihres Mitarbeiters. Entscheidend dafür sind die Eindrücke und Geschehnisse während der ersten Arbeitswochen. Sie bestimmen das Verhältnis des neuen Mitarbeiters zum Betrieb.

Um Ihrem Mitarbeiter einen guten Start zu gewährleisten, sollten Sie auf folgende Dinge achten:

- Stellen Sie Ihrem Mitarbeiter seinen Arbeitsplatz mit den dazugehörigen Unterlagen bereit.
- Sorgen Sie für Organisationspläne, Stellenbeschreibung und Arbeitsanweisung. Sie helfen Ihrem Mitarbeiter, sich schneller an seinem Arbeitsplatz zurechtzufinden.
- Bestimmen Sie eine Vertrauensperson (Paten), die Ihren Mitarbeiter während der ersten Wochen betreut und begleitet.
- Vermitteln Sie ein Zugehörigkeitsgefühl vom ersten Tag an. Erkundigen Sie sich daher regelmäßig bei Ihrem Mitarbeiter nach seinem Befinden. Sind Startschwierigkeiten aufgetreten?
- Informieren Sie das Team über den neuen Kollegen, und stellen Sie die Mitarbeiter einander vor. Ermutigen Sie die Mitarbeiter, alle für den neuen Kollegen interessanten Informationen weiterzugeben.
- Geben Sie Ihrem Mitarbeiter eine klare Struktur vor. So wird ersichtlich, wie lange die Einarbeitungszeit dauert und wann Ihr Mitarbeiter eigenständig Aufgaben übernehmen kann.
- Bewerten Sie nervöse Reaktionen, Fragen und unsichere Verhaltensweisen Ihres Mitarbeiters nicht über. Die neue Arbeit und Umgebung üben Druck und Stress aus. Auch Fehler sollten Sie nicht dramatisieren, sondern besprechen und lösen.

Nutzen Sie das Merkblatt auf der nebenstehenden Seite, um Ihrem neuen Mitarbeiter alle benötigten Informationen und Hintergründe über das Unternehmen und seine zukünftige Arbeit mitzuteilen.

Ergänzen Sie die Liste für sich um alle weiteren betriebsspezifischen und für Ihre Mitarbeiter interessanten Informationen.

Sie können das Merkblatt auch dazu benutzen, um eine Informationsschrift für neue Mitarbeiter zu erstellen.

Verpacken Sie diese Informationen ansprechend. Ein eigens für neue Mitarbeiter angelegter Ordner kann später durch weitere Informationen ergänzt werden, bzw. der Mitarbeiter kann die Informationen aktualisieren und weiß immer, wo er sie findet.

Merkblatt: Wichtige Informationen für neue Mitarbeiter

1. Begrüßung
- durch Geschäftsleitung, Personalabteilung, Abteilungsleitung, Betriebsrat

2. Präsentation des Unternehmens
- Gründungsgeschichte
- Teilhaberschaft
- Rechtsform
- Unternehmensaufbau (Abteilungen, Zweigstellen)
- Produktpalette
- Zahl der Mitarbeiter
- Umsatzentwicklung

3. Führungskonzepte
- Unternehmensphilosophie
- Führungsgrundsätze
- Instrumente zur Mitarbeiterführung

4. Betriebsregeln
- Arbeitszeiten
- Betriebsordnung
- Sicherheitsvorschriften
- Leitfaden zum Umgang mit Kunden, Medien, Lieferanten

5. Mitarbeiterentwicklung
- Weiterbildungsmaßnahmen
- Urlaubsregelung
- interne Stellenausschreibung

6. Betriebsleistungen
- Lohn- und Gehaltssystem
- finanzielle Leistungen (Urlaubsgeld, Weihnachtsgeld)
- Vergütungen (Prämiensystem)
- Betriebsrente
- sonstige Sozialleistungen (Lebensversicherung, Unfallversicherung)

7. Firmen-Einrichtungen
- Kantine
- Stellplätze für den PKW
- betriebseigener Kindergarten
- Freizeiteinrichtungen (Fitness-Center, hauseigene Sportmannschaft etc.)

8. Personalstruktur
- Gliederung der Geschäftsleitung
- Telefonregister der Mitarbeiter
- Betriebsarzt
- Betriebsrat (Sprechzeiten, Mitglieder, Aufgaben)

9. Aktuelle Betriebsinformationen
- Betriebsfeiern
- Jubiläen
- Trainees
- Stellenausschreibungen

10. Sicherheit
- Zugang zum Gelände
- Zugang zur Computeranlage (an wen wenden)
- Standort und Hinweise zu feuertechnischen oder betriebsrelevanten Sicherheitsaspekten

Kopiervorlage

Merkblatt: Wichtige Informationen für neue Mitarbeiter

1. Begrüßung
- durch Geschäftsleitung, Personalabteilung, Abteilungsleitung, Betriebsrat

2. Präsentation des Unternehmens
- Gründungsgeschichte
- Teilhaberschaft
- Rechtsform
- Unternehmensaufbau (Abteilungen, Zweigstellen)
- Produktpalette
- Zahl der Mitarbeiter
- Umsatzentwicklung

3. Führungskonzepte
- Unternehmensphilosophie
- Führungsgrundsätze
- Instrumente zur Mitarbeiterführung

4. Betriebsregeln
- Arbeitszeiten
- Betriebsordnung
- Sicherheitsvorschriften
- Leitfaden zum Umgang mit Kunden, Medien, Lieferanten

5. Mitarbeiterentwicklung
- Weiterbildungsmaßnahmen
- Urlaubsregelung
- interne Stellenausschreibung

6. Betriebsleistungen
- Lohn- und Gehaltssystem
- finanzielle Leistungen (Urlaubsgeld, Weihnachtsgeld)
- Vergütungen (Prämiensystem)
- Betriebsrente
- sonstige Sozialleistungen (Lebensversicherung, Unfallversicherung)

7. Firmen-Einrichtungen
- Kantine
- Stellplätze für den PKW
- betriebseigener Kindergarten
- Freizeiteinrichtungen (Fitness-Center, hauseigene Sportmannschaft etc.)

8. Personalstruktur
- Gliederung der Geschäftsleitung
- Telefonregister der Mitarbeiter
- Betriebsarzt
- Betriebsrat (Sprechzeiten, Mitglieder, Aufgaben)

9. Aktuelle Betriebsinformationen
- Betriebsfeiern
- Jubiläen
- Trainees
- Stellenausschreibungen

10. Sicherheit
- Zugang zum Gelände
- Zugang zur Computeranlage (an wen wenden)
- Standort und Hinweise zu feuertechnischen oder betriebsrelevanten Sicherheitsaspekten

Das Einführungsgespräch sollte am ersten Arbeitstag des Mitarbeiters stattfinden.

Gesprächsdurchführung

- Planen Sie ausreichend Zeit für das Einführungsgespräch mit Ihrem Mitarbeiter ein. Widmen Sie dem neuen Mitarbeiter Ihre ganze Aufmerksamkeit. Das vermittelt ihm ein Gefühl der Sicherheit. Seien Sie dabei freundlich und aufgeschlossen.
- Erläutern Sie Ihrem neuen Mitarbeiter kurz seinen Arbeitsplatz und seinen Aufgabenbereich. Beschränken Sie sich dabei nur auf das Wesentliche. Zu lange Monologe lenken ab und überfordern Ihren Mitarbeiter.
- Geben Sie Ihrem Mitarbeiter, falls vorhanden, die Einführungsschrift. So kann er sich eine Übersicht über das Unternehmen verschaffen.
- Erläutern Sie ihm konkret einen möglichen Ablauf seines ersten Arbeitstags. So kann Ihr Mitarbeiter sich zurechtfinden und auf den Tag einstellen.
- Fragen Sie den neuen Mitarbeiter nach seinen Erwartungen, die er an seinen Arbeitsplatz stellt. Nehmen Sie Themen aus seinem Arbeitsbereich. Das lockert seine Anspannung vor dem ersten Tag und gibt ihm ein gewisses Sicherheitsgefühl.
- Klären Sie Ihren Mitarbeiter über „geschriebene und ungeschriebene Gesetze" im Unternehmen auf. Beispielsweise über Rangordnung bei den Firmenparkplätzen, Regeln über das Duzverhalten im Unternehmen oder eventuelle Kleiderordnung. Ihr Mitarbeiter kann so vermeidbaren Fettnäpfchen aus dem Weg gehen.
- Muntern Sie Ihren Mitarbeiter abschließend mit motivierenden Worten auf. Seien Sie humorvoll. Lachen hebt die Stimmung.
- Übergeben Sie Ihren Mitarbeiter der Kontaktperson, die ihn in den ersten Wochen begleiten wird.

Selbst-Test: Wie gut führen Sie ein Einführungsgespräch?

	Ja	Nein
Ich versuche, meinem neuen Mitarbeiter das Gefühl zu geben, dass er willkommen ist.	❑	❑
Für das Gespräch plane ich ausreichend Zeit ein und lasse mich nicht durch Telefonate oder andere Mitarbeiter stören.	❑	❑
Damit mein neuer Mitarbeiter sofort ein Bild seines Arbeitsplatzes bekommt, erläutere ich ihm kurz seine Aufgaben und seinen Tagesablauf.	❑	❑
Um meinem Mitarbeiter die Unsicherheit zu nehmen, lasse ich ihn von sich erzählen. Bei seinen Ausführungen greife ich Dinge heraus, die seinem Arbeitsplatz ähnlich sind.	❑	❑
Ich nenne ihm die Namen seiner neuen Kollegen.	❑	❑
Damit mein Mitarbeiter nicht gleich aneckt, informiere ich ihn über Gebräuche oder Regeln der Firma.	❑	❑
Für einen schnellen Überblick über Firmengeschichte und Unternehmensaufbau übergebe ich dem neuen Mitarbeiter die Einführungsschrift – falls vorhanden.	❑	❑
Meinen ersten Eindruck über den neuen Mitarbeiter bewerte ich nicht über. Ich weiß, dass er nervös und angespannt ist.	❑	❑
Ich wecke keine falschen Hoffnungen oder Erwartungen mit voreiligen Versprechungen.	❑	❑
Ich sichere dem neuen Mitarbeiter meine Unterstützung zu und sage ihm, dass ich mich auf die Zusammenarbeit freue.	❑	❑
Ich übergebe meinen Mitarbeiter seiner Kontaktperson, die ihm die ersten Wochen hilfreich unter die Arme greifen wird.	❑	❑

Kopiervorlage

Test-Auswertung:

Haben Sie die **Mehrzahl der Fragen mit „Nein"** beantwortet, legen Sie nicht besonders viel Wert auf ein Einführungsgespräch. Sie handeln nach dem Motto: Ein Sprung ins kalte Wasser hat noch niemandem geschadet. Sicherlich nicht, aber der negative Eindruck vom ersten Tag bleibt haften und ist nicht mehr wegzuwischen. Ihr Mitarbeiter fühlt sich nicht gut aufgehoben und wird sich aus Selbstschutz eine dicke Haut zulegen. Das wird seinen Start bei den Kollegen erschweren, die das Verhalten ihres neuen Kollegen unter Umständen als arrogant einstufen. Stellen Sie sich auf die Seite Ihres neuen Kollegen und demonstrieren Sie Gemeinschaft und Partnerschaft. So gewinnt der Neue Selbstsicherheit und kann frei und unbeschwert an die neue Aufgabe gehen.

Selbst-Test: Wie gut führen Sie ein Einführungsgespräch?

	Ja	Nein
Ich versuche, meinem neuen Mitarbeiter das Gefühl zu geben, dass er willkommen ist.	❑	❑
Für das Gespräch plane ich ausreichend Zeit ein und lasse mich nicht durch Telefonate oder andere Mitarbeiter stören.	❑	❑
Damit mein neuer Mitarbeiter sofort ein Bild seines Arbeitsplatzes bekommt, erläutere ich ihm kurz seine Aufgaben und seinen Tagesablauf.	❑	❑
Um meinem Mitarbeiter die Unsicherheit zu nehmen, lasse ich ihn von sich erzählen. Bei seinen Ausführungen greife ich Dinge heraus, die seinem Arbeitsplatz ähnlich sind.	❑	❑
Ich nenne ihm die Namen seiner neuen Kollegen.	❑	❑
Damit mein Mitarbeiter nicht gleich aneckt, informiere ich ihn über Gebräuche oder Regeln der Firma.	❑	❑
Für einen schnellen Überblick über Firmengeschichte und Unternehmensaufbau übergebe ich dem neuen Mitarbeiter die Einführungsschrift – falls vorhanden.	❑	❑
Meinen ersten Eindruck über den neuen Mitarbeiter bewerte ich nicht über. Ich weiß, dass er nervös und angespannt ist.	❑	❑
Ich wecke keine falschen Hoffnungen oder Erwartungen mit voreiligen Versprechungen.	❑	❑
Ich sichere dem neuen Mitarbeiter meine Unterstützung zu und sage ihm, dass ich mich auf die Zusammenarbeit freue.	❑	❑
Ich übergebe meinen Mitarbeiter seiner Kontaktperson, die ihm die ersten Wochen hilfreich unter die Arme greifen wird.	❑	❑

Einstellungsgespräch (1/3)

So stellen Sie den richtigen Mitarbeiter ein

In einem erfolgreichen Einstellungsgespräch können Sie klären, ob Ihr Bewerber sich für die ausgeschriebene Stelle eignet oder nicht. Unterschätzen Sie die negativen Folgen von Fehlentscheidungen nicht. Eine falsche Auswahlentscheidung führt zu Minderleistungen am betroffenen Arbeitsplatz, zu Missstimmungen im Team und hat nicht zuletzt wirtschaftlich negative Folgen für den Erfolg Ihres Unternehmens.

Für Ihren Mitarbeiter bedeutet eine Fehlbesetzung

- Über- oder Unterforderung
- Unzufriedenheit
- Spannungen in der Zusammenarbeit mit dem Team und den Kollegen
- keine berufliche Weiterentwicklung

Für das Unternehmen bedeutet eine Fehlbesetzung

- hohe Krankenstände
- Fluktuation
- wirtschaftlichen Misserfolg

1 Definieren Sie die Anforderung an Ihren Bewerber

- Machen Sie sich vor dem Einstellungsgespräch klar, welche Eigenschaften und Fähigkeiten Sie von Ihrem Bewerber erwarten. Erstellen Sie sich dafür ein Anforderungsprofil, das Sie von den Anforderungen der ausgeschriebenen Stelle ableiten:

Anforderungsmerkmale	muss	kann
1. Persönliche Eigenschaften:		
– Kommunikationsfähigkeit	❑	❑
– Engagement	❑	❑
– Teamgeist	❑	❑
– unternehmerisches Denken	❑	❑
2. Fachliche Fähigkeiten:		
– Branchenkenntnisse	❑	❑
– spezielles Fachwissen	❑	❑
– besondere Eignungen	❑	❑

2 Führen Sie eine Grobselektion durch

- Um Zeit bei der Bewerberauswahl zu sparen, sollten Sie eine Grobselektion vornehmen. Führen Sie zum Beispiel einen telefonischen Erstkontakt nach einer Anzeige, um die Bewerberzahl einzugrenzen. Machen Sie sich dafür eine Liste, was Sie den Bewerber am Telefon fragen wollen und was Sie von dem Telefonat erwarten.
- Analysieren Sie die Bewerbungsunterlagen. Achten Sie dabei auf Vollständigkeit, Gestaltungsweise, Strukturiertheit und Sauberkeit.
- Haben sich mehrere Kandidaten auf die Stelle beworben, ist es ratsam, vor dem eigentlichen Einstellungsgespräch ein Vorstellungsgespräch zu führen. Das sollte ca. 45 Minuten dauern und gibt Ihnen ein erstes Gefühl für die Bewerber und ein Gespür, ob der Einzelne für die Stelle geeignet ist.

Formular: Entscheidungsbogen für die Bewerberauswahl

Name des Bewerbers: ____________________

Anforderung	Positive Merkmale	Negative Merkmale	Ergebnis				
			++	+	+-	-	--
Persönliche Fähigkeiten							
1. entscheidungsfreudig							
2. kommunikativ							
3. aufgeschlossen							
4. durchsetzungsfähig							
5. kooperativ							
6. engagiert							
7. zielstrebig							
8. verantwortungsbewusst							
9. belastbar							
Fachliche Fähigkeiten							
10. spezielles Fachwissen							
11. Weiterbildungsmaßnahmen							
12. Kenntnisse über das Unternehmen							
13. zusätzliche Qualifikationen							
Anzahl der einzelnen Bewertungen							
Ist der Bewerber für die ausgeschriebene Stelle geeignet?			Ja ❑			Nein ❑	

Kopiervorlage

- „Erstellen Sie auch ein Profil über das, was die Arbeitsstelle und das Unternehmen zu bieten haben. Wie sieht es mit der Umgebung aus – bietet sie mehr für Familien (gute Schulen, Kindergärten, sicheres Umfeld) oder für Singles (zum Beispiel Nachtlokale, Kinos)? Ist es eine Stelle, die der Bewerber über viele Jahre besetzen soll, oder eine, bei der ein Wechsel nach 2 bis 3 Jahren wahrscheinlich oder geplant ist (Führungskräftenachwuchs, Projektmanagement)? Was bietet Ihr Unternehmen sonst?

Hinweis zum Formular:
Füllen Sie den nebenstehenden Entscheidungsbogen für die Bewerberauswahl bei jedem Einstellungsgespräch aus. So können Sie anschließend die verschiedenen Bewerber einfacher miteinander vergleichen.

Formular: Entscheidungsbogen für die Bewerberauswahl

Name des Bewerbers: ______________________________

Anforderung	**Positive Merkmale**	**Negative Merkmale**	**Ergebnis**				
			++	+	+-	-	--
		Persönliche Fähigkeiten					
1. entscheidungsfreudig							
2. kommunikativ							
3. aufgeschlossen							
4. durchsetzungsfähig							
5. kooperativ							
6. engagiert							
7. zielstrebig							
8. verantwortungs-bewusst							
9. belastbar							
		Fachliche Fähigkeiten					
10. spezielles Fachwissen							
11. Weiterbildungs-maßnahmen							
12. Kenntnisse über das Unternehmen							
13. zusätzliche Qualifikationen							
Anzahl der einzelnen Bewertungen							
Ist der Bewerber für die ausgeschriebene Stelle geeignet?			Ja ❑			Nein ❑	

Einstellungsgespräch (2/3)

1 Gesprächsvorbereitung

- Versenden Sie mindestens 14 Tage vor dem Termin eine schriftliche Einladung an den Kandidaten. Informieren Sie ebenfalls die anderen Gesprächspartner.
- Bereiten Sie alle notwendigen Unterlagen vor. Gehen noch einmal die Bewerbungsunterlagen des Kandidaten durch. So machen Sie sich mit seiner Person vertraut und haben eine grobe Übersicht über seinen Lebens- und Berufslauf.
- Machen Sie sich den Ablauf des Gesprächs klar. Welche Fragen wollen Sie stellen, was erwarten Sie von Ihrem Bewerber?
- Bereiten Sie einen geeigneten Raum vor, und gestalten Sie die Sitzordnung möglichst offen. Vermeiden Sie Barrieren und unnötige Distanz.
- Planen Sie einen Zeitrahmen von ca. 2 Stunden ein. Nur so können Sie dem Gespräch Tiefe geben und zu brauchbaren Ergebnissen kommen.

2 Gesprächsdurchführung

- Schaffen Sie eine offene und angenehme Gesprächs-Atmosphäre. Begrüßen Sie Ihren Kandidaten herzlich, und fragen Sie ihn nach seiner Anreise. Bieten Sie ihm seinen Platz und ein Getränk an. Bedanken Sie sich für sein Kommen.
- Machen Sie sich und die anderen Gesprächspartner bekannt. Geben Sie einen Überblick über den Ablauf, die Inhalte und die Dauer des Gesprächs.
- Während des Interviews sollten Sie auch auf die persönlichen Merkmale Ihres Bewerbers achten. Dazu gehören die Körpersprache und das Erkennen von emotionaler und sozialer Kompetenz.
- Stellen Sie während des Interviews präzise Fragen, und hören Sie aktiv und aufmerksam zu.
- Lassen Sie Ihren Bewerber offene Fragen zu Rahmenbedingungen wie Gehaltsvorstellung und möglichem Eintrittstermin klären.

Checkliste: So führen Sie ein erfolgreiches Einstellungsgespräch

1 Laden Sie Ihren Bewerber spätestens 14 Tage vor dem Gespräch schriftlich ein. Bitten Sie um eine kurze telefonische Terminbestätigung. Denken Sie an die Anfahrts-Skizze und eine präzise Information über die Kostenerstattung.	❑
Erarbeiten Sie ein Anforderungsprofil und einen Gesprächsleitfaden. Wählen Sie die geeigneten Fragen aus, um zu prüfen, ob Ihr Bewerber die gewünschten Kriterien erfüllt.	❑
Bereiten Sie das Einstellungsgespräch inhaltlich und organisatorisch intensiv vor. Legen Sie sich die wichtigsten Unterlagen zurecht: – Bewerbungsunterlagen – Interviewleitfaden – Stellenbeschreibung – Anforderungsprofil – Unternehmensbroschüre – Formular für die Reisekosten-Abrechnung	 ❑ ❑ ❑ ❑ ❑ ❑
Nehmen Sie sich vor dem Gespräch 1/2 Stunde Zeit, um sich auf Ihren Bewerber einzustellen.	❑
Führen Sie das Einstellungsgespräch immer zu zweit. 4 Augen sehen mehr als 2, 4 Ohren hören mehr als 2.	❑
2 Achten Sie auf ein intensives „Warming-up" in der Eröffnungsphase.	❑
Machen Sie sich während des Gesprächs Notizen über Ihre Beobachtungen.	❑
Stellen Sie offene Fragen. Fragen Sie nach konkreten Beispielen und erlebten Situationen.	❑
Hören Sie aktiv zu. Halten Sie Blickkontakt und zeigen Sie Interesse.	❑
Übernehmen Sie die Gesprächsführung und helfen Sie Ihrem Bewerber wieder auf den Punkt zu kommen, falls er sich verzettelt.	❑
Halten Sie Ihr Ergebnis schriftlich fest, um so einen vergleichbaren Überblick mit den Ergebnissen der anderen Bewerber zu bekommen.	❑
Planen Sie eine 2. Gesprächsrunde ein, falls Sie nicht zu einem eindeutigen Ergebnis kommen.	❑

Kopiervorlage

Checkliste: So führen Sie ein erfolgreiches Einstellungsgespräch

Laden Sie Ihren Bewerber spätestens 14 Tage vor dem Gespräch schriftlich ein. Bitten Sie um eine kurze telefonische Terminbestätigung. Denken Sie an die Anfahrts-Skizze und eine präzise Information über die Kostenerstattung.	❑
Erarbeiten Sie ein Anforderungsprofil und einen Gesprächsleitfaden. Wählen Sie die geeigneten Fragen aus, um zu prüfen, ob Ihr Bewerber die gewünschten Kriterien erfüllt.	❑
Bereiten Sie das Einstellungsgespräch inhaltlich und organisatorisch intensiv vor. Legen Sie sich die wichtigsten Unterlagen zurecht: – Bewerbungsunterlagen – Interviewleitfaden – Stellenbeschreibung – Anforderungsprofil – Unternehmensbroschüre – Formular für die Reisekosten-Abrechnung	 ❑ ❑ ❑ ❑ ❑ ❑
Nehmen Sie sich vor dem Gespräch 1/2 Stunde Zeit, um sich auf Ihren Bewerber einzustellen.	❑
Führen Sie das Einstellungsgespräch immer zu zweit. 4 Augen sehen mehr als 2, 4 Ohren hören mehr als 2.	❑
Achten Sie auf ein intensives „Warming-up“ in der Eröffnungsphase.	❑
Machen Sie sich während des Gesprächs Notizen über Ihre Beobachtungen.	❑
Stellen Sie offene Fragen. Fragen Sie nach konkreten Beispielen und erlebten Situationen.	❑
Hören Sie aktiv zu. Halten Sie Blickkontakt und zeigen Sie Interesse.	❑
Übernehmen Sie die Gesprächsführung und helfen Sie Ihrem Bewerber wieder auf den Punkt zu kommen, falls er sich verzettelt.	❑
Halten Sie Ihr Ergebnis schriftlich fest, um so einen vergleichbaren Überblick mit den Ergebnissen der anderen Bewerber zu bekommen.	❑
Planen Sie eine 2. Gesprächsrunde ein, falls Sie nicht zu einem eindeutigen Ergebnis kommen.	❑

Zentrale Fragen zur richtigen Bewerberauswahl

Mit den folgenden Fragegruppen können Sie Ihren Bewerber besser analysieren und zielgerichteter auswählen.

1 Beweggründe des Bewerbers

Was sind die Beweggründe Ihres Bewerbers? Warum hat er sich gerade bei Ihrem Unternehmen beworben? Hier können Sie auch erfahren, was für ein Interesse Ihr Bewerber an Ihrem Unternehmen hat und inwieweit er sich darüber informiert hat.

2 Status quo des Bewerbers

Ist Ihr Bewerber räumlich flexibel oder ein Familienmensch mit sesshaften Ambitionen? Überprüfen Sie, welche Arbeitseinstellung für Ihr Unternehmen besser infrage kommt. Ein flexibler Mitarbeiter ist gut für den Außendienst oder die Firmenzweigstelle im Ausland. Mitarbeiter mit Familie und ohne Wunsch nach Wohnortwechsel haben oft langfristiges Interesse an der Arbeitsstelle. Eine Investition für eine fruchtbare Zusammenarbeit lohnt sich daher ebenfalls.

3 Bisherige und neue Arbeitsstelle

Warum verließ Ihr Bewerber seine letzte Arbeitsstelle, und was für eine Vorstellung hat er von seiner beruflichen Zukunft? Wo will er hin, was will er erreichen? Hier zeigt sich auch, ob Ihr Mitarbeiter gern und mit Idealismus arbeitet oder nur der Verdienst im Vordergrund steht.

4 Fachliche Qualifikation

Was zeichnet Ihren Bewerber fachlich besonders aus? Konnte er ausreichendes Wissen auf seinem Gebiet sammeln, hat er eventuell Zusatzqualifikationen vorzuweisen?

5 Qualität

Legt Ihr Bewerber Wert auf Qualität, oder ist es ihm wichtiger, seine Arbeit schnell zu erledigen, um beispielsweise Zeit für sein Privatleben zu haben?

6 Selbsteinschätzung

Besitzt Ihr Bewerber ein gesundes Selbstbewusstsein mit dem richtigen Maß an Selbstkritik?

7 Belastbarkeit

Behält Ihr Bewerber auch in Krisensituationen einen klaren und kühlen Kopf? Ist er in der Lage, die richtige Balance zwischen Stress und Erholung zu finden?

Kopiervorlage

Fragenkatalog für die richtige Bewerberauswahl

1 Beweggründe des Bewerbers	– Was wissen Sie über unser Unternehmen? – Kennen Sie unsere Produkte/Dienstleistungen? – Warum möchten Sie sich beruflich verändern? – Was reizt Sie an der neuen Aufgabe?
2 Status quo des Bewerbers	– Wie ist Ihre berufliche Situation? – Ist Ihr Partner berufstätig? – Was sagt Ihre Familie zu längeren Dienstreisen? – Sind Sie geographisch flexibel?
3 Bisherige und neue Arbeitsstelle	– Warum haben Sie bei Ihrem letzten Arbeitgeber gekündigt? – Womit waren Sie unzufrieden? – Was ist Ihnen bei Ihrer neuen Position besonders wichtig? – Was erwarten Sie von Ihrer neuen Aufgabe? – Wie wichtig sind Ziele für Sie? – Was sind Ihre beruflichen und privaten Ziele? – Wie garantieren Sie, dass Sie Ihre Ziele erreichen?
4 Fachliche Qualifikation	– Welche fachlichen Schwerpunkte hatten Sie bei Ihrer Ausbildung/Studium/bisheriger Arbeitsstelle? – Wo liegen Ihre Stärken? – Was können Sie besonders gut? – Wie gewährleisten Sie, dass Sie fachlich auf dem neuesten Stand bleiben? – Wie wichtig ist Ihnen berufliche Weiterbildung?
5 Qualität	– Wie wichtig ist Ihnen die Qualität Ihrer Arbeit? – Wie stellen Sie Qualität sicher? – Was ist für Sie wichtiger: Qualität oder Quantität?
6 Selbsteinschätzung	– Wie schätzen Sie sich selbst ein? – Was sind Ihre Stärken? – Welche Schwächen haben Sie?
7 Belastbarkeit	– Wie belastbar sind Sie? – Wie viele Stunden in der Woche arbeiten Sie? – Wie erholen Sie sich? – Was bedeutet Stress für Sie? – Wie gehen Sie mit Stress um? – Wie gehen Sie mit unerwarteten Situationen und Störungen um? – Gab es eine Situation, in der Sie keinen Erfolg hatten? – Wie bewältigten Sie diese Situation?
8 Führung und Zusammenarbeit	– Was erwarten Sie von einer guten Führungskraft? – Was erwarten Sie von Ihrem neuen Arbeitgeber? – Was bedeutet für Sie Teamarbeit? – Was behindert Ihrer Meinung nach Teamarbeit? – Was charakterisiert ein erfolgreiches Team? – Was ist Ihnen bei der Zusammenarbeit besonders wichtig? – Was bedeutet für Sie ein gutes Betriebsklima? – Wie können Sie dazu beitragen?
9 Organisation und Planung	– Wie wichtig ist Planung für Sie? – Wie planen Sie Ihre Arbeit? – Wie setzen Sie Prioritäten?
10 Einkommen	– Wie hoch ist Ihr jetziges Einkommen? – Welches Gehalt erwarten Sie von uns? – Welche Sozialleistungen erwarten Sie?
11 Einarbeitung	– Wie stellen Sie sich Ihre Einarbeitung vor? – Welche Bereiche möchten Sie kennen lernen?

8 Führung und Zusammenarbeit

Ist Ihr Bewerber Ihnen gegenüber loyal eingestellt oder schnell bereit, die Seite zu wechseln, wenn Schwierigkeiten oder Auseinandersetzungen auftreten? Legt Ihr Mitarbeiter Wert auf kollegiale Zusammenarbeit, oder ist er lieber ein Einzelkämpfer?

9 Organisation und Planung

Bevorzugt Ihr Bewerber bei der Arbeit eine Chaos-Situation mit überfülltem Schreibtisch, oder zieht er ein organisatorisches Selbstmanagement vor?

10 Einkommen

Verlangt Ihr Mitarbeiter ein angemessenes Gehalt? Deckt sich sein Wunsch mit Ihrem Angebot?

11 Einarbeitung

Haben Sie einen Einarbeitungsplan, mit dem Sie wichtige Stufen der ersten Arbeitstage und Situationen abklären können?

Fragenkatalog für die richtige Bewerberauswahl

Beweggründe des Bewerbers	– Was wissen Sie über unser Unternehmen? – Kennen Sie unsere Produkte/Dienstleistungen? – Warum möchten Sie sich beruflich verändern? – Was reizt Sie an der neuen Aufgabe?
Status quo des Bewerbers	– Wie ist Ihre berufliche Situation? – Ist Ihr Partner berufstätig? – Was sagt Ihre Familie zu längeren Dienstreisen? – Sind Sie geographisch flexibel?
Bisherige und neue Arbeitsstelle	– Warum haben Sie bei Ihrem letzten Arbeitgeber gekündigt? – Womit waren Sie unzufrieden? – Was ist Ihnen bei Ihrer neuen Position besonders wichtig? – Was erwarten Sie von Ihrer neuen Aufgabe? – Wie wichtig sind Ziele für Sie? – Was sind Ihre beruflichen und privaten Ziele? – Wie garantieren Sie, dass Sie Ihre Ziele erreichen?
Fachliche Qualifikation	– Welche fachlichen Schwerpunkte hatten Sie bei Ihrer Ausbildung/Studium/bisheriger Arbeitsstelle? – Wo liegen Ihre Stärken? – Was können Sie besonders gut? – Wie gewährleisten Sie, dass Sie fachlich auf dem neuesten Stand bleiben? – Wie wichtig ist Ihnen berufliche Weiterbildung?
Qualität	– Wie wichtig ist Ihnen die Qualität Ihrer Arbeit? – Wie stellen Sie Qualität sicher? – Was ist für Sie wichtiger: Qualität oder Quantität?
Selbsteinschätzung	– Wie schätzen Sie sich selbst ein? – Was sind Ihre Stärken? – Welche Schwächen haben Sie?
Belastbarkeit	– Wie belastbar sind Sie? – Wie viele Stunden in der Woche arbeiten Sie? – Wie erholen Sie sich? – Was bedeutet Stress für Sie? – Wie gehen Sie mit Stress um? – Wie gehen Sie mit unerwarteten Situationen und Störungen um? – Gab es eine Situation, in der Sie keinen Erfolg hatten? – Wie bewältigten Sie diese Situation?
Führung und Zusammenarbeit	– Was erwarten Sie von einer guten Führungskraft? – Was erwarten Sie von Ihrem neuen Arbeitgeber? – Was bedeutet für Sie Teamarbeit? – Was behindert Ihrer Meinung nach Teamarbeit? – Was charakterisiert ein erfolgreiches Team? – Was ist Ihnen bei der Zusammenarbeit besonders wichtig? – Was bedeutet für Sie ein gutes Betriebsklima? – Wie können Sie dazu beitragen?
Organisation und Planung	– Wie wichtig ist Planung für Sie? – Wie planen Sie Ihre Arbeit? – Wie setzen Sie Prioritäten?
Einkommen	– Wie hoch ist Ihr jetziges Einkommen? – Welches Gehalt erwarten Sie von uns? – Welche Sozialleistungen erwarten Sie?
Einarbeitung	– Wie stellen Sie sich Ihre Einarbeitung vor? – Welche Bereiche möchten Sie kennen lernen?

1 Feedbackgespräche können Sie führen, wenn Sie

- Lob aussprechen wollen,
- Kritik äußern wollen,
- Vereinbarungen treffen wollen, die in Kritik- oder Mitarbeitergesprächen getroffen wurden,
- Ihren Mitarbeiter für seine Arbeit und neue Aufgaben motivieren wollen.

2 Nutzen für die Führungskraft:

- Sie gelangen gemeinsam zu zielorientiertem Handeln.
- Sie erreichen positive Ergebnisse.
- Sie garantieren ein harmonisches Zusammenarbeiten.

3 Nutzen für den Mitarbeiter:

- Sie informieren Ihren Mitarbeiter, wie Sie ihn wahrnehmen, verstehen und erleben.
- Sie schlagen eine Brücke zwischen dem beabsichtigten und dem tatsächlich erzielten Kommunikationserfolg.
- Sie unterstützen den Mitarbeiter in seinem individuellen Wachstumsprozess.
- Sie versuchen damit, ihn in seiner Persönlichkeitsentwicklung zu fördern.

Die wichtigsten Regeln für das Geben von Feedback:

4 Sprechen Sie Feedback in der passenden Situation aus

Feedback sollte nicht im Trubel des Alltags untergehen. Ihr Mitarbeiter sollte Zeit finden, das Feedback zu verarbeiten und zu analysieren. Warten Sie also den geeigneten Moment ab, an dem sich Ihr Mitarbeiter auf das Feedback konzentrieren kann (z. B. ein ruhiges Gespräch nach Feierabend oder am Ende der Arbeitswoche).

5 Seien Sie höflich

Achten Sie beim Feedback auf Ihren Ton. Verwenden Sie eine sachliche Sprache, sachliche Formulierungen, und wahren Sie den körperlichen Abstand. Auch wenn es sich um ein negatives Feedback handelt, sollten Sie freundlich bleiben und Ihrem Mitarbeiter den notwendigen Respekt entgegenbringen.

6 Halten Sie sich an Fakten

Halten Sie sich beim Geben von Feedback an Fakten. Schildern Sie präzise, was Sie an dem Verhalten Ihres Mitarbeiters bemerkt haben, was Sie dabei empfinden. Nutzen Sie dazu Ich-Aussagen und vermeiden Sie Formulierungen wie „man" oder „wir".

7 Vermeiden Sie Wertungen

Verzichten Sie auf Vorurteile und Wertungen. Geben Sie Feedback nie aufgrund von Hypothesen, Vermutungen und Hörensagen.

Checkliste: Der richtige Umgang mit Feedback

1	Ich nutze das Feedbackgespräch, um meinem Mitarbeiter Aufschluss über seine positive oder negative Leistung zu geben.	❑
2	Durch ein Feedbackgespräch versuche ich, die Mitarbeitermotivation zu steigern und bessere Leistungsergebnisse zu erzielen.	❑
3	Mein Mitarbeiter soll durch das Feedbackgespräch die Möglichkeit bekommen, seine Persönlichkeit und seine Arbeitsweise weiterzuentwickeln.	❑
4	Ich wähle für meine Feedbackgespräch einen Zeitraum, der meinem Mitarbeiter die Möglichkeit gibt, das Gesprächsergebnis zu verarbeiten.	❑
5	Ich vermeide bei meinem Feedbackgespräch Emotionen, bleibe immer sachlich und pflege einen angemessenen, höflichen Umgangston.	❑
6	Ich beziehe das Feedbackgespräch konkret auf meinen Mitarbeiter und nenne nur Fakten, die ihn direkt betreffen.	❑
7	Ich achte darauf, dass mein Feedback objektiv ist und sich nicht auf Vermutungen stützt.	❑
8	Ich gebe Feedback in Maßen und achte darauf, dass sich das Instrument nicht durch zu häufiges Loben abnutzt.	❑
9	Ich räume meinem Mitarbeiter genügend Zeit ein, damit er das Feedback auf sein Verhalten anwenden kann.	❑
10	Damit mein Mitarbeiter sein Feedback nachvollziehen kann, gebe ich es ihm unmittelbar nach einer geeigneten Situation.	❑
11	Wenn mein Mitarbeiter mein Feedback ablehnt, versuche ich ihn von der Richtigkeit des Sachverhalts zu überzeugen.	❑

Kopiervorlage

8 Verteilen Sie Feedback in Maßen

Überfordern Sie den Mitarbeiter nicht mit negativem oder zu häufigem Feedback. Er muss seine Verhaltensweisen, zu denen Sie Feedback geben, auch verarbeiten können. Bei negativer Kritik geben Sie ihm genügend Zeit, etwas zu ändern. Bei Lob nutzen Sie dieses Instrument nicht durch zu häufige Anwendung ab.

9 Lassen Sie dem Mitarbeiter Zeit

Verlangen Sie von Ihrem Mitarbeiter nicht, dass er Ihr Feedback sofort akzeptiert. Er muss zeitlich die Möglichkeit bekommen, die Diskrepanz zwischen Selbstbild und Fremdbild verarbeiten zu können.

10 Warten Sie nicht mit einem Feedback

Feedback sollte keine globale Abrechnung sein, sondern direkt im Anschluss an die geeignete Situation ausgesprochen werden.

11 Seien Sie offen für Rechtfertigungen

Reagiert Ihr Mitarbeiter mit Rechtfertigungen auf Ihr Feedback, sprechen Sie offen über seine Kritik und fragen Sie nach, warum er Ihr Feedback als Vorwurf versteht.

Checkliste: Der richtige Umgang mit Feedback

Ich nutze das Feedbackgespräch, um meinem Mitarbeiter Aufschluss über seine positive oder negative Leistung zu geben.	❏
Durch ein Feedbackgespräch versuche ich, die Mitarbeitermotivation zu steigern und bessere Leistungsergebnisse zu erzielen.	❏
Mein Mitarbeiter soll durch das Feedbackgespräch die Möglichkeit bekommen, seine Persönlichkeit und seine Arbeitsweise weiterzuentwickeln.	❏
Ich wähle für meine Feedbackgespräch einen Zeitraum, der meinem Mitarbeiter die Möglichkeit gibt, das Gesprächsergebnis zu verarbeiten.	❏
Ich vermeide bei meinem Feedbackgespräch Emotionen, bleibe immer sachlich und pflege einen angemessenen, höflichen Umgangston.	❏
Ich beziehe das Feedbackgespräch konkret auf meinen Mitarbeiter und nenne nur Fakten, die ihn direkt betreffen.	❏
Ich achte darauf, dass mein Feedback objektiv ist und sich nicht auf Vermutungen stützt.	❏
Ich gebe Feedback in Maßen und achte darauf, dass sich das Instrument nicht durch zu häufiges Loben abnutzt.	❏
Ich räume meinem Mitarbeiter genügend Zeit ein, damit er das Feedback auf sein Verhalten anwenden kann.	❏
Damit mein Mitarbeiter sein Feedback nachvollziehen kann, gebe ich es ihm unmittelbar nach einer geeigneten Situation.	❏
Wenn mein Mitarbeiter mein Feedback ablehnt, versuche ich ihn von der Richtigkeit des Sachverhalts zu überzeugen.	❏

Ablauf eines Feedbackgesprächs

Für ein Feedbackgespräch sollten folgende Voraussetzungen gegeben sein:

- Zwischen Ihnen und dem Mitarbeiter sollte eine hohe Vertrauensbasis bestehen.
- Sie sollten in der Gesprächsführung geschult sein, um Missverständnisse zu vermeiden.
- Sie sollten ein Feedbackgespräch von einem Kritikgespräch unterscheiden (ein Kritikgespräch folgt nach einem Vorfall oder einem Fehlverhalten, ein Feedback geben Sie unabhängig von einem besonderen Anlass).

Vorbereitung eines Feedbackgesprächs:

- Machen Sie Ihrem Mitarbeiter den Anlass für das Feedbackgespräch klar.
- Klären Sie für sich die Umsetzung des Feedbackgesprächs. Sie sollten fit sein in Gesprächsführungstechniken und über ausreichend Argumente verfügen, falls das Feedback nicht angenommen wird.
- Überlegen Sie sich vorab, was Sie an Ihrem Mitarbeiter schätzen, was er besonders gut kann. Egal ob Sie ihn loben oder tadeln wollen.
- Vermitteln Sie Ihrem Mitarbeiter den Eindruck, dass Sie das Feedbackgespräch mit dem Ziel der Persönlichkeitsförderung praktizieren.
- Schaffen Sie eine ruhige Umgebung. Schließen Sie Störungen durch Telefonate und Kollegen aus.
- Vereinbaren Sie einen konkreten Gesprächstermin, damit beide Gesprächspartner Zeit haben.
- Vermeiden Sie negative Gefühle gegenüber Ihrem Mitarbeiter, unabhängig vom Anlass.

Die Durchführung eines Feedbackgesprächs

- Führen Sie das Gespräch offen und sachlich.
- Stellen Sie Ihrem Mitarbeiter offene Fragen.
- Hören Sie dem Mitarbeiter aktiv zu.
- Sorgen Sie für eine konstruktive Gesprächsstruktur, damit Sie den Faden nicht verlieren.
- Zeigen Sie Interesse an Ihrem Mitarbeiter, indem Sie Augenkontakt halten, bei seinen Äußerungen mit dem Kopf nicken und Zwischenfragen stellen.

Nachbereitung eines Feedbackgesprächs

- Schließen Sie das Feedbackgespräch mit positiven Worten ab. Bei einem negativen Feedback soll das Ihren Mitarbeiter motivieren, an sich zu arbeiten.
- Verfolgen Sie die Umsetzung des Feedbackgesprächs. Wird das Gespräch von Ihrem Mitarbeiter genutzt, um sich (bei Kritik) zu ändern?
- Planen Sie rechtzeitig das nächste Feedbackgespräch. Es sollte in regelmäßigen Abständen erfolgen.

Formular: Feedbackgespräch

Name des Mitarbeiters: ______________________

Abteilung: ______________________

Datum: ______________________

Anlass: ______________________

Schritt 1: Positiven Einstieg schaffen

- Getränke anbieten ______________________
- Smalltalk führen ______________________
- Die Arbeit des Mitarbeiters loben ______________________
- Positive Merkmale des Mitarbeiters aufzählen ______________________

Schritt 2: Situation und Anlass beschreiben

- Was ist der Anlass? ______________________
- Wie hat sich der Mitarbeiter verhalten? ______________________
- Was bewirkt sein Verhalten? ______________________
- Welche Auswirkungen hat sein Verhalten auf die Arbeit? ______________________

Wie ist sein Verhalten zu beurteilen: gut ❑
oder schlecht ❑

Schritt 3: Stellungnahme des Mitarbeiters berücksichtigen

- Ist sein Verhalten (bei kritischem Feedback) nachvollziehbar? ______________________
- Ist sein Verhalten (bei kritischem Feedback) die Folge von schlechter Führung? ______________________

Schritt 4: Verbesserungsmaßnahmen:

- Was wird in Zukunft verändert? ______________________
- Wann kann mit Verbesserungen gerechnet werden? ______________________
- Wie sehen die Maßnahmen konkret aus? ______________________

Schritt 5: Vereinbarungen:

- Was wird vereinbart? ______________________

Schritt 6: Kontrollmaßnahmen:

- Wie werden die Maßnahmen kontrolliert? ______________________

Schritt 7: Positiver Abschluss:

- Motivierende Worte zum Abschluss finden ______________________
- Freundlich verabschieden ______________________

Kopiervorlage

Formular: Feedbackgespräch

Name des Mitarbeiters: ______________________________

Abteilung: ______________________________

Datum: ______________________________

Anlass: ______________________________

Schritt 1: Positiven Einstieg schaffen

- Getränke anbieten ______________________________
- Smalltalk führen ______________________________
- Die Arbeit des Mitarbeiters loben ______________________________
- Positive Merkmale des Mitarbeiters aufzählen ______________________________

Schritt 2: Situation und Anlass beschreiben

- Was ist der Anlass? ______________________________
- Wie hat sich der Mitarbeiter verhalten? ______________________________
- Was bewirkt sein Verhalten? ______________________________
- Welche Auswirkungen hat sein Verhalten auf die Arbeit? ______________________________

____

Wie ist sein Verhalten zu beurteilen:	gut	❑
oder	schlecht	❑

Schritt 3: Stellungnahme des Mitarbeiters berücksichtigen

- Ist sein Verhalten (bei kritischem Feedback) nachvollziehbar? ______________________________
- Ist sein Verhalten (bei kritischem Feedback) die Folge von schlechter Führung?

____

Schritt 4: Verbesserungsmaßnahmen:

- Was wird in Zukunft verändert? ______________________________
- Wann kann mit Verbesserungen gerechnet werden? ______________________________
- Wie sehen die Maßnahmen konkret aus? ______________________________

Schritt 5: Vereinbarungen:

- Was wird vereinbart?

____

____

Schritt 6: Kontrollmaßnahmen:

- Wie werden die Maßnahmen kontrolliert?

____

____

Schritt 7: Positiver Abschluss:

- Motivierende Worte zum Abschluss finden ______________________________
- Freundlich verabschieden ______________________________

Fehlzeitengespräch (1/3)

Grundlagen eines Fehlzeitengesprächs

Als Fehlzeiten werden alle außerplanmäßigen Abwesenheiten Ihres Mitarbeiters während der Arbeitszeit definiert.

Ursache von Fehlzeiten:

- Krankenstand (mit und ohne Attest):
  - schicksalhafte Krankheiten
  - durch Lebensführung bedingte Krankheiten
  - durch Arbeitsbedingungen verursachte Krankheiten
  - motivationsbedingte Krankheiten (psychosomatische Krankheiten)
  - Unfälle: Betriebsunfall, Wegeunfall, Unfall in der Freizeit
  - Reha-Maßnahmen
  - Kuren und Heilmaßnahmen
- Urlaub:
  - Tarifurlaub
  - Sonderurlaub
  - unbezahlter Urlaub
- Gesetzliche Regelungen:
  - Mutterschutz, Elternzeit
  - Freistellung für Musterung, Wehr- und Ersatzdienst
  - Bildungsurlaub
- Entschuldigtes/unentschuldigtes Fehlen:
  - Überziehung der Pausen
  - Unpünktlichkeit
  - Ausbildung/Weiterbildung

Die Auswirkung von Fehlzeiten

- Betriebliche Ziele werden nicht oder später erreicht.
- Zusätzliche Kosten entstehen durch Aushilfen oder Überstunden.
- Das Unternehmensimage leidet durch eine höhere Fehlzeitenquote.
- Die Kollegen müssen durch den fehlenden Mitarbeiter Mehrarbeit leisten.
- Die Arbeitsmotivation im Team sinkt wegen Überlastung durch zusätzliche Aufgaben und Arbeiten.
- Das Betriebsklima wird durch die schlechte Stimmung gestört.

Gesprächsziele

- Ihr Mitarbeiter soll erkennen, dass Sie an seiner Person, seiner Arbeit und seiner Gesundheit interessiert sind.
- In dem Gespräch machen Sie deutlich, dass Sie auf einen geregelten Arbeitsablauf großen Wert legen.
- Sie lassen erkennen, dass Sie offen sind für die Probleme Ihres Mitarbeiters.
- Sie geben Ihrem Mitarbeiter die Möglichkeit, über Arbeitsplatzbedingungen und die damit verbundenen Probleme zu sprechen.
- Gemeinsam mit Ihrem Mitarbeiter entwickeln Sie Lösungen zum Reduzieren der Fehlzeiten und einer Verbesserung der Arbeitsatmosphäre.

Checkliste: Wie gehen Sie mit den Fehlzeiten Ihrer Mitarbeiter um?

Sie fühlen sich als Vorgesetzter für die Gesundheit und das Wohlbefinden Ihrer Mitarbeiter verantwortlich.	❑
Als Führungskraft kümmern Sie sich um wirklich kranke Mitarbeiter.	❑
Mit regelmäßigen Befragungen und Gesprächen versuchen Sie, die Arbeitsmotivation Ihrer Mitarbeiter zu ergründen.	❑
Sie stellen sicher, dass Langzeit-Erkrankte regelmäßig besucht und über die betrieblichen Abläufe informiert werden.	❑
Sie sprechen konsequent diejenigen an, die sich auf Kosten der Kollegen zusätzliche Freizeit verschaffen.	❑
Ihre Mitarbeiter werden von Ihnen aufgeklärt, wie sich die Reduzierung der Fehlzeiten auf den unternehmerischen Erfolg auswirkt.	❑
Sie stellen Ihre ehrliche Sorge um die Gesundheit Ihres Mitarbeiters in den Mittelpunkt des Gesprächs.	❑
Ihr Mitarbeiter bekommt von Ihnen die Möglichkeit, seine belastenden Umstände der Arbeit zu schildern.	❑
Sie zeigen Verständnis für die Probleme Ihres Mitarbeiters und versuchen, eine Lösung zu finden.	❑
Durch Nachfragen versuchen Sie herauszubekommen, ob Ihr Mitarbeiter wirklich krank ist oder ob er lediglich „blaumacht".	❑
Sie klären Ihren Mitarbeiter deutlich über die Konsequenzen für durch ihn verschuldete Fehlzeiten auf.	❑
Durch häufige Fehlzeiten Ihres Mitarbeiters stellen Sie auch Ihr eigenes Führungsverhalten infrage.	❑
Ihr Ziel ist es, Ihren Mitarbeiter von seinem Fehlverhalten zu überzeugen und für seine Arbeit zu motivieren.	❑

Kopiervorlage

Mit der nebenstehenden Checkliste können Sie testen, wie gut Sie im Umgang mit dem Thema Fehlzeiten sind, gemessen am derzeitigen Stand der Forschung und Praxis.

Setzen Sie nur einen Haken, wenn Sie regelmäßig so vorgehen, wie in der Checklistenzeile beschrieben.

Falls Sie sich nur gelegentlich so verhalten, versuchen Sie herauszufinden, warum. Liegt es an den Personen, mit denen Sie umgehen? Denken Sie daran: Ihr Führungsverhalten bezüglich Fehlzeiten wird von allen daran gemessen, wie Sie mit jedem einzelnen Fall umgehen. Schieben Sie für Sie unbequeme Fälle hinaus, dann wirkt sich das auch auf die Motivation derjenigen Mitarbeiter aus, mit denen Sie konsequent umgehen.

Werten Sie Ihr Ergebnis selbst aus: Wie oft haben Sie einen Haken gesetzt? Wo konnten Sie keinen setzen? Was werden Sie tun, damit Sie in 3 Monaten mindestens einen Haken mehr setzen können?

Checkliste: Wie gehen Sie mit den Fehlzeiten Ihrer Mitarbeiter um?

Sie fühlen sich als Vorgesetzter für die Gesundheit und das Wohlbefinden Ihrer Mitarbeiter verantwortlich.	❑
Als Führungskraft kümmern Sie sich um wirklich kranke Mitarbeiter.	❑
Mit regelmäßigen Befragungen und Gesprächen versuchen Sie, die Arbeitsmotivation Ihrer Mitarbeiter zu ergründen.	❑
Sie stellen sicher, dass Langzeit-Erkrankte regelmäßig besucht und über die betrieblichen Abläufe informiert werden.	❑
Sie sprechen konsequent diejenigen an, die sich auf Kosten der Kollegen zusätzliche Freizeit verschaffen.	❑
Ihre Mitarbeiter werden von Ihnen aufgeklärt, wie sich die Reduzierung der Fehlzeiten auf den unternehmerischen Erfolg auswirkt.	❑
Sie stellen Ihre ehrliche Sorge um die Gesundheit Ihres Mitarbeiters in den Mittelpunkt des Gesprächs.	❑
Ihr Mitarbeiter bekommt von Ihnen die Möglichkeit, seine belastenden Umstände der Arbeit zu schildern.	❑
Sie zeigen Verständnis für die Probleme Ihres Mitarbeiters und versuchen, eine Lösung zu finden.	❑
Durch Nachfragen versuchen Sie herauszubekommen, ob Ihr Mitarbeiter wirklich krank ist oder ob er lediglich „blaumacht“.	❑
Sie klären Ihren Mitarbeiter deutlich über die Konsequenzen für durch ihn verschuldete Fehlzeiten auf.	❑
Durch häufige Fehlzeiten Ihres Mitarbeiters stellen Sie auch Ihr eigenes Führungsverhalten infrage.	❑
Ihr Ziel ist es, Ihren Mitarbeiter von seinem Fehlverhalten zu überzeugen und für seine Arbeit zu motivieren.	❑

Gesprächsvorbereitung

- Reservieren Sie für das Gespräch einen Raum, in dem Sie in Ruhe und ungestört sprechen können. Sie sollten sich ganz auf Ihren Mitarbeiter konzentrieren können, um die Ursache seiner Fehlzeiten zu erforschen.
- Planen Sie ausreichend Zeit für dieses Gespräch ein. Die Erfahrung hat gezeigt, dass Sie mindestens eine Stunde benötigen, um das Gespräch konstruktiv zu führen.
- Informieren Sie Ihren Mitarbeiter im Vorfeld, warum Sie ihn sprechen möchten.
- Fertigen Sie sich eine Fehlzeitenübersicht Ihres Mitarbeiters an. So haben Sie die Fehlzeiten auf einen Blick und erkennen mögliche Ursachen für den Arbeitsausfall.

Fehlzeiten-Übersicht			
Mitarbeiter:			
Zeitraum der Abwesenheit:			
Abwesenheitsgrund	**Häufigkeit**	**Länge**	**Wochentag**
Beispiel: Krankheit mit Attest	1-mal 3-mal	2 Wochen 2 Tage	jeweils freitags und montags
Beispiel: Krankheit ohne Attest	4-mal	1 Tag	freitags
Beispiel: Zu spät kommen	3-mal	1–3 Stunden	montags

Nutzen Sie den nebenstehenden Selbst-Test, um die Situation des Mitarbeiters vor dem Gespräch genau zu analysieren.

Gesprächsdurchführung

- Wählen Sie einen positiven Gesprächseinstieg. Dadurch baut sich die innere Anspannung Ihres Mitarbeiters ab.
- Eröffnen Sie das Gespräch ohne Schuldzuweisung. Sie müssen erst herausfinden, was hinter den Fehlzeiten Ihres Mitarbeiters steckt. **Beispiel:** „Herr Müller, ich habe Sie zum Gespräch gebeten, weil ich mit Ihnen über Ihre Fehlzeiten sprechen möchte."
- Schildern Sie dem Mitarbeiter Ihre Wahrnehmung. Sie lassen so erkennen, dass Sie sich für die Belange Ihres Mitarbeiters interessieren und ein Auge auf ihn haben.
- Bleiben Sie konkret. Vermeiden Sie Formulierungen wie „mehrmals", „häufiger" oder „des Öfteren." Fakten, die Ihren Vorwurf untermauern, liefert Ihnen hierfür die Fehlzeiten-Übersicht. Ihr Mitarbeiter hat keine Chance, seine Fehlzeiten abzustreiten.
- Schildern Sie die Wirkung, die das Verhalten des Mitarbeiters auf Sie hat. Wählen Sie auch hier deutliche Worte.
- Fragen Sie Ihren Mitarbeiter nach Gründen und Ursachen für die Fehlzeiten.
- Sagt Ihr Mitarbeiter offen, dass er nicht krank war, treffen Sie mit ihm eine Vereinbarung, wie er sich in Zukunft verhalten will. Halten Sie diese Vereinbarung schriftlich fest.
- Ist der Mitarbeiter nicht einsichtig, weisen Sie ihn auf die Folgen seiner Fehlzeiten und Konsequenzen hin, die ein erneutes häufiges Fehlen für ihn haben wird. Bleiben Sie mit den Konsequenzen noch im Unbestimmten. Nur auf Nachfrage durch Ihren Mitarbeiter sollten Sie konkrete Maßnahmen nennen wie Abmahnung oder Attest vom ersten Tag an.

Selbst-Test: Ist Ihr Arbeitsbereich anfällig für Fehlzeiten?

	auf keinen Fall		auf jeden Fall	
In meinem Unternehmen herrscht ein harmonisches Betriebsklima.	0	1	2	3
Mein Mitarbeiter wird entsprechend seinen Neigungen und Fähigkeiten eingesetzt und gefördert.	0	1	2	3
Ich pflege mit meinem Mitarbeiter eine offene Gesprächskultur.	0	1	2	3
Mein Mitarbeiter vertraut mir seine Probleme an.	0	1	2	3
Ich beziehe meinen Mitarbeiter in alle unternehmerischen Prozesse mit ein.	0	1	2	3
Ich pflege mit meinem Mitarbeitern einen menschlichen Umgang.	0	1	2	3
Mein Mitarbeiter ist motiviert und kommt gern zur Arbeit.	0	1	2	3
In regelmäßigen Sitzungen bespreche ich mit meinem Mitarbeiter Punkte der Zusammenarbeit und des Arbeitsablaufs.	0	1	2	3
Mein Mitarbeiter ist hilfsbereit.	0	1	2	3
Ich lasse meinen Mitarbeiter selbstständig arbeiten und fördere sein unternehmerisches und eigenverantwortliches Denken.	0	1	2	3
Gegenüber meinem Mitarbeiter verhalte ich mich berechenbar, fair und ohne emotionale Hoch- und Tiefphasen.	0	1	2	3
Mein Mitarbeiter akzeptiert mich als seinen Vorgesetzten.	0	1	2	3
Mein Mitarbeiter ist mit seinen Arbeitsbedingungen zufrieden.	0	1	2	3
Mein Mitarbeiter und ich sind ein Team. Ohne meinen Mitarbeiter kann ich die unternehmerischen Ziele nicht ansteuern.	0	1	2	3

Kopiervorlage

- Schließen Sie das Gespräch mit freundlichen Worten ab. Das zeigt Ihrem Mitarbeiter, dass Sie nicht nachtragend sind und ihm eine Chance auf Verbesserung geben.

Test-Auswertung:

Ziehen Sie mit einem Bleistift **Ihre Ergebnislinie** - von oben nach unten - und betrachten Sie anschließend Ihre Linie:
a. Sie fahren einen Zick-Zack-Kurs.
b. Ihre Linie ist gerade, weil Sie nur „0" oder „1" angekreuzt haben.
c. Ihre Linie ist gerade, weil Sie nur „2" oder „3" angekreuzt haben.

a. Ihre Linie deckt sich mit Ihrem Führungsverhalten. Sie fahren einen Zick-Zack-Kurs und wissen eigentlich nicht, wie Sie führen sollen und wohin Ihr Weg gehen soll. Ihr Mitarbeiter weiß nicht, woran er mit Ihnen ist und reagiert durch Demotivation und Fehlzeiten. Das Büro wird von Ihren Mitarbeitern als reine Arbeitsstätte empfunden. Ohne Platz für Kommunikation und Zwischenmenschliches. Um seine Fehlzeiten zu reduzieren, benötigt Ihr Mitarbeiter jedoch Ihren Rückhalt und Ihren Beistand. Er will geführt, anerkannt und gefördert werden.

b. Auch mit diesem Testergebnis sollten Sie sich nicht zufrieden geben. Ist Ihre Linie gerade, weil Sie nur eine „0" oder eine „1" ankreuzen konnten, ist das Auswertungsergebnis für Sie nicht zufriedenstellend. In diesem Fall sollten Sie Ihren Führungsstil und Ihr Verhältnis zu den Mitarbeitern überdenken.

c. Mit diesem Testergebnis können Sie zufrieden sein, Dennoch ist jeder Tag eine neue Herausforderung. Nutzen Sie jeden Moment, jede Begegnung, um sich weiterzuentwickeln und an der Zukunft Ihres Mitarbeiters und Ihres Unternehmens zu arbeiten.

Selbst-Test: Ist Ihr Arbeitsbereich anfällig für Fehlzeiten?

	auf keinen Fall		auf jeden Fall	
In meinem Unternehmen herrscht ein harmonisches Betriebsklima.	0	1	2	3
Mein Mitarbeiter wird entsprechend seinen Neigungen und Fähigkeiten eingesetzt und gefördert.	0	1	2	3
Ich pflege mit meinem Mitarbeiter eine offene Gesprächskultur.	0	1	2	3
Mein Mitarbeiter vertraut mir seine Probleme an.	0	1	2	3
Ich beziehe meinen Mitarbeiter in alle unternehmerischen Prozesse mit ein.	0	1	2	3
Ich pflege mit meinem Mitarbeitern einen menschlichen Umgang.	0	1	2	3
Mein Mitarbeiter ist motiviert und kommt gern zur Arbeit.	0	1	2	3
In regelmäßigen Sitzungen bespreche ich mit meinem Mitarbeiter Punkte der Zusammenarbeit und des Arbeitsablaufs.	0	1	2	3
Mein Mitarbeiter ist hilfsbereit.	0	1	2	3
Ich lasse meinen Mitarbeiter selbstständig arbeiten und fördere sein unternehmerisches und eigenverantwortliches Denken.	0	1	2	3
Gegenüber meinem Mitarbeiter verhalte ich mich berechenbar, fair und ohne emotionale Hoch- und Tiefphasen.	0	1	2	3
Mein Mitarbeiter akzeptiert mich als seinen Vorgesetzten.	0	1	2	3
Mein Mitarbeiter ist mit seinen Arbeitsbedingungen zufrieden.	0	1	2	3
Mein Mitarbeiter und ich sind ein Team. Ohne meinen Mitarbeiter kann ich die unternehmerischen Ziele nicht ansteuern.	0	1	2	3

Wie Sie Fehlzeiten wirkungsvoll reduzieren können

Um Fehlzeiten wirksam zu reduzieren, sollten Sie Maßnahmen, Aktionen und Instrumente zu einem systematischen Analyse-Konzept bündeln.

Dazu gehören:

- Analyse von Fehlzeiten. Klopfen Sie dazu Statistiken aus dem eigenen Unternehmen auf Auffälligkeiten ab.
- Kontinuierliche Information der Mitarbeiter, um das Bewusstsein über Arbeitsunfähigkeit, Arbeitsfähigkeit und Arbeitsbereitschaft zu schärfen. Ihre Informationsstrategie sollte unterstützen und helfen, aber auch kontrollieren und disziplinieren.
- Maßnahmen zur Senkung von Fehlzeiten durch
  - Prüfen des eigenen Führungsverhaltens,
  - Kontaktaufnahme zu kranken Mitarbeitern,
  - Rückkehrgespräche,
  - geschulten Umgang mit Suchtkranken,
  - Arbeitsplatzgestaltung,
  - Angebote zu den Themen Sitzen, Ernährung und Bewegung.

Der nebenstehende Selbst-Test hilft Ihnen, das Fehlzeitengespräch mit Ihrem Mitarbeiter mit einer Gesamteinschätzung der Situation in Ihrer Abteilung zu untermauern.

Kopiervorlage

Selbst-Test: Wie steht es um Fehlzeiten in Ihrer Abteilung?

	Ja	Nein
Hat sich die Fehlzeitenrate in meiner Abteilung im letzten Jahr auffällig verändert?	❑	❑
Gibt es hierfür keine erkennbaren plausiblen Ursachen, wie beispielsweise Grippewellen?	❑	❑
Weichen die Fehlzeiten meines Bereichs von denen der anderen Bereiche im Unternehmen ab?	❑	❑
Weisen bestimmte Mitarbeitergruppen besonders hohe Fehlzeiten auf?	❑	❑
Sind die Vorschriften über Arbeitsplatzsicherheit und Gesundheitsschutz nicht eingehalten worden?	❑	❑
Sind die Arbeitsplätze, Arbeitsabläufe und Arbeitsumgebung nicht optimal gestaltet?	❑	❑
Werden meine Mitarbeiter durch einfache, monotone Aufgaben unterfordert oder frustriert?	❑	❑
Gibt es Hinweise auf Unzufriedenheit meiner Mitarbeiter wegen Unterbezahlung?	❑	❑
Gibt es Mitarbeiter, die besonders hohe Fehlzeiten aufweisen?	❑	❑
Fehlen Mitarbeiter kurz vor oder nach Wochenenden oder Feiertagen?	❑	❑
Gibt es Mitarbeiter, die dann fehlen, wenn Überstunden oder Mehrarbeit zu bewältigen sind?	❑	❑
Gibt es Mitarbeiter, die längerfristig fehlen?	❑	❑
Habe ich es versäumt, mit längerfristig fehlenden Mitarbeitern zu sprechen?	❑	❑
Es gibt keine Mitarbeiter, die selten oder überhaupt nicht fehlen.	❑	❑

Hinweise zum Selbst-Test:

Betrachten Sie die Prüffragen der Fehlzeiten-Analyse gewissermaßen als eine Lupe für Sie, um Ursachen und Einflussfaktoren zu lokalisieren. Sie schaffen sich so eine gediegene Grundlage, um Fehlzeiten konkret beeinflussen zu können.

Test-Auswertung:

Haben Sie **mehr als die Hälfte** der Fehlzeitenanalyse **mit „Ja“** angekreuzt, bleiben Ihre Mitarbeiter Ihrer Abteilung lieber fern, als regelmäßig mit Freude zur Arbeit zu kommen.

Analysieren Sie nun konkret die Ursachen:

- Warum fehlt mein Mitarbeiter?
- Was steckt hinter dem Arbeitsausfall?
- Was kann ich gegen die Fehlzeiten unternehmen?
- Wie gehe ich konkret vor?

Beantworten Sie jeden einzelnen Punkt und arbeiten Sie ihn schriftlich aus. Führen Sie Ihren Plan konsequent aus. Setzen Sie sich einen Termin, bis wann Sie Ihren Plan zur Reduzierung der Fehlzeiten umgesetzt haben wollen. Verbessern Sie ihn gegebenenfalls, und führen Sie mit Ihrem Mitarbeiter dazu regelmäßig Rückmeldegespräche. So bleiben Sie immer auf dem Laufenden.

Selbst-Test: Wie steht es um Fehlzeiten in Ihrer Abteilung?

	Ja	Nein
Hat sich die Fehlzeitenrate in meiner Abteilung im letzten Jahr auffällig verändert?	❑	❑
Gibt es hierfür keine erkennbaren plausiblen Ursachen, wie beispielsweise Grippewellen?	❑	❑
Weichen die Fehlzeiten meines Bereichs von denen der anderen Bereiche im Unternehmen ab?	❑	❑
Weisen bestimmte Mitarbeitergruppen besonders hohe Fehlzeiten auf?	❑	❑
Sind die Vorschriften über Arbeitsplatzsicherheit und Gesundheitsschutz nicht eingehalten worden?	❑	❑
Sind die Arbeitsplätze, Arbeitsabläufe und Arbeitsumgebung nicht optimal gestaltet?	❑	❑
Werden meine Mitarbeiter durch einfache, monotone Aufgaben unterfordert oder frustriert?	❑	❑
Gibt es Hinweise auf Unzufriedenheit meiner Mitarbeiter wegen Unterbezahlung?	❑	❑
Gibt es Mitarbeiter, die besonders hohe Fehlzeiten aufweisen?	❑	❑
Fehlen Mitarbeiter kurz vor oder nach Wochenenden oder Feiertagen?	❑	❑
Gibt es Mitarbeiter, die dann fehlen, wenn Überstunden oder Mehrarbeit zu bewältigen sind?	❑	❑
Gibt es Mitarbeiter, die längerfristig fehlen?	❑	❑
Habe ich es versäumt, mit längerfristig fehlenden Mitarbeitern zu sprechen?	❑	❑
Es gibt keine Mitarbeiter, die selten oder überhaupt nicht fehlen.	❑	❑

Fördergespräch (1/2)

Grundlagen eines Fördergesprächs

Zielsetzung eines Förder- oder Entwicklungsgesprächs ist die gegenseitige Klärung von Möglichkeiten, wie die Unternehmens- und Mitarbeiterentwicklung in eine produktive Beziehung gebracht werden kann. Folgende Punkte sollten Sie in einem Fördergespräch beachten:

- Ihr Mitarbeiter sollte die Gelegenheit bekommen, seine Entwicklungswünsche zu äußern.
- Ihr Mitarbeiter sollte eine Selbsteinschätzung im Hinblick auf seinen momentanen Entwicklungsstand vornehmen können.
- Ihr Mitarbeiter sollte von Ihnen eine Rückmeldung über seinen derzeitigen Entwicklungsstand erhalten.
- Ihr Mitarbeiter sollte Klarheit über Entwicklungsmöglichkeiten durch Impulse von Ihnen (Fragen, Anregungen) bekommen.
- Ihr Mitarbeiter sollte über Zielsetzungen und laufende Aktivitäten Ihres Unternehmens informiert werden.
- Sie sollten Ihrem Mitarbeiter keine unrealistischen Angebote machen.
- Sie sollten Entwicklungswünsche und Angebote Ihres Unternehmens in Einklang bringen.
- Sie sollten Fördermaßnahmen für die Weiterentwicklung Ihres Mitarbeiters festlegen.

1

Ein Fördergespräch können Sie – im Unterschied zum Beurteilungs- oder Mitarbeiterjahresgespräch – ohne formalen Anlass zu jedem Zeitpunkt führen.

2

Es kann sowohl von Ihnen als auch vom Mitarbeiter initiiert werden, um Weiterentwicklungsmöglichkeiten zu besprechen.

3

Als Mittelpunkt des Gesprächs sollten Sie die Stärken und Möglichkeiten Ihres Mitarbeiters sehen. Führen Sie nur seine Defizite auf, werden Sie eine motivierende Wirkung verfehlen.

4

Das Fördergespräch sollten Sie deutlich von einem Beurteilungsgespräch abgrenzen. Konzentrieren Sie sich auf die Neigungen und Anlagen Ihres Mitarbeiters, um diese weiterzuentwickeln. Beachten Sie dabei die Eigenschaften verschiedener Mitarbeitertypen:

Der Spezialist
Ihr Mitarbeiter konzentriert sich auf die Weiterentwicklung seiner Fach- und Sachkenntnisse. Er fühlt sich wohl, wenn er schwierige Aufgaben mit seinem Expertenwissen lösen kann. Übergreifende und fachfremde Aufgaben liegen ihm nicht.

Der Manager
Er verknüpft gern Aktivitäten und Ergebnisse verschiedener Unternehmensbereiche. Sein Ziel ist das Führen mehrerer Verantwortungsbereiche.

Der Sicherheitsdenker
Sein Bestreben ist die Verwurzelung an einem bestimmten Wohnort und ein zukunftssicherer Beruf. Einen Aufstieg mit Risiko lehnt er ab.

Der Idealist
Persönliche Wertvorstellungen und ethische Ideale spielen bei ihm eine große Rolle. Für Aktivitäten, die seine Ideale verraten, gibt er seinen Arbeitsplatz auf.

Der Balance-Streber
Sein Ziel ist die Balance zwischen Beruf und Privatleben. Private Interessen nehmen bei ihm einen hohen Stellenwert ein. Berufliches Fortkommen spielt bei ihm nur eine Nebenrolle.

Selbst-Test: Was bedeutet für Sie ein Fördergespräch?

		Ja	Nein
1	Führen Sie regelmäßig Fördergespräche mit Ihrem Mitarbeiter, um seine persönliche Entwicklung auszubauen?	❑	❑
2	Haben Sie sich in der Vergangenheit für die Wünsche und Bedürfnisse Ihres Mitarbeiters interessiert?	❑	❑
	Sind Sie offen gegenüber den Wünschen Ihres Mitarbeiters nach Weiterentwicklung?	❑	❑
3	Fördern Sie bei Ihrem Mitarbeiter Eigenverantwortung und unternehmerisches Denken?	❑	❑
	Verdeutlichen Sie Ihrem Mitarbeiter seine Stärken, um ihn für seine Arbeit zu motivieren?	❑	❑
4	Führen Sie Ihr Fördergespräch nach dem Motto „Jeder Mitarbeiter besitzt Stärken"?	❑	❑
	Kennen Sie die Neigungen Ihres Mitarbeiters, um ihn seinen Fähigkeiten entsprechend am Arbeitsplatz einzusetzen?	❑	❑
5	Geben Sie Ihrem Mitarbeiter Gelegenheit zu einer Selbsteinschätzung?	❑	❑
6	Besteht zwischen Ihrem Mitarbeiter und Ihnen ein Vertrauensverhältnis?	❑	❑
	Beziehen Sie Ihren Mitarbeiter in die Aktivitäten Ihres Unternehmens mit ein, die Einfluss auf seine Karriere haben?	❑	❑
	Freuen Sie sich ehrlich über positive Entwicklungen Ihres Mitarbeiters, und fördern Sie uneingeschränkt seine weitere Entwicklung, auch wenn er besser wird als Sie?	❑	❑

Kopiervorlage

5

Hilfreich bei der Stärkenanalyse Ihres Mitarbeiters ist die Verknüpfung Ihrer Wahrnehmung von positiven Veranlagungen Ihres Mitarbeiters mit der Selbsteinschätzung Ihres Mitarbeiters. Damit vermeiden Sie Fehlentscheidungen bei der beruflichen Weichenstellung.

6

Das größte Hindernis für die persönliche Entwicklung Ihres Mitarbeiters ist das fehlende Vertrauen in seine Stärken und Fähigkeiten. Ihr Mitarbeiter wird sich Ihnen gegenüber wie ein Fremder fühlen. Ehrliche Gedanken wird er für sich behalten.

Test-Auswertung:

Haben Sie **mehr als die Hälfte der Fragen mit „Nein"** beantwortet, besteht zwischen Ihnen und Ihrem Mitarbeiter ein angespanntes und distanziertes Verhältnis. Offene Worte werden vermieden, es besteht eine reine Zweckgemeinschaft ohne Ideale und gemeinsame Interessen. Auf dieser Basis lässt sich schwer eine produktive Zukunft mit Ihrem Mitarbeiter aufbauen. Überwinden Sie diese fruchtlose Beziehungsebene. Fangen Sie an, sich Ihrem Mitarbeiter gegenüber zu öffnen. Fragen Sie nach seiner Arbeit, erkundigen Sie sich nach seinem Befinden. Besprechen Sie mit ihm regelmäßig Ihre Unternehmenspläne. So wird Ihr Mitarbeiter das Gefühl bekommen, Ihr Partner zu sein.

Selbst-Test: Was bedeutet für Sie ein Fördergespräch?

	Ja	Nein
Führen Sie regelmäßig Fördergespräche mit Ihrem Mitarbeiter, um seine persönliche Entwicklung auszubauen?	❏	❏
Haben Sie sich in der Vergangenheit für die Wünsche und Bedürfnisse Ihres Mitarbeiters interessiert?	❏	❏
Sind Sie offen gegenüber den Wünschen Ihres Mitarbeiters nach Weiterentwicklung?	❏	❏
Fördern Sie bei Ihrem Mitarbeiter Eigenverantwortung und unternehmerisches Denken?	❏	❏
Verdeutlichen Sie Ihrem Mitarbeiter seine Stärken, um ihn für seine Arbeit zu motivieren?	❏	❏
Führen Sie Ihr Fördergespräch nach dem Motto „Jeder Mitarbeiter besitzt Stärken"?	❏	❏
Kennen Sie die Neigungen Ihres Mitarbeiters, um ihn seinen Fähigkeiten entsprechend am Arbeitsplatz einzusetzen?	❏	❏
Geben Sie Ihrem Mitarbeiter Gelegenheit zu einer Selbsteinschätzung?	❏	❏
Besteht zwischen Ihrem Mitarbeiter und Ihnen ein Vertrauensverhältnis?	❏	❏
Beziehen Sie Ihren Mitarbeiter in die Aktivitäten Ihres Unternehmens mit ein, die Einfluss auf seine Karriere haben?	❏	❏
Freuen Sie sich ehrlich über positive Entwicklungen Ihres Mitarbeiters, und fördern Sie uneingeschränkt seine weitere Entwicklung, auch wenn er besser wird als Sie?	❏	❏

Gesprächsvorbereitung

- Die Wünsche und Potenziale Ihres Mitarbeiters sollten im Zentrum des Gesprächs stehen. Machen Sie sich daher im Vorfeld sorgfältige Gedanken über mögliche Entwicklungswege.
- Klären Sie, welche Stärken Ihr Mitarbeiter bislang an seinem Arbeitsplatz sichtbar werden ließ. Wo war Ihr Mitarbeiter unzufrieden, wo stimmten die Rahmenbedingungen nicht?
- Überlegen Sie sich konkrete mögliche Entwicklungsmaßnahmen. Welche sind sinnvoll, welche sollten Sie mit Ihrem Mitarbeiter diskutieren? Wie könnte eine längerfristige Karriereplanung für den Mitarbeiter aussehen?
- Machen Sie sich eine Liste mit Fragen zu Neigungen und persönlichen Zielperspektiven Ihres Mitarbeiters.
- Auch Ihr Mitarbeiter sollte sich Gedanken über seine gegenwärtige berufliche Situation machen und welche Weiterentwicklung er anstrebt. Kündigen Sie daher den Gesprächstermin frühzeitig an. Händigen Sie dem Mitarbeiter vorher einen strukturierten Bogen zur Vorbereitung des Gesprächs aus. So können Sie und Ihr Mitarbeiter die gleichen Themen vorbereiten.

Gesprächsdurchführung

- Schaffen Sie eine positive Gesprächsatmosphäre. Reden Sie über ein neutrales Thema, seien Sie freundlich und aufgeschlossen.
- Arbeiten Sie den Vorbereitungsbogen mit Ihrem Mitarbeiter durch. Fragen Sie nach seinen Zielen, Interessen, Erwartungen und Wünschen.
- Orientieren Sie sich bei der Erarbeitung der Ziele nicht nur an den betrieblichen Erfordernissen, sondern auch an den Bedürfnissen und Erwartungen Ihres Mitarbeiters.
- Geben Sie Ihre Einschätzung bezüglich der Stärken Ihres Mitarbeiters ab, und vergleichen Sie sie gemeinsam mit der Selbsteinschätzung Ihres Mitarbeiters.
- Besprechen Sie gemeinsam die betrieblichen Möglichkeiten. Vereinbaren Sie konkrete Entwicklungsschritte und Fördermaßnahmen hinsichtlich
  - weiterer Aufgaben
  - eines Wechsels in andere Aufgabengebiete
  - eines Auslandsaufenthalts
  - Weiterbildungsseminaren
  - Coaching
- Fassen Sie abschließend das Gespräch in einem kurzen Protokoll zusammen. Heben Sie insbesondere die neuen Gesichtspunkte hervor. Ihr Mitarbeiter sollte hoch motiviert sein und an seinen Erfolg glauben. Signalisieren Sie ihm Ihre volle Unterstützung.

Gesprächsnachbereitung

- Sorgen Sie dafür, dass die ersten Schritte in die Tat umgesetzt werden. Halten Sie Zusagen ein, da sonst das Vertrauensverhältnis gestört ist und Ihr Mitarbeiter den Glauben an den Erfolg verliert.
- Fragen Sie regelmäßig nach, ob sich die Erwartungen und Vereinbarungen mit der Realität decken. Bleiben Sie immer präsent.

Entwicklungsplan: Mitarbeiterförderung

Name des Mitarbeiters ________	Name des Vorgesetzten ________
Abteilung ________	Termin Fördergespräch ________

Entwicklungs-zeitraum (Jahr/Monat)	Termin für erstes Orientierungs-gespräch

Folgende Ziele des Mitarbeiters werden vereinbart : **Das Ziel wurde erreicht am:**

Folgende Entwicklungsmaßnahmen wurden vereinbart:

1. Einarbeitung in die folgenden neuen Aufgabengebiete:

2. Seminare, Kurse, Ausbildungslehrgänge, die besucht werden:

3. Teilnahme an folgenden Projektgruppen, Erfahrungsaustauschgruppen, Qualitätszirkeln:

4. Coaching

Mitarbeiterbilanz: Welche Verhaltensweisen des Mitarbeiters sind besonders gut, welche besonders negativ einzustufen? (1 = sehr gut, 2 = gut, 3 = zufrieden stellend, 4 = nicht hinnehmbar)

positive Verhaltensweisen	Begründung (warum?)	negative Verhaltensweisen	Begründung (warum?)

Kopiervorlage

Entwicklungsplan: Mitarbeiterförderung

Name des Mitarbeiters ______________________	Name des Vorgesetzten ______________________
Abteilung ______________________	Termin Fördergespräch ______________________

Entwicklungszeitraum (Jahr/Monat)	Termin für erstes Orientierungsgespräch

Folgende Ziele des Mitarbeiters werden vereinbart : | **Das Ziel wurde erreicht am:**

Folgende Entwicklungsmaßnahmen wurden vereinbart:

1. Einarbeitung in die folgenden neuen Aufgabengebiete:

2. Seminare, Kurse, Ausbildungslehrgänge, die besucht werden:

3. Teilnahme an folgenden Projektgruppen, Erfahrungsaustauschgruppen, Qualitätszirkeln:

4. Coaching

Mitarbeiterbilanz: Welche Verhaltensweisen des Mitarbeiters sind besonders gut, welche besonders negativ einzustufen? (1 = sehr gut, 2 = gut, 3 = zufrieden stellend, 4 = nicht hinnehmbar)

positive Verhaltensweisen	Begründung (warum?)	negative Verhaltensweisen	Begründung (warum?)

Fortbildungsgespräch

Durch Weiterbildungsmaßnahmen fördern Sie die Fähigkeiten Ihres Mitarbeiters und erhöhen seine berufliche Qualifikation. In einem Fortbildungsgespräch können Sie Ihren Mitarbeiter von der Notwendigkeit einer Fortbildung überzeugen und ihn motivieren, an seiner Weiterbildung mitzuarbeiten.

Gesprächsziel

- Ihr Mitarbeiter soll positiv auf ein anstehendes Seminar eingestimmt werden.
- Ihr Mitarbeiter bekommt von Ihnen die Ziele und Inhalte eines Seminars erläutert.
- Ihr Mitarbeiter soll seine eigenen Lernwünsche und Ziele erkennen.
- Ihr Mitarbeiter kann eigene Lernanregungen vorbringen.

Gesprächsablauf

- Gehen Sie zu Gesprächsbeginn auf die Arbeit Ihres Mitarbeiters ein, und loben Sie ihn für sein Engagement und die gute Arbeit, die er leistet.
- Erläutern Sie den Gesprächsanlass, und erklären Sie, warum Sie ein Seminar für notwendig halten. Zum Beispiel:
  - Sie wollen Ihren Mitarbeiter in seiner Weiterbildung unterstützen.
  - Sie halten viel von seiner Arbeit, wollen ihn für seine Aufgaben besser qualifizieren und ihm somit die Chance für eine Beförderung geben.
  - Sie sind der Meinung, dass Ihr Mitarbeiter auf dem richtigen Weg ist, aber eine Vertiefung der Kenntnisse notwendig ist.
- Gehen Sie mit Ihrem Mitarbeiter den Seminarinhalt durch, und weisen Sie ihn auf Stellen hin, die für seinen Arbeitsbereich speziell wichtig sind. Nennen Sie dabei konkrete Praxisbeispiele, an denen Ihr Mitarbeiter den Nutzen des Seminars nachvollziehen kann.
- Fragen Sie Ihren Mitarbeiter nach seinen beruflichen Zielen, und hören Sie seine Lernwünsche an. Bestärken Sie ihn in seinem Vorhaben.
- Vereinbaren Sie mit Ihrem Mitarbeiter ein Nachgespräch, um das Seminarergebnis gemeinsam zu besprechen.

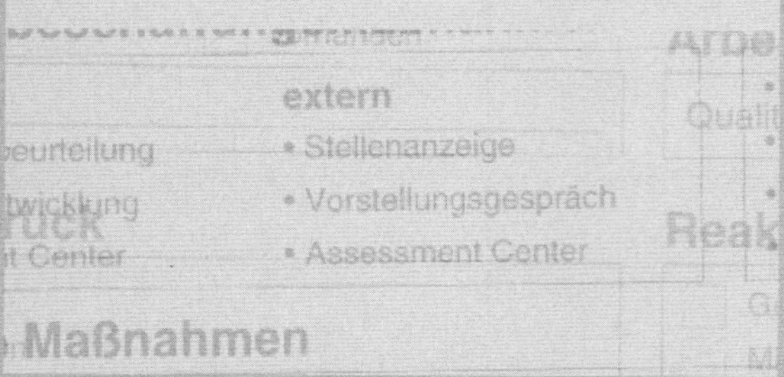

Checkliste: So motivieren Sie Ihren Mitarbeiter für ein Seminar

Ich erläutere meinem Mitarbeiter, wie nutzbringend und förderlich sich ein Seminar auf seine berufliche Zukunft auswirkt.	❑
Ich spreche mit ihm über seine Arbeit und analysiere gemeinsam mit ihm, wo Lücken vorhanden und zusätzliche Kenntnisse notwendig sind.	❑
Ich lobe die Arbeit meines Mitarbeiters und bringe zum Ausdruck, wie sehr ich sein Engagement schätze.	❑
Anhand von Praxisbeispielen aus seiner Arbeit versuche ich, ihm den Sinn eines Seminars zu verdeutlichen.	❑
Ich erkläre meinem Mitarbeiter Seminarziel und Inhalt, um zu zeigen, dass ich ihn gezielt fördere und seine Weiterentwicklung verfolge.	❑
Ich frage meinen Mitarbeiter nach seinen beruflichen Zielen.	❑
Ich lasse meinen Mitarbeiter erläutern, welches seine Lernziele sind und was er sich von einem Seminarbesuch verspricht.	❑
Ich habe an meinen Mitarbeiter keine zu hohen Lernansprüche, um ihm den Spaß am Seminar nicht zu nehmen.	❑
Auch wenn mein Mitarbeiter Probleme bei seiner Arbeit hat, drücke ich meine Wertschätzung ihm gegenüber aus und mache ihm klar, dass wir durch das Seminar in seine Arbeitskraft und betriebliche Zukunft investieren.	❑
Um meinem Mitarbeiter die Wichtigkeit des Seminars zu verdeutlichen, vereinbare ich mit ihm einen weiteren Gesprächstermin, um Maßnahmen zu treffen und konkrete Verbesserungen seiner Arbeit umzusetzen.	❑

Checkliste: So motivieren Sie Ihren Mitarbeiter für ein Seminar

Ich erläutere meinem Mitarbeiter, wie nutzbringend und förderlich sich ein Seminar auf seine berufliche Zukunft auswirkt.	❑
Ich spreche mit ihm über seine Arbeit und analysiere gemeinsam mit ihm, wo Lücken vorhanden und zusätzliche Kenntnisse notwendig sind.	❑
Ich lobe die Arbeit meines Mitarbeiters und bringe zum Ausdruck, wie sehr ich sein Engagement schätze.	❑
Anhand von Praxisbeispielen aus seiner Arbeit versuche ich, ihm den Sinn eines Seminars zu verdeutlichen.	❑
Ich erkläre meinem Mitarbeiter Seminarziel und Inhalt, um zu zeigen, dass ich ihn gezielt fördere und seine Weiterentwicklung verfolge.	❑
Ich frage meinen Mitarbeiter nach seinen beruflichen Zielen.	❑
Ich lasse meinen Mitarbeiter erläutern, welches seine Lernziele sind und was er sich von einem Seminarbesuch verspricht.	❑
Ich habe an meinen Mitarbeiter keine zu hohen Lernansprüche, um ihm den Spaß am Seminar nicht zu nehmen.	❑
Auch wenn mein Mitarbeiter Probleme bei seiner Arbeit hat, drücke ich meine Wertschätzung ihm gegenüber aus und mache ihm klar, dass wir durch das Seminar in seine Arbeitskraft und betriebliche Zukunft investieren.	❑
Um meinem Mitarbeiter die Wichtigkeit des Seminars zu verdeutlichen, vereinbare ich mit ihm einen weiteren Gesprächstermin, um Maßnahmen zu treffen und konkrete Verbesserungen seiner Arbeit umzusetzen.	❑

Gehaltsgespräch

Als Führungskraft ist es Ihre Aufgabe, sich für eine leistungsgerechte Bezahlung Ihrer Mitarbeiter einzusetzen. Andererseits sollten Sie auch die Interessen des Unternehmens im Blick haben. Sie können daher nicht jedem Gehaltswunsch nachgeben.

2 Gesprächsvarianten gilt es bei einem Gehaltsgespräch zu beachten:

a) Die Initiative der Gehaltsverhandlung geht von Ihrem Mitarbeiter aus. Dabei werden Gehaltsgespräche gefordert, weil
- Ihr Mitarbeiter engagiert und gut arbeitet und dafür eine angemessene Bezahlung fordert.
- Ihr Mitarbeiter von der Gehaltserhöhung eines Kollegen weiß.
- Ihr Mitarbeiter unzufrieden ist.

Gesprächsdurchführung

- Vermeiden Sie eine spontane Gesprächsführung und vereinbaren Sie mit Ihrem Mitarbeiter einen festen Termin an einem geeigneten Ort. Sie sollten die Möglichkeit haben, sich gut auf das Gespräch vorzubereiten und gegebenenfalls Argumente zu sammeln, die gegen eine Gehaltserhöhung sprechen.
- Sorgen Sie während des Gesprächs für eine gute Stimmung. Ihr Mitarbeiter ist wahrscheinlich innerlich angespannt und nervös.
- Geben Sie Ihrem Mitarbeiter während des Gesprächs das Gefühl, dass Sie seine Forderung ernst nehmen. Unabhängig davon, ob Sie seinem Wunsch nachgeben wollen oder nicht. Betrachten Sie Ihren Mitarbeiter nicht als Bittsteller, sondern signalisieren Sie ihm, dass Sie bereit sind, für seine Arbeit ein gerechtes Gehalt zu zahlen.
- Bleiben Sie während des gesamten Gesprächs freundlich, ruhig und geduldig. Auch wenn Sie den Gehaltswunsch nicht nachvollziehen können, sollten Sie keine negativen Gedanken Ihrem Mitarbeiter gegenüber haben. Aus seiner Sicht ist die Gehaltsforderung gerechtfertigt.
- Lehnen Sie die Gehaltsforderung Ihres Mitarbeiters ab, sollten Sie diese Ablehnung begründen:
  - Die Leistung und Qualifikation Ihres Mitarbeiters entspricht nicht seinem Gehaltswunsch. Erklären Sie ihm, wo Sie Handlungsbedarf sehen, wo seine Arbeit noch verbessert werden muss. Achten Sie darauf, dass Ihr Mitarbeiter auch bei einer Ablehnung motiviert und positiv gestimmt aus dem Gespräch herausgehen kann.
  - Das Unternehmen unterliegt einer Gehaltsstruktur, die momentan keine Erhöhung in diesem Bereich zulässt.
  - Durch die wirtschaftliche Situation ist eine Gehaltserhöhung zu diesem Zeitpunkt nicht möglich.
  - Von höherer Stelle aus sind keine Gehaltserhöhungen zu diesem Zeitpunkt geplant.
- Nehmen Sie sich ausreichend Zeit, auch den Argumenten Ihres Mitarbeiter zuzuhören. Nutzen Sie dabei die Gesprächstechnik des aktiven Zuhörens. Dabei bauen Sie eine positive Gesprächsebene zu Ihrem Mitarbeiter auf und bestätigen seine Aussagen durch Zwischenfragen oder Gesten.
- Kontrollieren Sie die Gesprächsführung, und ermuntern Sie Ihren Mitarbeiter zum Sprechen. So fühlt sich Ihr Mitarbeiter ernst genommen.

Checkliste: Wie konstruktiv führen Sie ein Gehaltsgespräch mit einem Mitarbeiter?

Ich nutze das Gehaltsgespräch dazu, meinem Mitarbeiter den Status quo seiner Arbeitsleistung darzulegen.	❑
Ziel meines Gehaltsgespräches ist es auch, meinen Mitarbeiter für seine Arbeit zu motivieren, ihm aber auch seine Stärken und Schwächen aufzuzeigen.	❑
Ich respektiere die Gehaltsforderung meines Mitarbeiters, auch wenn ich anderer Meinung bin.	❑
Lehne ich die Gehaltsforderung meines Mitarbeiters ab, ist es mir wichtig, dass er meine Entscheidung nachvollziehen kann.	❑
Um Demotivation und Frust bei einer Gehaltsablehnung zu vermeiden, argumentiere ich mit Fakten, warum ich mich gegen eine Gehaltserhöhung entschieden habe.	❑
Ich bin den Argumenten meines Mitarbeiters gegenüber offen eingestellt und notiere mir seine Punkte, um diese zu überdenken.	❑
Auch wenn ich von vornherein mit der Gehaltsforderung nicht einverstanden bin, gebe ich meinem Mitarbeiter die Chance, seinen Wunsch zu begründen.	❑
Ich erläutere mit meinem Mitarbeiter gemeinsam Maßnahmen, die zu einer Verbesserung seiner Arbeitsleistung beitragen.	❑
Haben mich die Argumente meines Mitarbeiters überzeugt, vereinbare ich mit ihm einen Entscheidungstermin, um über die neue Gehaltsvereinbarung zu reden.	❑
Ich spreche eine Gehaltserhöhung nicht lapidar aus, sondern sorge für ■ eine entsprechende Atmosphäre ■ einen ruhigen Besprechungsraum ■ eine Vermeidung von Störungen ■ eine freundliche Umgebung ■ eine positive Verhandlungsbereitschaft und Gesprächsführung	 ❑ ❑ ❑ ❑ ❑
Damit mein Mitarbeiter das Gefühl bekommt, die Gehaltserhöhung verdient zu haben, erläutere ich ihm seine positiven Leistungen.	❑
Ich spreche abschließend noch ein Lob aus und ermuntere ihn, so positiv wie bisher weiterzuarbeiten.	❑
Ich freue mich ehrlich mit meinem Mitarbeiter und bin offenkundig stolz auf seine Leistung.	❑

Kopiervorlage

- Machen Sie abschließend mit Ihrem Mitarbeiter einen Zielplan, wie er seine Arbeit konkret verbessern kann und somit seine Chance auf eine Gehaltserhöhung steigert (soweit die Ablehnung mit seiner Arbeitsleistung zu tun hat).
- Wird Ihre Ablehnung aus unternehmerischer Sicht begründet, erläutern Sie Ihrem Mitarbeiter durch konkrete Zahlen oder Fakten die Perspektive für eine Gehaltserhöhung. Sehen Sie in Ihrem Mitarbeiter einen Mitunternehmer, der ein Recht auf Information hat. So fühlt sich Ihr Mitarbeiter integriert und hat Verständnis für die Ablehnung.
- Wollen Sie über die Gehaltsforderung Ihres Mitarbeiters nachdenken, nennen Sie einen Entscheidungstermin. Klären Sie dazu wichtige Rahmenbedingungen wie Zahl der Betriebsjahre, Entwicklung des Gehalts, Gehaltshöhe und neue Aufgaben.

b) Das Gehaltsgespräch wird von Ihrer Seite aus angeregt.

Gesprächsdurchführung

- Sorgen Sie für einen ruhigen Platz. Auch bei dieser positiven Gehaltsbesprechung ist es wichtig, dass Sie sich auf Ihren Mitarbeiter konzentrieren und dieser Ihre Gehaltserhöhung nachvollziehen kann.
- Erläutern Sie Ihrem Mitarbeiter den Grund für die Gehaltserhöhung. Gehen Sie auf seine guten Leistungen ein. Nennen Sie dabei konkrete Begebenheiten, wo Ihr Mitarbeiter sich ausgezeichnet hat. Das zeigt Ihrem Mitarbeiter, dass Sie sich für ihn interessieren und genau wissen, was er Ihnen wert ist.
- Freuen Sie sich abschließend mit Ihrem Mitarbeiter und ermuntern Sie ihn, so positiv weiterzumachen.

Checkliste: Wie konstruktiv führen Sie ein Gehaltsgespräch mit einem Mitarbeiter?

Ich nutze das Gehaltsgespräch dazu, meinem Mitarbeiter den Status quo seiner Arbeitsleistung darzulegen.	❑
Ziel meines Gehaltsgespräches ist es auch, meinen Mitarbeiter für seine Arbeit zu motivieren, ihm aber auch seine Stärken und Schwächen aufzuzeigen.	❑
Ich respektiere die Gehaltsforderung meines Mitarbeiters, auch wenn ich anderer Meinung bin.	❑
Lehne ich die Gehaltsforderung meines Mitarbeiters ab, ist es mir wichtig, dass er meine Entscheidung nachvollziehen kann.	❑
Um Demotivation und Frust bei einer Gehaltsablehnung zu vermeiden, argumentiere ich mit Fakten, warum ich mich gegen eine Gehaltserhöhung entschieden habe.	❑
Ich bin den Argumenten meines Mitarbeiters gegenüber offen eingestellt und notiere mir seine Punkte, um diese zu überdenken.	❑
Auch wenn ich von vornherein mit der Gehaltsforderung nicht einverstanden bin, gebe ich meinem Mitarbeiter die Chance, seinen Wunsch zu begründen.	❑
Ich erläutere mit meinem Mitarbeiter gemeinsam Maßnahmen, die zu einer Verbesserung seiner Arbeitsleistung beitragen.	❑
Haben mich die Argumente meines Mitarbeiters überzeugt, vereinbare ich mit ihm einen Entscheidungstermin, um über die neue Gehaltsvereinbarung zu reden.	❑
Ich spreche eine Gehaltserhöhung nicht lapidar aus, sondern sorge für ■ eine entsprechende Atmosphäre ■ einen ruhigen Besprechungsraum ■ eine Vermeidung von Störungen ■ eine freundliche Umgebung ■ eine positive Verhandlungsbereitschaft und Gesprächsführung	 ❑ ❑ ❑ ❑ ❑
Damit mein Mitarbeiter das Gefühl bekommt, die Gehaltserhöhung verdient zu haben, erläutere ich ihm seine positiven Leistungen.	❑
Ich spreche abschließend noch ein Lob aus und ermuntere ihn, so positiv wie bisher weiterzuarbeiten.	❑
Ich freue mich ehrlich mit meinem Mitarbeiter und bin offenkundig stolz auf seine Leistung.	❑

Jahresgespräch (1/3)

Grundlagen eines Jahresgesprächs

Ziel eines Jahresgesprächs ist es, gemeinsam mit Ihrem Mitarbeiter auf die vergangenen Monate zurückzuschauen und motivierende „große“ Ziele für das kommende Jahr zu vereinbaren. Auf diese Weise kennt Ihr Mitarbeiter den Rahmen, in dem er sich in Bezug auf die vielfältigen Sachaufgaben frei bewegen kann. Er erfährt außerdem, worauf es im kommenden Jahr entscheidend ankommt.

Schwerpunkte eines Jahresgesprächs:

- Sie blicken gemeinsam mit Ihrem Mitarbeiter auf das zurückliegende Jahr.
- Sie informieren Ihren Mitarbeiter über die Unternehmensentwicklung und die Unternehmensziele.
- Sie vereinbaren Ziele für das kommende Jahr
  - Leistungsziele
  - Verhaltensziele
- Sie besprechen Fördermaßnahmen für Ihren Mitarbeiter.
- Sie erörtern Punkte wie
  - Zusammenarbeit zwischen Mitarbeiter und Führungskraft
  - Stärken und Verbesserungspotenziale Ihres Mitarbeiters

Voraussetzungen zum Führen eines Jahresgesprächs:

- Sorgen Sie für eine innere Bereitschaft, ein Jahresgespräch zu führen. Stellen Sie sich auf die Person Ihres Mitarbeiters ein, befassen Sie sich mit seinen Wünschen und Zielen.
- Zeigen Sie ohne Druck Probleme auf, analysieren Sie Erfolge bzw. Misserfolge. Das Gespräch sollte dazu genutzt werden, gangbare Lösungen zu finden, um die Zusammenarbeit zu verbessern: durch die Steigerung der Mitarbeiterfähigkeiten oder organisatorische Veränderungen.
- Erläutern Sie Ihrem Mitarbeiter den Gesamtzusammenhang, in welche Richtung Ihr Unternehmen gehen will und welche Werte die tragenden Werte sind. So erkennt Ihr Mitarbeiter, welchen Beitrag er mit seiner Leistung für die Zielerreichung der Organisation erbringen muss.

Vorbereitungsbogen: Jahresgespräch

Name des Mitarbeiters: ____________________

Gesprächstermin: ____________________

Uhrzeit: ____________________

Gesprächsort: ____________________

Merkmale der vergangenen Periode

Positiv	Negativ

Zielvereinbarungen des vergangenen Vereinbarungszeitraums (Was wurde nicht erreicht?)	Zielvereinbarungen für den nächsten Vereinbarungszeitraum (Was soll wann erreicht werden?)

Fördermaßnahmen für den kommenden Vereinbarungszeitraum	Notizen (Mögliche Fragen an den Mitarbeiter)

Kopiervorlage

Vorbereitungsbogen: Jahresgespräch

Name des Mitarbeiters: ______________________________

Gesprächstermin: ______________________________

Uhrzeit: ______________________________

Gesprächsort: ________________________

Merkmale der vergangenen Periode

Positiv	Negativ

Zielvereinbarungen des vergangenen Vereinbarungszeitraums (Was wurde nicht erreicht?)	Zielvereinbarungen für den nächsten Vereinbarungszeitraum (Was soll wann erreicht werden?)

Fördermaßnahmen für den kommenden Vereinbarungszeitraum	Notizen (Mögliche Fragen an den Mitarbeiter)

Jahresgespräch (2/3)

Gesprächsvorbereitung

- Legen Sie den Termin für das Jahresgespräch frühzeitig fest. So können Sie und Ihr Mitarbeiter sich sorgfältig darauf vorbereiten.
- Informieren Sie Ihren Mitarbeiter über die zu besprechenden Themen. Lassen Sie Ihren Mitarbeiter Stichpunkte, Fragen und Ziele formulieren, die seiner beruflichen Jahresplanung dienen.
- Reservieren Sie für das Gespräch einen Raum mit angenehmer Atmosphäre.
- Sorgen Sie dafür, dass Sie nicht gestört werden.
- Halten Sie sich mindestens eine Stunde frei. Das Gespräch sollte ohne Stress, Zeitdruck und Hektik verlaufen. Nur so können Sie wichtige Wege und Gedanken erarbeiten.
- Informieren Sie sich über den Protokollinhalt des letzten Jahresgesprächs. Sie können sich so einen Überblick über Vergangenheit und Status quo der Arbeitssituation Ihres Mitarbeiters verschaffen.
- Besorgen Sie sich die aktuelle Stellenbeschreibung Ihres Mitarbeiters. Decken sich Arbeitsplatzbeschreibung mit den Zielen und Wünschen Ihres Mitarbeiters? Wurden die Vorgaben erfüllt? Wo können Verbesserungen vorgenommen werden?
- Planen Sie den Ablauf des Jahresgesprächs durch, und machen Sie sich zu allen Aspekten Notizen.

Gesprächsdurchführung

- Mittelpunkt Ihres Jahresgesprächs sollte die gemeinsame Zielvereinbarung für das kommende Jahr sein.
- Halten Sie Rückschau auf die vergangenen Leistungen Ihres Mitarbeiters. So können Sie neue Ziele setzen und die Zukunft mit Ihrem Mitarbeiter gemeinsam gestalten.
- Gehen Sie die Leistungen Ihres Mitarbeiters durch. Wo sind Schwachpunkte zu bemerken, wo hat sich Ihr Mitarbeiter bewährt?
- Anhand der Beurteilungsmerkmale aus Ihrem Vorbereitungsbogen zum Jahresgespräch können Sie Ihre Wahrnehmungen über Leistungen und Verhalten Ihres Mitarbeiters besprechen. Achten Sie darauf, dass Ihr Mitarbeiter Gelegenheit bekommt, sich zu den einzelnen Punkten zu äußern.
- Bei den künftigen Zielvereinbarungen sollten Sie die Leistungsfähigkeit Ihres Mitarbeiters berücksichtigen:
  - Ein sehr guter Mitarbeiter braucht Ziele, die ihn fordern.
  - Ein weniger erfahrener Mitarbeiter muss erst an seine Aufgaben herangeführt werden.
- Achten Sie bei der Zielformulierung darauf, dass Ziele
  - präzise formuliert sind,
  - messbar sind,
  - terminlich festgelegt sein müssen.
- Geben Sie Ihrem Mitarbeiter die Möglichkeit, auch über Ihr Verhalten als Vorgesetzter zu sprechen. Sie erhalten so wichtige Hinweise zu Ihrem Führungsverhalten. Bewahren Sie jedoch bei Kritik Ruhe.
- Legen Sie Entwicklungsmaßnahmen fest. Das können Weiterbildung, Umschulung, Training on the job, Projektarbeit sein.
- Bestimmen Sie Zwischenkontrollen für die neue Beurteilungsperiode. Regelmäßige Rückfragen und ein Interesse Ihrerseits gewährleisten ein motiviertes Zielverfolgen Ihres Mitarbeiters.
- Stellen Sie durch Rückfragen sicher, dass Ihr Mitarbeiter mit den Beschlüssen einverstanden ist.

Fragenkatalog: Jahresgespräch

Fragen zur vergangenen Periode (Leistungsbeurteilung/Zielerreichung)

- Wie wurden die im letzten Jahresgespräch vereinbarten Ziele erreicht?
- Wie war die erbrachte Leistung bezüglich der folgenden Kriterien?
  - a) wirtschaftliches Verhalten
    - Termineinhaltung
    - Qualität der ausgeführten Arbeit
    - Arbeitsmenge
    - Fehlerhäufigkeit
    - zweckmäßiges Vorgehen
  - b) Einsatz und Initiative
    - Flexibilität
    - Bereitschaft zu Mehreinsatz
    - Interesse für den Arbeitsbereich
    - Kreativität
  - c) Selbstständigkeit
    - Erkennen von Problemen
    - Sinn für Eigenverantwortung
  - d) persönliches Verhalten
    - Belastbarkeit
    - Pünktlichkeit
    - Pflichtbewusstsein
    - Verlässlichkeit

Fragen zur Zielvereinbarung (Arbeits- und Verbesserungsziele)

- Welche Ziele werden vereinbart?
- Welche konkreten Vereinbarungen werden zur Unterstützung der Zielerreichung getroffen?
  - Termine
  - Verantwortlichkeiten

Fragen zum Entwicklungsplan und zu den Entwicklungszielen

- In welchem Umfang wurden die im letzten Jahresgespräch vereinbarten Entwicklungsziele erreicht?
- Welches sind die neuen Entwicklungsziele?
  - kurzfristige Ziele?
  - mittelfristige Ziele?
  - langfristige Ziele?
- Welche Potenziale bzw. Defizite sind vorhanden in Bezug auf die Entwicklungsziele?

Fragen zur Zusammenarbeit mit dem Mitarbeiter

- Wie war die Zusammenarbeit?
- Wie sieht der Mitarbeiter die Unterstützung durch den Vorgesetzten?
- Wie fühlt sich der Mitarbeiter im Kollegenteam aufgehoben?
- Wie fühlt sich der Mitarbeiter im gesamten Unternehmen aufgehoben?

Kopiervorlage

Nutzen Sie den Fragenkatalog, um das Jahresgespräch mit Ihrem Mitarbeiter zu steuern und gezielt zu einer Zielvereinbarung zu kommen.

Fragenkatalog: Jahresgespräch

Fragen zur vergangenen Periode (Leistungsbeurteilung/Zielerreichung)

- Wie wurden die im letzten Jahresgespräch vereinbarten Ziele erreicht?
- Wie war die erbrachte Leistung bezüglich der folgenden Kriterien?
  a) wirtschaftliches Verhalten
    - Termineinhaltung
    - Qualität der ausgeführten Arbeit
    - Arbeitsmenge
    - Fehlerhäufigkeit
    - zweckmäßiges Vorgehen
  b) Einsatz und Initiative
    - Flexibilität
    - Bereitschaft zu Mehreinsatz
    - Interesse für den Arbeitsbereich
    - Kreativität
  c) Selbstständigkeit
    - Erkennen von Problemen
    - Sinn für Eigenverantwortung
  d) persönliches Verhalten
    - Belastbarkeit
    - Pünktlichkeit
    - Pflichtbewusstsein
    - Verlässlichkeit

Fragen zur Zielvereinbarung (Arbeits- und Verbesserungsziele)

- Welche Ziele werden vereinbart?
- Welche konkreten Vereinbarungen werden zur Unterstützung der Zielerreichung getroffen?
  - Termine
  - Verantwortlichkeiten

Fragen zum Entwicklungsplan und zu den Entwicklungszielen

- In welchem Umfang wurden die im letzten Jahresgespräch vereinbarten Entwicklungsziele erreicht?
- Welches sind die neuen Entwicklungsziele?
  - kurzfristige Ziele?
  - mittelfristige Ziele?
  - langfristige Ziele?
- Welche Potenziale bzw. Defizite sind vorhanden in Bezug auf die Entwicklungsziele?

Fragen zur Zusammenarbeit mit dem Mitarbeiter

- Wie war die Zusammenarbeit?
- Wie sieht der Mitarbeiter die Unterstützung durch den Vorgesetzten?
- Wie fühlt sich der Mitarbeiter im Kollegenteam aufgehoben?
- Wie fühlt sich der Mitarbeiter im gesamten Unternehmen aufgehoben?

Wie Sie Fehler beim Jahresgespräch vermeiden

1 Mangelnde Informationen

Sie haben sich nicht genügend vorbereitet, es fehlt Ihnen an Informationen über die Entwicklung Ihres Mitarbeiters und seiner Arbeitssituation.

Folge: Sie können Ihrem Mitarbeiter keine zielgenaue Wegbeschreibung für seine zukünftige Arbeitsweise und Fortentwicklung geben. Es gibt keine Grundlage für gute Ideen, Anregungen und Lösungen.

2 Fehlendes Vertrauensverhältnis

Zwischen Ihnen und Ihrem Mitarbeiter besteht kein Vertrauen. Es werden nur unehrliche Freundlichkeiten ausgetauscht. Sie stehen sich wie Fremde gegenüber.

Folge: Die Gedanken über den anderen sind misstrauisch. Das Mitarbeitergespräch wird zur Farce und bringt beiden Seiten kein konstruktives Ergebnis.

3 Aneinander vorbeireden

Sie und Ihr Mitarbeiter hören sich gegenseitig nicht zu, reden aneinander vorbei und verfehlen den Zweck des Gesprächs.

Folge: Eine Zielvereinbarung in gegenseitigem Einvernehmen ist nicht möglich. Durch Missverständnisse entsteht Streit.

4 Versäumtes Protokoll

Der Inhalt des Jahresgesprächs wird von Ihnen nicht schriftlich festgehalten.

Folge: Ihr Mitarbeiter fühlt sich an die gemeinsamen Verabredungen nicht gebunden. Sie haben keine Möglichkeit, ihn bei Abweichungen von den Vereinbarungen zur Rechenschaft zu ziehen.

5 Ungenügende Rückmeldung

Das Jahresgespräch wird nur dazu benutzt, um einmal jährlich Anerkennung und Kritik anzubringen.

Folge: Ihr Mitarbeiter ist während des Jahres schlecht motiviert, da er keine Rückmeldung von Ihnen bekommt und sich allein gelassen fühlt.

6 Das Jahresgespräch als Druckmittel

Das Jahresgespräch wird von Ihnen als Druckmittel benutzt, um Ihren „störrischen" Mitarbeiter zu „zähmen".

Folge: Sie erreichen das genaue Gegenteil, denn einmaliger Druck verursacht eine Demotivation Ihres Mitarbeiters.

Checkliste: So vermeiden Sie Fehler beim Jahresgespräch

1	Beschäftigen Sie sich vor dem Jahresgespräch mit den Leistungen und dem Verhalten Ihres Mitarbeiters.	❑
	Sammeln Sie alle notwendigen Informationen, cie Ihnen ein möglichst objektives Gesamtbild Ihres Mitarbeiters vermitteln. Nur sc können Sie Lösungswege und Ziele entwickeln, die der Person Ihres Mitarbeiters gerecht werden.	❑
2	Bauen Sie ein Vertrauensverhältnis zu Ihrem Mitarbeiter auf, indem Sie Ihrem Mitarbeiter die Gelegenheit geben, seine Erwartungen und Ängste offen und ehrlich zu formulieren.	❑
	Handeln Sie immer glaubwürdig und nachvollziehbar.	❑
3	Achten Sie auf eine korrekte Gesprächsführung.	❑
	Lassen Sie Ihren Mitarbeiter aussprechen, und gewähren Sie ihm ausreichend Redeanteil.	❑
	Hören Sie Ihrem Mitarbeiter aufmerksam zu.	❑
	Nehmen Sie seine Einwände ernst.	❑
	Stellen Sie offene Fragen.	❑
4	Halten Sie das Jahresgespräch möglichst zeitnah schriftlich fest.	❑
	Geben Sie Ihrem Mitarbeiter eine Abschrift des Protokolls.	❑
5	Sprechen Sie Anerkennung und Kritik immer sofort aus, wenn Ihr Mitarbeiter gut oder schlecht gearbeitet hat.	❑
	Nutzen Sie Kritik und Anerkennung, um Ihrem Mitarbeiter zu zeigen, dass Sie seine Arbeitsleistung und sein Verhalten wahrnehmen.	❑
6	Führen Sie regelmäßige Gespräche mit Ihrem Mitarbeiter, um das gegenseitige Verstehen zu fördern oder erforderliche Korrekturen zeitnah zu besprechen.	❑

Kopiervorlage

Checkliste: So vermeiden Sie Fehler beim Jahresgespräch

Beschäftigen Sie sich vor dem Jahresgespräch mit den Leistungen und dem Verhalten Ihres Mitarbeiters.	❏
Sammeln Sie alle notwendigen Informationen, die Ihnen ein möglichst objektives Gesamtbild Ihres Mitarbeiters vermitteln. Nur so können Sie Lösungswege und Ziele entwickeln, die der Person Ihres Mitarbeiters gerecht werden.	❏
Bauen Sie ein Vertrauensverhältnis zu Ihrem Mitarbeiter auf, indem Sie Ihrem Mitarbeiter die Gelegenheit geben, seine Erwartungen und Ängste offen und ehrlich zu formulieren.	❏
Handeln Sie immer glaubwürdig und nachvollziehbar.	❏
Achten Sie auf eine korrekte Gesprächsführung.	❏
Lassen Sie Ihren Mitarbeiter aussprechen, und gewähren Sie ihm ausreichend Redeanteil.	❏
Hören Sie Ihrem Mitarbeiter aufmerksam zu.	❏
Nehmen Sie seine Einwände ernst.	❏
Stellen Sie offene Fragen.	❏
Halten Sie das Jahresgespräch möglichst zeitnah schriftlich fest.	❏
Geben Sie Ihrem Mitarbeiter eine Abschrift des Protokolls.	❏
Sprechen Sie Anerkennung und Kritik immer sofort aus, wenn Ihr Mitarbeiter gut oder schlecht gearbeitet hat.	❏
Nutzen Sie Kritik und Anerkennung, um Ihrem Mitarbeiter zu zeigen, dass Sie seine Arbeitsleistung und sein Verhalten wahrnehmen.	❏
Führen Sie regelmäßige Gespräche mit Ihrem Mitarbeiter, um das gegenseitige Verstehen zu fördern oder erforderliche Korrekturen zeitnah zu besprechen.	❏

Grundlagen eines Konfliktgesprächs

Überall, wo Menschen zusammenarbeiten, entstehen Konflikte. Damit jeder Einzelne dennoch seine Arbeit effektiv erledigen kann, müssen Konflikte möglichst schnell und konstruktiv behoben werden. Dabei ist der Dialog die wirksamste Technik. Nur im Gespräch lassen sich Missverständnisse und andere Konfliktursachen wirkungsvoll und dauerhaft beseitigen.

1 Die 8 wichtigsten Chancen durch Konfliktgespräche:

- Sie erhöhen den zwischenmenschlichen Austausch und die Verständigung in Ihrer Abteilung.
- Sie entwickeln neue Beziehungen oder verbessern die bestehenden.
- Sie erreichen mehr Zufriedenheit auf allen Seiten.
- Sie schaffen die Möglichkeit, Arbeitsabläufe zu verbessern.
- Sie erhöhen die Loyalität und Eigeninitiative Ihrer Mitarbeiter.
- Sie tun etwas für Ihre persönliche Weiterentwicklung und Ihr Persönlichkeitswachstum.
- Sie verhindern Stagnation und sind die Wurzel für Innovationen und Veränderungen.
- Sie sichern eine offene Unternehmenskultur und sorgen für ein gesundes Betriebsklima.

2 4 Handwerkszeuge ebnen den Weg aus dem Konflikt

- die geeignete Gesprächsstrategie
- eine Reihe von Einstellungen, die den Dialog fördern
- wirkungsvolle Gesprächstechniken
- eine gute Vorbereitung

3 Die verschiedenen Möglichkeiten zur Lösung von Konflikten

- **Das friedliche Miteinander**
  Dabei versuchen Sie, die Unterschiede auszuklammern und Gemeinsamkeiten zu betonen. Um des lieben Friedens willen geben Sie nach und wollen Harmonie erzielen.
- **Der Kompromiss**
  Ihr Ziel ist es hier, durch Verhandlungen oder einen Handel den Konflikt zu bereinigen. Dabei soll keine Partei verlieren oder gewinnen. Eine Lösung des eigentlichen Konflikts ist dabei unwahrscheinlich.
- **Die Konfliktlösung**
  Hier unternehmen Sie den Versuch, eine wirkliche Lösung des Konflikts zu finden. Durch eine gemeinsame Neubewertung der Konfliktursache erarbeiten Sie neue Ideen, Einsichten und Lösungswege. Allerdings sollte diese Neubewertung objektiv sein und auf einem rationalen Austausch von Informationen und Ideen basieren.
- **Die Kontrolle**
  Dabei verhindern Sie ein Aufeinandertreffen der Konfliktparteien. Diese Technik ist dann sinnvoll, wenn Emotionen vorhanden sind und die Gefahr besteht, dass die Situation eskaliert. Sie sorgen dabei für die Einhaltung von Grundregeln für den Umgang mit Konflikten und stehen als persönlicher Berater zur Verfügung. Damit können die Betroffenen die angestaute Spannung abbauen.

Selbst-Test: Wie gut gehen Sie mit Konflikten um?

	Ja	Nein
1 Sehen Sie Konfliktgespräche als Chance, die Mitarbeiterzufriedenheit zu verbessern?	❑	❑
Können Sie Konflikte objektiv und ohne Emotionen bewerten?	❑	❑
2 Sind Ihnen die Gesprächstechniken im Umgang mit Konflikten bekannt?	❑	❑
Fühlen Sie sich sicher in der Anwendung und Umsetzung der Konfliktlösungstechniken?	❑	❑
3 Sind dazu Sie bereit, Konflikte konstruktiv auszutragen?	❑	❑
Ist es Ihr Anliegen, schnell zu einer Konfliktlösung zu kommen?	❑	❑
Bereinigen Sie Konflikte sofort?	❑	❑
Sehen Sie Konflikte als Chance für eine Verbesserung?	❑	❑
Nutzen Sie Konflikte als Veränderungsimpulse?	❑	❑
Werden in Ihrem Unternehmen Konflikte offen und konstruktiv ausgetragen?	❑	❑
Führen Sie in Ihrer Abteilung Maßnahmen eines konstruktiven Konfliktmanagements durch?	❑	❑
Sind Sie mit den Lösungsergebnissen Ihres Konfliktmanagements zufrieden?	❑	❑
Setzen Sie lieber externe Konfliktmanager (Supervisor) ein?	❑	❑
Werden Sie von den Konfliktparteien als Konfliktlöser akzeptiert?	❑	❑

Kopiervorlage

- **Die konstruktive Konfrontation**
  Ziel dieser Methode ist es, dass Sie die Parteien dazu bewegen, den Standpunkt des Konfliktgegners besser zu verstehen. Sie fungieren als unparteiischer Vermittler und versuchen, ein konstruktives und kooperatives Klima zu schaffen. Ihr Ausgangspunkt ist eine gemeinsame Analyse der Konfliktsituation.

Test-Auswertung:

Konnten Sie **mehr als die Hälfte der Fragen mit „Ja“** beantworten, sind Sie im Umgang mit Konflikten geschult und können diese gezielt und konstruktiv lösen. Jedes **„Nein“** zeigt Ihnen Punkte auf, an denen Sie arbeiten können, um Ihren Umgang mit Konflikten zu verbessern.

Selbst-Test: Wie gut gehen Sie mit Konflikten um?

	Ja	Nein
Sehen Sie Konfliktgespräche als Chance, die Mitarbeiterzufriedenheit zu verbessern?	❑	❑
Können Sie Konflikte objektiv und ohne Emotionen bewerten?	❑	❑
Sind Ihnen die Gesprächstechniken im Umgang mit Konflikten bekannt?	❑	❑
Fühlen Sie sich sicher in der Anwendung und Umsetzung der Konfliktlösungstechniken?	❑	❑
Sind dazu Sie bereit, Konflikte konstruktiv auszutragen?	❑	❑
Ist es Ihr Anliegen, schnell zu einer Konfliktlösung zu kommen?	❑	❑
Bereinigen Sie Konflikte sofort?	❑	❑
Sehen Sie Konflikte als Chance für eine Verbesserung?	❑	❑
Nutzen Sie Konflikte als Veränderungsimpulse?	❑	❑
Werden in Ihrem Unternehmen Konflikte offen und konstruktiv ausgetragen?	❑	❑
Führen Sie in Ihrer Abteilung Maßnahmen eines konstruktiven Konfliktmanagements durch?	❑	❑
Sind Sie mit den Lösungsergebnissen Ihres Konfliktmanagements zufrieden?	❑	❑
Setzen Sie lieber externe Konfliktmanager (Supervisor) ein?	❑	❑
Werden Sie von den Konfliktparteien als Konfliktlöser akzeptiert?	❑	❑

1 Gesprächsvorbereitung

Je besser Ihre Vorbereitung ist, desto besser sind Sie im Gespräch allen Eventualitäten gewachsen.

Folgende Punkte sollte Ihre Vorbereitung umfassen:

- Analysieren Sie die Fakten. Was war der Auslöser für diesen Konflikt? Welche Gründe stecken dahinter?
- Versetzen Sie sich in Ihren Mitarbeiter. Welcher Persönlichkeitstyp ist er? Müssen Sie mit unsachlichem und destruktivem Verhalten rechnen?
- Was für ein Ausmaß hat der Konflikt bereits angenommen? Ist er offen ausgebrochen, oder wird er verdeckt ausgetragen?
- Welche Maßnahmen haben Sie sich überlegt, um Ihrem Mitarbeiter zu helfen?
- Was für Lösungsmöglichkeiten liegen Ihnen vor, um den Konflikt zu bereinigen?

2 Zielsetzung eines Konfliktgesprächs:

- die Sichtweise Ihres Mitarbeiters und die verborgenen Konfliktursachen kennen lernen
- Verständnis für die Sichtweise des Mitarbeiters aufbringen
- Ihre eigene Sichtweise und deren Hintergründe verdeutlichen
- gemeinsam mit Ihrem Mitarbeiter neue Lösungsmöglichkeiten erarbeiten
- das Fortbestehen des Arbeitsverhältnisses sichern

3 Gesprächsablauf

- Sorgen Sie für ein positives Klima.
- Verzichten Sie auf Smalltalk. Der Anlass ist zu spannungsgeladen.
- Umreißen Sie kurz das Konfliktthema.
- Lassen Sie Ihren Mitarbeiter seine Konfliktansicht darstellen. Unterstützen Sie ihn durch Nachfragen.
- Stellen Sie die Konfliktsituation aus Ihrer Sicht dar. Argumentieren Sie dabei sachlich.
- Legen Sie die Perspektiven einer möglichen Lösung vor. Suchen Sie nach Gemeinsamkeiten, versuchen Sie, Trennungen zu überbrücken. Was sind Ihre gemeinsamen Interessen?
- Treffen Sie konkrete Vereinbarungen. Halten Sie die Lösungsideen fest.
- Sorgen Sie für ein positives Gesprächsende. Betonen Sie die Wichtigkeit des Ergebnisses, und bedanken Sie sich für den konstruktiven Gedankenaustausch.

4 Gesprächsnachbereitung

- Beobachten Sie weiterhin die Stimmungslage Ihres Mitarbeiters. Tritt a) Entspannung ein oder steuert der Konflikt b) abermals einer Verhärtung entgegen?
- Planen Sie weitere Schritte.
  Bei a) geben Sie Ihrem Mitarbeiter Rückmeldung über sein Verhalten und sorgen dafür, dass so schnell wie möglich Normalität in den Arbeitsalltag einkehrt.
  Bei b) sollten Sie ein weiteres Gespräch einplanen, um den erneuten Konflikt zu bereinigen.

Checkliste: So führen Sie ein effektives Konfliktgespräch

1	Nehmen Sie sich genügend Zeit für das Gespräch, und sorgen Sie für eine entspannte Atmosphäre.	❏
2	Versuchen Sie die tiefer liegenden Ursachen des Konflikts zu analysieren.	❏
	Lassen Sie Ihren Gesprächspartner ausreden, um seinen Standpunkt besser zu verstehen.	❏
	Hören Sie aktiv zu und zeigen Sie dadurch Verständnis.	❏
	Klären Sie Konfliktursachen und Ihre Zielsetzung.	❏
3	Bleiben Sie objektiv, und beschreiben Sie Ihren Standpunkt ohne Emotionen.	❏
	Sprechen Sie Ihre Meinung offen aus, und scheuen Sie sich nicht vor unangenehmen Worten. Das verschafft Klarheit und erhöht Ihre Glaubwürdigkeit.	❏
	Legen Sie Ihre Ziele und Interessen offen dar. So kann Ihr Gesprächspartner Sie besser einschätzen.	❏
	Betonen Sie zuerst die Gemeinsamkeiten, bevor Sie Kritikpunkte äußern und auf das Trennende zu sprechen kommen.	❏
	Ist die Situation festgefahren, machen Sie den ersten Schritt auf Ihren Mitarbeiter zu. Das zeigt Ihr Interesse an der Konfliktlösung.	❏
	Bleiben Sie immer ruhig und sachlich, auch wenn Ihr Gesprächspartner Sie angreift.	❏
	Reden Sie in „Ich-Botschaften“, um Ihren Gesprächspartner nicht zu verletzen.	❏
4	Ist der Konflikt festgefahren, vereinbaren Sie einen neuen Termin, um neue Impulse zu bekommen.	❏
	Vereinbaren Sie Lösungsmaßnahmen und geben Sie Rückmeldung.	❏

Kopiervorlage

Hinweis zur Checkliste:

Füllen Sie die Checkliste für mindestens 5 verschiedene Konfliktgespräche aus. Wenn Sie die Checklisten dann vergleichen, können Sie erkennen, an welchen Punkten besonderer Handlungsbedarf besteht.

Checkliste: So führen Sie ein effektives Konfliktgespräch

Nehmen Sie sich genügend Zeit für das Gespräch, und sorgen Sie für eine entspannte Atmosphäre.	❑
Versuchen Sie die tiefer liegenden Ursachen des Konflikts zu analysieren.	❑
Lassen Sie Ihren Gesprächspartner ausreden, um seinen Standpunkt besser zu verstehen.	❑
Hören Sie aktiv zu und zeigen Sie dadurch Verständnis.	❑
Klären Sie Konfliktursachen und Ihre Zielsetzung.	❑
Bleiben Sie objektiv, und beschreiben Sie Ihren Standpunkt ohne Emotionen.	❑
Sprechen Sie Ihre Meinung offen aus, und scheuen Sie sich nicht vor unangenehmen Worten. Das verschafft Klarheit und erhöht Ihre Glaubwürdigkeit.	❑
Legen Sie Ihre Ziele und Interessen offen dar. So kann Ihr Gesprächspartner Sie besser einschätzen.	❑
Betonen Sie zuerst die Gemeinsamkeiten, bevor Sie Kritikpunkte äußern und auf das Trennende zu sprechen kommen.	❑
Ist die Situation festgefahren, machen Sie den ersten Schritt auf Ihren Mitarbeiter zu. Das zeigt Ihr Interesse an der Konfliktlösung.	❑
Bleiben Sie immer ruhig und sachlich, auch wenn Ihr Gesprächspartner Sie angreift.	❑
Reden Sie in „Ich-Botschaften“, um Ihren Gesprächspartner nicht zu verletzen.	❑
Ist der Konflikt festgefahren, vereinbaren Sie einen neuen Termin, um neue Impulse zu bekommen.	❑
Vereinbaren Sie Lösungsmaßnahmen und geben Sie Rückmeldung.	❑

7 Verhaltensweisen für ein konstruktives Konfliktgespräch

1 Hören Sie aktiv zu

Durch aktives Zuhören vermitteln Sie Interesse an Ihrem Gesprächspartner. Geben Sie mit eigenen Worten wieder, was Sie verstanden haben. Fühlt sich Ihr Gesprächspartner missverstanden, kann er Sie dann berichtigen.

Verwenden Sie Formulierungen wie:

- „Sie sind also der Meinung, dass ..."
  oder
- „Wenn ich Sie recht verstanden habe, dann wollen Sie ..."

2 Fragen Sie nach

Wenn Sie wirklich an der Ansicht Ihres Gesprächspartners interessiert sind, wollen Sie verstehen, was der andere tatsächlich meint. Fragen Sie also immer nach, wenn Ihnen etwas unklar ist.

Stellen Sie Verständnisfragen wie:

- „Was meinen Sie mit ...?"
  oder
- „Können Sie mir das bitte genauer erklären?"

3 Fassen Sie klärend zusammen

Bringen Sie das Gesagte auf einen Punkt und **fassen Sie es zusammen:**

- „Darf ich das zusammenfassend so verstehen, dass ..."

4 Stellen Sie die unterschiedlichen Interessen nebeneinander

Gerade im Konfliktgespräch ist es besonders wichtig, einmal die unterschiedlichen Interessen der einzelnen Konfliktparteien deutlich nebeneinander zu stellen. Nur so können überhaupt Gewinn-Gewinn-Lösungen gefunden werden. Arbeiten Sie hier mit Flipcharts, Pinnwänden oder anderen Visualisierungswerkzeugen.

5 Veranschaulichen Sie durch Metaphern und Beispiele

Für viele Menschen ist es sehr hilfreich, wenn Aussagen oder Zusammenhänge anhand von Metaphern oder Beispielen erläutert werden. Versuchen Sie einmal, eine Aussage mithilfe eines konkreten Beispiels zu erklären, oder wählen Sie eine Geschichte, die Ihnen dazu einfällt.

Maßnahmenliste: Mit diesen Verhaltensweisen tragen Sie konstruktiv zum Erfolg des Konfliktgesprächs bei:

1	Halten Sie Blickkontakt.
	Durch Kopfnicken und eine bejahende zugewandte Haltung zeigen Sie Interesse.
	Seien Sie aufmerksam und bei der Sache.
	Wiederholen Sie das Gesagte mit Ihren Worten. Sie signalisieren dadurch, dass Sie Ihren Gesprächspartner verstanden haben.
	Übertreiben Sie aktives Zuhören nicht. Ihr Gegenüber kann sich dadurch veralbert fühlen.
2	Stellen Sie Verständnisfragen.
3	Fassen Sie besonders langatmige und komplizierte Ausführungen mit Ihren Worten zusammen. So verhindern Sie Missverständnisse.
4	Schaffen Sie einen Überblick über die Interessen der Konfliktparteien. So erzielen Sie eine bessere Übereinstimmung und einen gemeinsamen Lösungsweg.
5	Erläutern Sie Zusammenhänge durch Vergleiche.
	Achten Sie darauf, dass Ihr Konfliktpartner durch Ihr Beispiel oder durch Ihre Geschichte nicht persönlich betroffen ist.
	Vermeiden Sie persönliche Anspielungen.
6	Stellen Sie Fragen, die den Horizont aller Beteiligten erweitern. Das Gespräch kann dadurch auf einer anderen, konstruktiveren Ebene weitergeführt werden.
7	Verwenden Sie Flipchart oder ein Blatt Papier, um offene Fragen festzuhalten.
	Sorgen Sie dafür, dass keine Frage unbeantwortet bleibt.

Kopiervorlage

6 Bieten Sie Denkanstöße

Stellen Sie Fragen, durch die Ihr Mitarbeiter über die momentane Situation hinausdenken kann.

Fragen Sie etwa:

- „Was müsste geschehen, damit dieser Konflikt aus der Welt geschafft werden könnte?",
- „Was wäre, wenn ...?"
  oder
- „Wie könnte es im Idealfall aussehen?"

Durch solche Fragen wird der Horizont aller Beteiligten erweitert.

7 Arbeiten Sie offene Fragen deutlich heraus

Arbeiten Sie Fragen deutlich heraus, auf die zu dem jeweiligen Zeitpunkt keine klaren oder befriedigenden Antworten gefunden werden können.

Maßnahmenliste: Mit diesen Verhaltensweisen tragen Sie konstruktiv zum Erfolg des Konfliktgesprächs bei:

Halten Sie Blickkontakt.
Durch Kopfnicken und eine bejahende zugewandte Haltung zeigen Sie Interesse.
Seien Sie aufmerksam und bei der Sache.
Wiederholen Sie das Gesagte mit Ihren Worten. Sie signalisieren dadurch, dass Sie Ihren Gesprächspartner verstanden haben.
Übertreiben Sie aktives Zuhören nicht. Ihr Gegenüber kann sich dadurch veralbert fühlen.
Stellen Sie Verständnisfragen.
Fassen Sie besonders langatmige und komplizierte Ausführungen mit Ihren Worten zusammen. So verhindern Sie Missverständnisse.
Schaffen Sie einen Überblick über die Interessen der Konfliktparteien. So erzielen Sie eine bessere Übereinstimmung und einen gemeinsamen Lösungsweg.
Erläutern Sie Zusammenhänge durch Vergleiche.
Achten Sie darauf, dass Ihr Konfliktpartner durch Ihr Beispiel oder durch Ihre Geschichte nicht persönlich betroffen ist.
Vermeiden Sie persönliche Anspielungen.
Stellen Sie Fragen, die den Horizont aller Beteiligten erweitern. Das Gespräch kann dadurch auf einer anderen, konstruktiveren Ebene weitergeführt werden.
Verwenden Sie Flipchart oder ein Blatt Papier, um offene Fragen festzuhalten.
Sorgen Sie dafür, dass keine Frage unbeantwortet bleibt.

Die häufigsten Ursachen für Fehler in einem Konfliktgespräch

Eskalationsmodell für ein Konfliktgespräch

Schritt 6
Drohungen werden ausgesprochen

Schritt 5
Der Gesprächspartner wird persönlich angegriffen

Schritt 4
Alte Geschichten werden aufgewärmt

Schritt 3
Es wird dem Gesprächspartner ins Wort gefallen

Schritt 2
Überlange Gesprächsbeiträge werden gehalten

Schritt 1
Argumente werden mit teilweise erhobenen Stimmen ausgetragen

Die 7 häufigsten Fehler in einem Konfliktgespräch

1 Vermeiden Sie Vorwürfe und Schuldzuweisungen

Vorwürfe bringen nicht weiter. Sie sind nur dazu da, die Schuld zu verteilen, was keine positive Auswirkung auf die Lösungssuche hat. Durch Vorwürfe entsteht eine Abwehrhaltung und Trotzreaktion.

2 Überreden Sie nicht

Versuchen Sie nicht, Ihren Gesprächspartner durch Überreden von Ihrem Standpunkt zu überzeugen. Arbeiten Sie besser die wahren Interessen der Konfliktpartei heraus.

3 Üben Sie keine Macht aus

Gebrauchen Sie nie Ihre Machtposition als Führungskraft, um Konflikte im Befehlston zu beenden. Dadurch verhärten sich Konflikte.

4 Entscheiden Sie nicht willkürlich

Treffen Sie nie Entscheidungen, ohne diese zu begründen. Im Konfliktfall führt dieses Verhalten zu Missmut bei Ihrem Mitarbeiter.

5 Vermeiden Sie Lebensweisheiten

Sätze wie „Niemand hat gesagt, dass das Leben leicht ist", oder „Was Hänschen nicht lernt, lernt Hans nimmermehr" verhelfen in Konfliktsituationen zu keinen konstruktiven Lösungen und sind deplatziert. Sie demonstrieren nur Ihre fehlende Bereitschaft, sich weiter konstruktiv mit dem Thema auseinander zu setzen.

6 Vermeiden Sie Spott und Ironie

Sie sollten weder Äußerungen Ihres Mitarbeiters herunterspielen, noch sollten Sie Ihr Gegenüber verspotten. Nehmen Sie jeden Einzelnen ernst.

Selbst-Test: Wie ernsthaft sind Sie an einer wirklichen Konfliktlösung interessiert?

		Ja	Nein
1	Arbeiten Sie nutzbringend an der Konfliktlösung, ohne Ihrem Mitarbeiter Vorwürfe zu machen?	❑	❑
	Stehen Sie zu Ihren Fehlern und der Mitverantwortung an der Konfliktsituation?	❑	❑
2	Gelingt es Ihnen, Ihren Mitarbeiter durch Fakten zu überzeugen?	❑	❑
3	Sieht Ihr Mitarbeiter in Ihnen einen Partner und nicht nur die Führungskraft?	❑	❑
	Vermeiden Sie überzogene Autorität?	❑	❑
4	Arbeiten Sie geduldig an der Konfliktlösung, ohne vorschnell eine Entscheidung zu treffen?	❑	❑
	Versetzen Sie sich in Ihren Mitarbeiter, um seine Konfliktsicht besser zu verstehen?	❑	❑
5	Fordern Sie Ihren Mitarbeiter durch aufmunternde Worte auf, an der Konfliktlösung mit zu arbeiten?	❑	❑
6	Nehmen Sie Ihren Mitarbeiter ernst?	❑	❑
7	Stehen Sie zu Ihren Versprechungen und Vereinbarungen?	❑	❑
	Sind Sie bemüht, aufkommende Emotionen zu vermeiden, um keine zusätzlichen Konfliktherde zu schaffen?	❑	❑
	Machen Sie sich Ihre eigenen Emotionen klar, um im Vorfeld negative Gedanken auszuschalten?	❑	❑
	Überlegen Sie sich Maßnahmen, die helfen, das Selbstwertgefühl des Mitarbeiters zu steigern?	❑	❑

Kopiervorlage

7 Machen Sie keine falschen Versprechungen

Versprechen Sie nur das, was Sie tatsächlich später halten können. Sichern Sie nichts zu, um endlich ein Ergebnis zu bekommen. Genauso wenig sollten Sie mit etwas drohen, das Sie hinterher nicht ausführen können.

Test-Auswertung:

Wenn Sie **mehr als die Hälfte der Fragen mit „Nein"** beantwortet haben, sind Sie nicht wirklich bemüht, Konflikte mit Ihrem Mitarbeiter konstruktiv und nachhaltig zu lösen. Sie stehen sich selbst am nächsten und sind darauf aus, Ihre Vorteile aus dem Gespräch zu ziehen. Auch wenn Ihr Mitarbeiter im Gespräch der Verlierer ist: Vergessen Sie nicht, dass Sie als Führungskraft nicht nur Befehlsgeber und Autoritätsperson sind. Wichtiger ist, dass Sie ein Partner sind, dem die Probleme seiner Mitarbeiter am Herzen liegen.

Selbst-Test: Wie ernsthaft sind Sie an einer wirklichen Konfliktlösung interessiert?

	Ja	Nein
Arbeiten Sie nutzbringend an der Konfliktlösung, ohne Ihrem Mitarbeiter Vorwürfe zu machen?	❑	❑
Stehen Sie zu Ihren Fehlern und der Mitverantwortung an der Konfliktsituation?	❑	❑
Gelingt es Ihnen, Ihren Mitarbeiter durch Fakten zu überzeugen?	❑	❑
Sieht Ihr Mitarbeiter in Ihnen einen Partner und nicht nur die Führungskraft?	❑	❑
Vermeiden Sie überzogene Autorität?	❑	❑
Arbeiten Sie geduldig an der Konfliktlösung, ohne vorschnell eine Entscheidung zu treffen?	❑	❑
Versetzen Sie sich in Ihren Mitarbeiter, um seine Konfliktsicht besser zu verstehen?	❑	❑
Fordern Sie Ihren Mitarbeiter durch aufmunternde Worte auf, an der Konfliktlösung mit zu arbeiten?	❑	❑
Nehmen Sie Ihren Mitarbeiter ernst?	❑	❑
Stehen Sie zu Ihren Versprechungen und Vereinbarungen?	❑	❑
Sind Sie bemüht, aufkommende Emotionen zu vermeiden, um keine zusätzlichen Konfliktherde zu schaffen?	❑	❑
Machen Sie sich Ihre eigenen Emotionen klar, um im Vorfeld negative Gedanken auszuschalten?	❑	❑
Überlegen Sie sich Maßnahmen, die helfen, das Selbstwertgefühl des Mitarbeiters zu steigern?	❑	❑

Kritikgespräch (1/3)

Grundlagen eines Kritikgesprächs

Kritikgespräche sind für Führungskräfte und Mitarbeiter gleichermaßen bedeutungsvoll:

- Die Führungskraft macht den Mitarbeiter auf sein Fehlverhalten oder auf seine nicht ausreichende Leistung aufmerksam.
- Der Mitarbeiter erfährt die Gründe für die negative Bewertung.
- Der Mitarbeiter hat die Chance, sich zu seinem Verhalten zu äußern und eventuelle Missverständnisse klarzustellen.
- Beide Parteien haben die Möglichkeit, Lösungen zu erarbeiten, die eine Wiederholung verhindern und die Situation bereinigen.
- In dem Gespräch wird geklärt, welche Hilfestellung der Mitarbeiter gegebenenfalls benötigt, um das Problem zu lösen.
- Die Führungskraft will erreichen, dass der Mitarbeiter am Ende des Gesprächs motiviert ist und sich geachtet fühlt.

Regeln für ein Kritikgespräch

- Führen Sie das Kritikgespräch möglichst bald nach dem betreffenden Vorfall.
- Ihre Kritik sollte immer sachlich, taktvoll und unter 4 Augen ausgesprochen werden.
- Benennen Sie zu Anfang des Gesprächs den Anlass für das Kritikgespräch.
- Begründen Sie Ihre Kritik stichhaltig und nachvollziehbar.
- Planen Sie ausreichend Zeit ein. Ein Kritikgespräch ist Ursachenforschung und bringt Sie zu unvorhersehbaren Gesprächsthemen (zum Beispiel familiäre Probleme als Grund von mangelnder Konzentration).
- Kritisieren Sie lediglich das Fehlverhalten, das in direktem Zusammenhang mit der Arbeit steht. Trennen Sie Person und Verhalten.
- Begrenzen Sie die Kritikpunkte. Ihr Mitarbeiter muss auch in der Lage sein, sein Verhalten zu ändern. Überfordern Sie ihn nicht im Übermaß.
- Bereiten Sie sich auf das Gespräch gut vor. Überprüfen Sie im Vorfeld die Sachlage, bevor Sie kritisieren.
- Gehen Sie unvoreingenommen in das Gespräch. Hören Sie dem Standpunkt Ihres Mitarbeiters offen zu. Wägen Sie diesen ab.
- Wärmen Sie in dem Gespräch nicht alte Fehler auf. Bleiben Sie bei der Sache.
- Halten Sie keine Monologe. Erarbeiten Sie gemeinsam mit Ihrem Mitarbeiter die Gründe für das Fehlverhalten und wie diese künftig vermieden werden können.
- Fragen Sie gezielt. Dadurch regen Sie Ihren Mitarbeiter zu anderen Sichtweisen an.
- Motivieren Sie Ihren Mitarbeiter, eigene Lösungsvorschläge für künftiges Verhalten zu erarbeiten.
- Vereinbaren Sie Hilfsmaßnahmen, die Ihren Mitarbeiter künftig unterstützen.
- Fördern Sie Eigenverantwortung und Selbstkontrolle.
- Beenden Sie das Gespräch positiv. Seien Sie nicht nachtragend, und suchen Sie nicht bewusst nach weiteren Fehlern.
- Seien Sie selbst offen für konstruktive Kritik aus den Reihen der Mitarbeiter.

Selbst-Test: Welcher Kritiker-Typ sind Sie?

	Nein 1	teils/teils 2	Ja 3
1. Mir fällt es schwer, Kritik offen auszusprechen.	❑	❑	❑
2. Meinen Mitarbeitern fehlt das Vertrauen, mir gegenüber Kritik offen auszusprechen.	❑	❑	❑
3. Vor einem Kritikgespräch habe ich immer feuchte Hände und bin nervös.	❑	❑	❑
4. Kritikgespräche schiebe ich lieber hinaus. Oft erübrigen sie sich dann.	❑	❑	❑
5. In meinen Kritikgesprächen kommt es oft zu Streitereien.	❑	❑	❑
6. Meine Mitarbeiter kennen meine aufbrausende Art.	❑	❑	❑
7. Das Verhalten meiner Mitarbeiter ändert sich nach dem Kritikgespräch selten.	❑	❑	❑
8. Wenn in einer Gaststätte das Essen nicht gut ist, spreche ich das nicht offen an, weil es doch nur Ärger gibt.	❑	❑	❑
9. Ich brause sehr leicht auf, wenn etwas nicht so läuft, wie ich es gern hätte.	❑	❑	❑
10. Wenn ein Mitarbeiter im Gespräch laut wird, weiche ich lieber von meinem Standpunkt etwas ab, um Streitereien zu vermeiden.	❑	❑	❑
11. Ich bin es gewohnt, mich durchzusetzen. Koste es, was es wolle.	❑	❑	❑
Summe			
Gesamtsumme			

Kopiervorlage

Test-Auswertung:

11 bis 18 Punkte: Gratulation! Ihnen fällt es nicht schwer, Kritik auszusprechen. Und in der Regel verändern Ihre Mitarbeiter auch ihr Verhalten. Lesen Sie auf der nächsten Seite, wie Sie ein Kritikgespräch effizient vorbereiten und durchführen.

18 bis 33 Punkte: Machen Sie bitte noch eine differenziertere Analyse.

Wenn Sie die Fragen **1, 3, 4, 7, 8 und 10** eher **mit „Ja"** als mit „Nein" beantwortet haben (mehr als 10 Punkte), sollten Sie etwas mehr an Ihrer Konfliktbereitschaft tun. Sie brauchen sich wahrscheinlich keine Gedanken darüber zu machen, dass Sie Ihre Mitarbeiter zu viel kritisieren oder sie durch falsche Wort verletzen, denn Sie sind ein sensibler und feinfühliger Mensch. Denken Sie immer daran: Kritik zu vermeiden ist letztlich ein Zeichen von Führungsschwäche.

Haben Sie die Fragen **2, 5, 6, 9 und 11** eher **mit „Ja"** beantwortet (mehr als 10 Punkte), müssen Sie an Ihrem Dominanz-Verhalten arbeiten. Sie sprechen kritische Dinge im Kritik-Gespräch als Erstes und ohne Umschweife an. Das ist gut und wichtig. Denken Sie aber daran, dass es effizienter ist, wenn Sie nicht immer mit dem Kopf durch die Wand gehen, und vermeiden Sie es, die Mitarbeiter durch zu große Härte zu verletzen.

Selbst-Test: Welcher Kritiker-Typ sind Sie?

	Nein 1	teils/ teils 2	Ja 3
1. Mir fällt es schwer, Kritik offen auszusprechen.	❏	❏	❏
2. Meinen Mitarbeitern fehlt das Vertrauen, mir gegenüber Kritik offen auszusprechen.	❏	❏	❏
3. Vor einem Kritikgespräch habe ich immer feuchte Hände und bin nervös.	❏	❏	❏
4. Kritikgespräche schiebe ich lieber hinaus. Oft erübrigen sie sich dann.	❏	❏	❏
5. In meinen Kritikgesprächen kommt es oft zu Streitereien.	❏	❏	❏
6. Meine Mitarbeiter kennen meine aufbrausende Art.	❏	❏	❏
7. Das Verhalten meiner Mitarbeiter ändert sich nach dem Kritikgespräch selten.	❏	❏	❏
8. Wenn in einer Gaststätte das Essen nicht gut ist, spreche ich das nicht offen an, weil es doch nur Ärger gibt.	❏	❏	❏
9. Ich brause sehr leicht auf, wenn etwas nicht so läuft, wie ich es gern hätte.	❏	❏	❏
10. Wenn ein Mitarbeiter im Gespräch laut wird, weiche ich lieber von meinem Standpunkt etwas ab, um Streitereien zu vermeiden.	❏	❏	❏
11. Ich bin es gewohnt, mich durchzusetzen. Koste es, was es wolle.	❏	❏	❏
Summe			
Gesamtsumme			

Durchführung eines Kritikgesprächs

1 Gesprächsvorbereitung

- Klären Sie, welches Verhalten Sie genau kritisieren wollen.
- Welches Ziel wollen Sie erreichen? Eine Verhaltensänderung, Einsicht, den Mitarbeiter über Konsequenzen informieren?
- Beleuchten Sie Ihr Führungsverhalten. Haben Sie einen Eigenanteil an der problematischen Situation?
- Sprechen Sie die Einladung zum Gespräch nicht zwischen Tür und Angel aus. Teilen Sie Ihrem Mitarbeiter schriftlich (per Hauspost oder E-Mail) den Gesprächsanlass, Datum und Ort mit. Eine schriftliche Einladung unterstreicht die Wichtigkeit des Anlasses.

2 Gesprächsbeginn

- Stellen Sie ein positives Klima her. Signalisieren Sie mit positiven Worten: Das Kritikgespräch dient nicht der Anklage, sondern der Problem- und Lösungsfindung.
- Verzichten Sie auf Smalltalk. Das ernste Thema ist bekannt, und Sie können die Situation am besten entlasten, wenn Sie direkt zur Sache kommen.

3 Gesprächsablauf

- Nennen Sie den Gesprächsanlass. Formulieren Sie Ihre Zielvorstellung, und betonen Sie besonders die Lösungsabsicht.
- Stellen Sie aus Ihrer Sicht den Sachverhalt dar. Gebrauchen Sie dazu die Regeln der Ich-Aussage. Sie geben damit dem Gesprächspartner die Möglichkeit, sein Verhalten neu auszurichten.
  Beispiele:
  „Ich habe bemerkt, dass Sie in letzter Zeit ...“
  „Ich möchte mit Ihnen über Ihr Verhalten der letzten Tage sprechen.“
- Beschreiben Sie das Verhalten Ihres Mitarbeiters und erläutern Sie die Konsequenzen (schlechtes Betriebsklima, Mehrarbeit).
- Formulieren Sie Ihr Änderungsanliegen.
- Lassen Sie Ihren Mitarbeiter Stellung nehmen. Wie stellt sich der Vorfall aus seiner Sicht dar?
- Klären Sie eventuelle Missverständnisse auf.
- Sondieren Sie mögliche Ursachen, die zu dem Verhalten geführt haben.
- Fragen Sie Ihren Mitarbeiter nach Lösungsvorschlägen.
- Klären Sie Hilfestellungen, die von Ihnen oder anderen Personen notwendig sind.
- Treffen Sie Vereinbarungen über den Rückmeldezyklus, um mit Ihrem Mitarbeiter im Gespräch zu bleiben und das Problem nicht aus dem Auge zu verlieren.
- Sprechen Sie gegebenenfalls Ihren Dank für die Offenheit des Mitarbeiters aus.
- Sorgen Sie für ein positives Gesprächsende. Drücken Sie Ihre Zuversicht über eine positive Zukunft aus.

Checkliste: So führen Sie Ihre Kritikgespräche konstruktiv und erfolgreich

1	Ich habe alle notwendigen Informationen zusammengetragen und bin sachlich optimal vorbereitet.	
	Ich mache mich vor dem Gespräch von emotionalen und negativen Gefühlen frei.	
	Um nicht den roten Faden zu verlieren, habe ich mir vorab die wichtigsten Punkte notiert und mir das Gesprächsziel genau klargemacht.	
2	Ich sorge dafür, dass ich während des Gesprächs nicht gestört werde, um mich voll und ganz auf meinen Mitarbeiter zu konzentrieren.	
	Ich sorge mit einem guten und positiven Einstieg für eine entspannte Atmosphäre: Zum Beispiel: „Schön, dass Sie sich Zeit für unser Gespräch nehmen konnten.“	
3	Ich stelle die Suche nach Lösungsansätzen in den Vordergrund.	
	Ich vermeide während des Gesprächs Monologe und gebe meinem Mitarbeiter genügend Freiraum für die Darstellung der Gründe für sein Verhalten.	
	Ich höre meinem Mitarbeiter aufmerksam zu und versuche ihn wirklich zu verstehen.	
	Ich kritisiere nicht pauschal, sondern nur in einem direkten Zusammenhang.	
	Ich formuliere Kritik präzise und nachvollziehbar.	
	Ich kritisiere nicht die Person meines Mitarbeiters, sondern nur sein Verhalten.	
	Ich vermeide Schuldzuweisungen und Schulddiskussionen.	
	Ich erkläre meinem Mitarbeiter die Folgen seines Handelns in ausreichendem Maß.	
	Ich erstelle ein Gesprächsprotokoll und eine Notiz für die Personalakte.	
4	Ich verfolge die Umsetzung der vereinbarten Maßnahmen.	
	Ich überdenke auch mein eigenes Führungsverhalten und meine Personalpolitik.	

Kopiervorlage

4 Gesprächsnachbereitung

- Beobachten Sie, wie sich die Situation weiter entwickelt. Ändert der Mitarbeiter sein Verhalten?
- Setzen Sie weitere Gespräche an, falls sich das Verhalten Ihres Mitarbeiters nicht ändert.
- Treten positive Veränderungen ein, sollten Sie Ihrem Mitarbeiter gegenüber Anerkennung zeigen, dass die Situation bereinigt ist. Geben Sie dem Mitarbeiter regelmäßig eine Rückmeldung.

Checkliste: So führen Sie Ihre Kritikgespräche konstruktiv und erfolgreich

Ich habe alle notwendigen Informationen zusammengetragen und bin sachlich optimal vorbereitet.	❑
Ich mache mich vor dem Gespräch von emotionalen und negativen Gefühlen frei.	❑
Um nicht den roten Faden zu verlieren, habe ich mir vorab die wichtigsten Punkte notiert und mir das Gesprächsziel genau klargemacht.	❑
Ich sorge dafür, dass ich während des Gesprächs nicht gestört werde, um mich voll und ganz auf meinen Mitarbeiter zu konzentrieren.	❑
Ich sorge mit einem guten und positiven Einstieg für eine entspannte Atmosphäre: Zum Beispiel: „Schön, dass Sie sich Zeit für unser Gespräch nehmen konnten."	❑
Ich stelle die Suche nach Lösungsansätzen in den Vordergrund.	❑
Ich vermeide während des Gesprächs Monologe und gebe meinem Mitarbeiter genügend Freiraum für die Darstellung der Gründe für sein Verhalten.	❑
Ich höre meinem Mitarbeiter aufmerksam zu und versuche ihn wirklich zu verstehen.	❑
Ich kritisiere nicht pauschal, sondern nur in einem direkten Zusammenhang.	❑
Ich formuliere Kritik präzise und nachvollziehbar.	❑
Ich kritisiere nicht die Person meines Mitarbeiters, sondern nur sein Verhalten.	❑
Ich vermeide Schuldzuweisungen und Schulddiskussionen.	❑
Ich erkläre meinem Mitarbeiter die Folgen seines Handelns in ausreichendem Maß.	❑
Ich erstelle ein Gesprächsprotokoll und eine Notiz für die Personalakte.	❑
Ich verfolge die Umsetzung der vereinbarten Maßnahmen.	❑
Ich überdenke auch mein eigenes Führungsverhalten und meine Personalpolitik.	❑

So vermeiden Sie Fehler in einem Kritikgespräch

1 Trainieren Sie Gelassenheit

- **Bewahren Sie Ruhe**
  Bleiben Sie stets ruhig und gelassen. Auch wenn Sie Ihren Mitarbeiter schon mehrfach auf sein schlechtes Verhalten hingewiesen haben und Kritikgespräche in der Vergangenheit fruchtlos waren: Jeglicher Wutausbruch oder jedes schroffe Wort verursachen noch mehr Missmut und schlechte Stimmung, die das Ergebnis negativ beeinflussen. Finden Sie das richtige Maß. Übertreiben Sie die Ruhe, dann wirken Sie überheblich und unnahbar.
- **Halten Sie Abstand**
  Neigen Sie zum Aufbrausen, sollten Sie es sich zur Regel machen, zunächst Abstand zu suchen. Handeln Sie nach dem Motto „Eine Nacht darüber schlafen."
- **Nehmen Sie die Vogelperspektive ein**
  Spüren Sie aufkommenden Zorn oder Ungeduld, betrachten Sie sich einmal wertneutral von außen. So können Sie am besten erkennen, wie andere Menschen Sie sehen und ob Ihr Verhalten sinnvoll ist.

2 Gestalten Sie eine offene Fehlerkultur

- **Seien Sie Vorbild**
  Schaffen Sie eine Atmosphäre, in der Fehler nicht vertuscht werden, sondern zügig offen gelegt und abgestellt werden. Stehen Sie selbst ebenfalls zu Ihren Fehlern, und reden Sie offen über Versäumnisse.
- **Fördern Sie Widerspruch**
  Ermutigen Sie Ihre Mitarbeiter, Hinweise und Wünsche zu Ihrem Führungsverhalten zu äußern.
- **Haben Sie Humor**
  Lachen Sie auch mal über sich selbst, wenn Sie sich verrannt haben.

3 Praktizieren Sie ein konsequentes Führungsverhalten

- Seien Sie berechenbar und geradlinig.
- Machen Sie Ziele transparent.
- Sprechen Sie keine leeren Drohungen oder Zusagen aus. Halten Sie Wort.

4 Die häufigsten Fehler in Kritikgesprächen:

- negative Gefühle. Dadurch stören Sie die Beziehungsebene auf beiden Seiten,
- zu großer zeitlicher Abstand zwischen Kritikgespräch und dem konkreten Missstand (Arbeitsleistung, Verhalten),
- emotionale Vorwürfe. Sie überlagern die sachliche Schilderung des Problems,
- Kritik an Ihrem Mitarbeiter vor anderen,
- Handeln auf Grund von Vermutungen und Hinweisen Dritter,
- mangelnde und nicht exakte Rückmeldung an den Mitarbeiter,
- unklare Beschreibung des Missstands Ihres Mitarbeiters,
- nicht ausreichende Gelegenheit Ihres Mitarbeiters, seinen Standpunkt darzulegen,
- keine oder unklare Zielvereinbarung am Ende des Gesprächs.

Selbst-Test: Wie erfolgreich führen Sie Kritikgespräche?

		Ja	Nein
1	Behalten Sie in kritischen und aufgeladenen Situationen stets einen kühlen und klaren Kopf?	❑	❑
	Wägen Sie vor Entscheidungen und Handlungen erst einmal die Situation ab, um nicht vorschnell oder falsch zu reagieren?	❑	❑
	Vermeiden Sie Emotionen in Kritikgesprächen?	❑	❑
2	Herrscht in Ihrem Arbeitsbereich eine offene Fehlerkultur?	❑	❑
	Können Sie über eigene Fehler lachen und stehen Sie zu persönlichen Schwächen?	❑	❑
	Beziehen Sie Ihre Mitarbeiter beim Festlegen der Abteilungsziele und bei der Entscheidungsfindung mit ein?	❑	❑
	Haben Ihre Mitarbeiter Vertrauen zu Ihnen?	❑	❑
	Lassen Sie es zu, dass Ihre Mitarbeiter Kritik an Ihren Verhaltensweisen oder Entscheidungen äußern?	❑	❑
	Achten Sie auf eine stabile Beziehungsebene zwischen Ihrem Mitarbeiter und Ihnen, indem Sie Schuldzuweisungen und Negativformulierungen vermeiden?	❑	❑
3	Beschreiben Sie Sachverhalte klar und verständlich?	❑	❑
	Hat Ihr Mitarbeiter Gelegenheit, seinen Standpunkt zu erläutern?	❑	❑
4	Können Sie offen Ihre Gefühle beschreiben, die durch das Verhalten Ihres Mitarbeiters ausgelöst werden?	❑	❑
	Bekommt Ihr Mitarbeiter von Ihnen regelmäßig eine Rückmeldung darüber, ob er sein Verhalten richtig ändert?	❑	❑
	Vereinbaren Sie am Ende des Gesprächs klare Ziele für die Veränderung Ihres Mitarbeiters?	❑	❑

Kopiervorlage

Test-Auswertung:

Haben Sie mehr als die Hälfte der Fragen **mit „Nein"** beantwortet, sind Ihre Möglichkeiten, ein erfolgreiches Kritikgespräch zu führen, gering. Sehen Sie in einem Kritikgespräch ein Fördergespräch, das dazu dient, Ihren Mitarbeiter zu motivieren und seine Potenziale freizusetzen. Nur so kann Ihr Mitarbeiter sich positiv entwickeln, mit Freude arbeiten und seine Arbeitskraft sinnvoll einbringen. Fehler sind menschlich und sollten als Chance gesehen werden, sie zu vermeiden und daraus zu lernen. Konstruktive Kritik ist dazu da, den richtigen Weg zu finden.

Selbst-Test: Wie erfolgreich führen Sie Kritikgespräche?

	Ja	Nein
Behalten Sie in kritischen und aufgeladenen Situationen stets einen kühlen und klaren Kopf?	❑	❑
Wägen Sie vor Entscheidungen und Handlungen erst einmal die Situation ab, um nicht vorschnell oder falsch zu reagieren?	❑	❑
Vermeiden Sie Emotionen in Kritikgesprächen?	❑	❑
Herrscht in Ihrem Arbeitsbereich eine offene Fehlerkultur?	❑	❑
Können Sie über eigene Fehler lachen und stehen Sie zu persönlichen Schwächen?	❑	❑
Beziehen Sie Ihre Mitarbeiter beim Festlegen der Abteilungsziele und bei der Entscheidungsfindung mit ein?	❑	❑
Haben Ihre Mitarbeiter Vertrauen zu Ihnen?	❑	❑
Lassen Sie es zu, dass Ihre Mitarbeiter Kritik an Ihren Verhaltensweisen oder Entscheidungen äußern?	❑	❑
Achten Sie auf eine stabile Beziehungsebene zwischen Ihrem Mitarbeiter und Ihnen, indem Sie Schuldzuweisungen und Negativformulierungen vermeiden?	❑	❑
Beschreiben Sie Sachverhalte klar und verständlich?	❑	❑
Hat Ihr Mitarbeiter Gelegenheit, seinen Standpunkt zu erläutern?	❑	❑
Können Sie offen Ihre Gefühle beschreiben, die durch das Verhalten Ihres Mitarbeiters ausgelöst werden?	❑	❑
Bekommt Ihr Mitarbeiter von Ihnen regelmäßig eine Rückmeldung darüber, ob er sein Verhalten richtig ändert?	❑	❑
Vereinbaren Sie am Ende des Gesprächs klare Ziele für die Veränderung Ihres Mitarbeiters?	❑	❑

Mobbinggespräch (1/3)

Grundlagen eines Mobbinggesprächs

Hinter Mobbing verbirgt sich systematischer Psychoterror am Arbeitsplatz. Ziel von Mobbing ist es, Ihren Mitarbeiter durch Intrigen und Feindseligkeiten psychisch labil zu machen, um ihn zu erniedrigen oder aus dem Unternehmen zu treiben.

Mobbing drückt sich aus durch

- **Verbreitung falscher Gerüchte**
  Über Ihren Mitarbeiter werden Unwahrheiten verbreitet, um seinem Image zu schaden.
- **Ausgrenzung aus dem Team**
  Ihr Mitarbeiter wird über interne Betriebsfeiern nicht informiert. Gemeinsame Gänge zur Kantine werden ihm nicht angeboten. Ihm wird signalisiert: „Du bist bei uns nicht erwünscht.“
- **Manipulation von Arbeiten**
  Ohne Wissen Ihres Mitarbeiters werden Dokumente abgeändert, Unterlagen verlegt oder vernichtet.
- **Beleidigung des Mitarbeiters**
  Ihr Mitarbeiter wird im Team öffentlich angefeindet und mit Worten beleidigt.
- **Zurückhalten wichtiger Informationen**
  Ihrem Mitarbeiter werden wichtige Informationen verschwiegen, die für die Entwicklung seiner Arbeit notwendig sind. Dadurch kann er seine Aufgaben nicht korrekt erledigen.
- **Sexuelle Belästigung**
  Ihre Mitarbeiterin (häufig werden nur Frauen sexuell belästigt) wird durch anzügliche Worte bedrängt. Der Täter wird sogar handgreiflich.

Die Folgen von Mobbing sind zum Beispiel

- psychische Erkrankungen (Depressionen),
- Verlust des Selbstvertrauens,
- gesundheitliche Störungen.

So können Sie vorgehen, wenn Sie einem gemobbten Mitarbeiter helfen wollen:

- Signalisieren Sie Ihrem betroffenen Mitarbeiter, dass Sie Kenntnis von seinem Mobbingproblem haben.
- Stellen Sie sich hinter das Mobbingopfer, und geben Sie ihm moralische Rückendeckung.
- Verhalten Sie sich neutral und beteiligen Sie sich nicht an Gerüchten.
- Durchbrechen Sie die Mauer des Schweigens durch Einzelgespräche. Führen Sie sowohl mit dem Opfer als auch mit dem Mobber 4-Augen-Gespräche.
- Machen Sie dem Mobbingtäter unmissverständlich klar, dass Sie sein Verhalten nicht billigen und gegebenenfalls Konsequenzen ziehen werden.
- Fordern Sie die Beteiligten auf, ihren Konflikt miteinander zu lösen. Bieten Sie sich als unparteiischer Vermittler an, der auf die Einhaltung fairer Regeln achtet.
- Greifen Sie zu weiteren Maßnahmen, falls der Mobbingfall nicht zu lösen ist.
  Lösungswege können sein:
  - Gruppengespräch mit Mobbingopfer und Mobbingtäter mit Ihnen als Schlichter,
  - Versetzung des betroffenen (gemobbten) Mitarbeiters,
  - Disziplinarmaßnahmen gegenüber dem Täter,
  - externe Hilfe in Anspruch nehmen.

Mitarbeiter-Fragebogen zur Analyse des Betriebsklimas

Zusammenarbeit und Team-Atmosphäre			
Die Stimmung am Arbeitsplatz ist ...	☺	😐	☹
Das Verhältnis der Kollegen untereinander ist ...	☺	😐	☹
Die Teamarbeit ist ...	☺	😐	☹
Die Konfliktlösungen sind ...	☺	😐	☹
Die gegenseitige Wertschätzung der Kollegen untereinander ist ...	☺	😐	☹
Verhältnis zum Vorgesetzten			
Das Führungsverhalten des Vorgesetzten ist ...	☺	😐	☹
Der Umgang mit den Mitarbeitern ist ...	☺	😐	☹
Die Förderung der Eigenverantwortung ist ...	☺	😐	☹
Das Verhältnis der Führungskraft zu den Mitarbeitern ist ...	☺	😐	☹
Die Unterstützung bei Konflikten ist ...	☺	😐	☹
Das Vertrauen der Mitarbeiter gegenüber der Führungskraft ist ...	☺	😐	☹
Arbeitsplatz			
Die Gestaltung des Arbeitsplatzes ist ...	☺	😐	☹
Die Fluktuation der Mitarbeiter ist ...	☺	😐	☹
Die Gesundheitsvorsorge am Arbeitsplatz ist ...	☺	😐	☹

Sonstige Bemerkungen: ____________________

Verbesserungsvorschläge: ____________________

So wenden Sie den Mitarbeiter-Fragebogen richtig an:

Verteilen Sie an jeden Ihrer Mitarbeiter eine Kopie des Fragebogens und bitten Sie darum, das Smiley der betreffenden Fragen in den jeweiligen 3 Abschnitten offen und ehrlich anzukreuzen:
Werten Sie nun anschließend die Fragebögen aus:

a. Es wurden in der Mehrzahl „☺“ angekreuzt.
Gratulation, das Betriebsklima in Ihrer Abteilung ist hervorragend und Ihre Mitarbeiter schätzen und mögen Sie als Vorgesetzten. Eine sehr gute Basis für eine freudige, innovative und kreative Arbeit.

b. Am meisten wurde „😐“ angekreuzt.
Sie sind auf dem besten Weg, Ihre Mitarbeiter durch Demotivation und Misstrauen zu verlieren. In Ihrer Abteilung beginnt sich der Mobbing-Virus auszubreiten und das Verhältnis Ihrer Mitarbeiter ist unkollegial. Überdenken Sie Ihre Führungsrolle und überlegen Sie Verbesserungsmaßnahmen am Arbeitsplatz.

c. Ihre Mitarbeiter entschieden sich überwiegend für „☹“.
Ihre Abteilung beginnt auseinanderzufallen. Ihre Mitarbeiter haben entweder innerlich oder anderweitig gekündigt. Ein Zusammenhalt fehlt, Teamarbeit ist ein Fremdwort. Ihre Mitarbeiter fühlen sich von Ihnen weder verstanden noch gut geführt. Hier besteht dringender Handlungsbedarf. Machen Sie sich ein Führungskonzept: Was wollen Sie wie und wodurch erreichen?

d. Die 3 Smileys halten sich die Waage.
Kein schlechtes Ergebnis, aber es könnte besser sein und bedarf von Ihrer Seite der Bereitschaft, über sich und Ihre Mitarbeiter einmal gründlich nachzudenken.

Mitarbeiter-Fragebogen zur Analyse des Betriebsklimas

Zusammenarbeit und Team-Atmosphäre			
Die Stimmung am Arbeitsplatz ist ...	☺	😐	☹
Das Verhältnis der Kollegen untereinander ist ...	☺	😐	☹
Die Teamarbeit ist ...	☺	😐	☹
Die Konfliktlösungen sind ...	☺	😐	☹
Die gegenseitige Wertschätzung der Kollegen untereinander ist ...	☺	😐	☹
Verhältnis zum Vorgesetzten			
Das Führungsverhalten des Vorgesetzten ist ...	☺	😐	☹
Der Umgang mit den Mitarbeitern ist ...	☺	😐	☹
Die Förderung der Eigenverantwortung ist ...	☺	😐	☹
Das Verhältnis der Führungskraft zu den Mitarbeitern ist ...	☺	😐	☹
Die Unterstützung bei Konflikten ist ...	☺	😐	☹
Das Vertrauen der Mitarbeiter gegenüber der Führungskraft ist ...	☺	😐	☹
Arbeitsplatz			
Die Gestaltung des Arbeitsplatzes ist ...	☺	😐	☹
Die Fluktuation der Mitarbeiter ist ...	☺	😐	☹
Die Gesundheitsvorsorge am Arbeitsplatz ist ...	☺	😐	☹

Sonstige Bemerkungen: ______________________________

Verbesserungsvorschläge: ______________________________

Gespräch mit einem gemobbten Mitarbeiter

1 Gesprächsvorbereitung

- Sammeln Sie alle wichtigen Informationen über den Mobbingfall. Befragen Sie gegebenenfalls Zeugen dazu. Notieren Sie sich Datum, Zeitpunkt und Häufigkeit der Mobbingfälle. Machen Sie sich Notizen, wie Ihr Mitarbeiter gemobbt wurde. Wurde Ihr Mitarbeiter bedroht, körperlich angegriffen oder genötigt?
- Überlegen Sie sich Maßnahmen, wie Sie zu einer Lösung kommen wollen.
- Klären Sie die rechtlichen Rahmenbedingungen. Wann liegt juristisch eine Belästigung vor? Wurde das allgemeine Persönlichkeitsrecht angegriffen?

2 Gesprächsablauf

- Beginnen Sie das Gespräch mit freundlichen Worten und bedanken Sie sich dafür, dass Ihr Mitarbeiter sich Zeit für Sie genommen hat.
- Erwähnen Sie beim Gesprächseinstieg nicht das Wort „Mobbing“. Äußern Sie z. B. Ihre Vermutung, dass sich seit einiger Zeit das Arbeitsklima in der Abteilung Ihres Mitarbeiters verschlechtert hat. Umkreisen Sie das Problem zu Anfang und lassen Sie Ihrem Mitarbeiter Zeit, mögliche Scham abzubauen.
- Legen Sie sich nicht zu früh auf mögliche „Opfer“ oder „Täter“ fest. Warten Sie erst die Schilderung Ihres gemobbten Mitarbeiters ab.
- Nachdem Sie das Problem allgemein angesprochen haben, schildern Sie Ihre Eindrücke und Beobachtungen. Das Problem kommt jetzt offen auf den Tisch.
- Versuchen Sie das Vertrauen Ihres Mitarbeiters zu gewinnen. Äußern Sie sich positiv über seine Arbeit. Zeigen Sie ihm, dass Sie hinter ihm stehen und seine Arbeit wertschätzen.
- Lassen Sie Ihren Mitarbeiter den Mobbingfall schildern. Fragen Sie zwischendurch nach, um zum Kern des Problems zu stoßen. Zeigen Sie Verständnis und lassen Sie Raum für Gefühle. Ihr Mitarbeiter muss sich verstanden fühlen und sich trauen, weitere Fakten zu liefern.
- Bieten Sie Ihrem Mitarbeiter Lösungsvorschläge und Maßnahmen an. Vereinbaren Sie weitere Vorgehensschritte mit ihm, z. B.:
  - Ihr Mitarbeiter versucht, bis zu einem vereinbarten Termin das Problem zu klären.
  - Sie vereinbaren den Zeitpunkt, ab wann Sie als Vorgesetzter aktiv werden und mit dem Mobbingtäter sprechen.
  - Sie stimmen weitere Gesprächstermine ab, gegebenenfalls ein Gruppengespräch unter 6 Augen (etwa mit dem Betriebsrat).
- Beenden Sie das Gespräch positiv. Signalisieren Sie Zuversicht für Veränderungen und Lösungen.

Selbst-Test: Wie effektiv führen Sie ein Mobbinggespräch mit dem gemobbten Mitarbeiter?

		Ja	Nein
1	Da ich mich frühzeitig um den Mobbingfall kümmere, kann ich mir einen guten Eindruck über die Situation machen und das Gespräch effektiv planen.	❑	❑
2	Als Führungskraft liegt mir das Wohl meines Mitarbeiters am Herzen. Ich habe daher ein offenes Ohr für seine Probleme.	❑	❑
	Ich setze mich persönlich dafür ein, dass die Probleme meines Mitarbeiters gelöst werden.	❑	❑
	Ich zeige Verständnis für die Situation meines Mitarbeiters und versuche, mich in seine Lage hineinzuversetzen.	❑	❑
	Bei dem Gespräch verhalte ich mich neutral und sehe mich in erster Linie nur als Vermittler und nicht als Richter.	❑	❑
	Meinem Mitarbeiter gebe ich das Gefühl, dass er ein wertvoller Bestandteil des Unternehmens ist und ich auf seine Arbeit nicht verzichten will.	❑	❑
	Während des Gesprächs lasse ich meinem Mitarbeiter genügend Zeit, um aus seiner Sicht den Mobbingfall zu schildern.	❑	❑
	Ich zweifle nicht an der Glaubwürdigkeit der Mitarbeiteraussage und nehme die Schilderung sehr ernst.	❑	❑
	Um meinen Mitarbeiter nicht vor seinen Kollegen bloßzustellen und die Situation zu verschärfen, biete ich ihm an, das Problem erst einmal selbst zu lösen.	❑	❑
	Ich gebe meinem Mitarbeiter die Sicherheit, hinter ihm zu stehen.	❑	❑
	Nach dem Gespräch gebe ich meinem Mitarbeiter das Gefühl, einen Lösungsweg für sein Problem gefunden zu haben.	❑	❑
	Mit meinen aufmunternden Worten schaffe ich es, meinem Mitarbeiter das Selbstvertrauen und die Freude an der Arbeit wiederzugeben.	❑	❑

Kopiervorlage

Test-Auswertung:

Haben Sie mehr als **7-mal mit „Nein“** geantwortet, wird Ihr Mitarbeiter keinen zweiten Anlauf machen, um mit Ihnen über seinen Mobbingfall zu sprechen. Sie stellen für ihn keine Hilfe dar. Im Gegenteil, Sie machen mit Ihrer Einstellung alles noch problematischer. Ihr Mitarbeiter wird versuchen, das Problem allein zu lösen und im schlimmsten Fall kündigen.

Um dem Mobbingopfer helfen zu können, sollten Sie immer ein waches Auge auf Ihre Abteilung haben. Beobachten Sie die Atmosphäre, den Umgangston, das Verhalten einzelner Mitarbeiter. Haben Sie einen Verdacht, sollten Sie nachhaken und durch Gespräche für Klarheit sorgen.

Selbst-Test: Wie effektiv führen Sie ein Mobbinggespräch mit dem gemobbten Mitarbeiter?

	Ja	Nein
Da ich mich frühzeitig um den Mobbingfall kümmere, kann ich mir einen guten Eindruck über die Situation machen und das Gespräch effektiv planen.	❑	❑
Als Führungskraft liegt mir das Wohl meines Mitarbeiters am Herzen. Ich habe daher ein offenes Ohr für seine Probleme.	❑	❑
Ich setze mich persönlich dafür ein, dass die Probleme meines Mitarbeiters gelöst werden.	❑	❑
Ich zeige Verständnis für die Situation meines Mitarbeiters und versuche, mich in seine Lage hineinzuversetzen.	❑	❑
Bei dem Gespräch verhalte ich mich neutral und sehe mich in erster Linie nur als Vermittler und nicht als Richter.	❑	❑
Meinem Mitarbeiter gebe ich das Gefühl, dass er ein wertvoller Bestandteil des Unternehmens ist und ich auf seine Arbeit nicht verzichten will.	❑	❑
Während des Gesprächs lasse ich meinem Mitarbeiter genügend Zeit, um aus seiner Sicht den Mobbingfall zu schildern.	❑	❑
Ich zweifle nicht an der Glaubwürdigkeit der Mitarbeiteraussage und nehme die Schilderung sehr ernst.	❑	❑
Um meinen Mitarbeiter nicht vor seinen Kollegen bloßzustellen und die Situation zu verschärfen, biete ich ihm an, das Problem erst einmal selbst zu lösen.	❑	❑
Ich gebe meinem Mitarbeiter die Sicherheit, hinter ihm zu stehen.	❑	❑
Nach dem Gespräch gebe ich meinem Mitarbeiter das Gefühl, einen Lösungsweg für sein Problem gefunden zu haben.	❑	❑
Mit meinen aufmunternden Worten schaffe ich es, meinem Mitarbeiter das Selbstvertrauen und die Freude an der Arbeit wiederzugeben.	❑	❑

Gespräch mit dem Mobber

Unter Mobbing versteht man das systematische Bekämpfen eines Mitarbeiters durch Schikanen, Intrigen bis hin zum versteckten Psycho-Krieg. Mobbing vollzieht sich meist ohne Kenntnis des Vorgesetzten in aller Heimlichkeit und Heimtücke. Umso wichtiger ist es, dass Sie dem Mobbing-Täter auf die Schliche kommen und ihm sein Fehlverhalten aufzeigen, um die Harmonie im Betriebsklima und die Freude an der Arbeit zu garantieren.

Mögliche Ursachen für Mobbing können sein:

- Ihr mobbender Mitarbeiter fühlt sich benachteiligt.
- Ihr Mitarbeiter ist auf die Leistung anderer Kollegen neidisch.
- Ihr Mitarbeiter fühlt sich permanent überfordert und ist gereizt.
- Ihr Mitarbeiter ist mit der Leistung eines Kollegen unzufrieden, weil dadurch der Teamerfolg gefährdet ist.
- Ihr Mitarbeiter hat kein Verständnis für die Situation seiner Kollegen.

1 Gesprächsvorbereitung

- Machen Sie sich vor der Gesprächsdurchführung mit den Fakten vertraut:
  - Wer wird durch Ihren Mitarbeiter gemobbt?
  - Wie lange dauert der Mobbing-Fall schon?
  - Was können die Ursachen für den Mobbing-Konflikt sein?

2 Gesprächsdurchführung

- Begrüßen Sie Ihren Mitarbeiter freundlich. Versuchen Sie, ihm ohne vorgefasste Meinung entgegenzutreten. Durchleuchten Sie erst die Fakten, ehe Sie Ihren Mitarbeiter verurteilen, und vermeiden Sie eine Anklage des vermeintlichen „Täters".
- Verzichten Sie auf Smalltalk. Gerade bei einem aggressiven Mobbing-Täter sollten Sie das Gespräch sofort auf eine sachliche und autoritäre Ebene bringen. Dazu ist es wichtig, dass Sie Augenkontakt halten, das Gespräch durch gezielte Fragen führen und am Ende des Gesprächs klare Anweisungen geben.
- Erläutern Sie Ihrem Mitarbeiter den Gesprächsanlass. Nennen Sie konkrete Fakten zum Mobbing-Konflikt.
- Lassen Sie Ihren Mitarbeiter Stellung zu dem Vorwurf nehmen. Versuchen Sie dabei herauszufinden, warum Ihr Mitarbeiter mobbt. Betrachtet er sich eventuell selbst als Opfer, das seine Mobbing-Attacken als Verteidigung sieht? Oder mobbt Ihr Mitarbeiter, um sich Vorteile zu verschaffen oder Konkurrenten aus dem Weg zu räumen?
- Versuchen Sie, gemeinsam mit Ihrem Mitarbeiter der Ursache auf den Grund zu gehen und einen Lösungsweg zu finden. Analysieren Sie die Situation ohne Schuldzuweisung.
- Machen Sie Lösungs-Vorschläge. Bieten Sie an, sich gemeinsam mit dem Konflikt-Partner an einen Tisch zu setzen, um das Problem zu besprechen.
- Geben Sie Ihrem Mitarbeiter klar zu verstehen, dass Sie Mobbing-Attacken verurteilen und unter gar keinen Umständen dulden. Erläutern Sie Ihrem Mitarbeiter die Folgen von Mobbing wie Demotivation, gestörtes Betriebsklima, Leistungsabfall und psychische Probleme. Bitten Sie Ihren Mitarbeiter darum, seine Probleme künftig offen zu klären, indem er mit der betroffenen Person Gespräche führt oder mit Ihnen darüber spricht.
- Handelt es sich bei Ihrem Mitarbeiter um einen aggressiven Mobbing-Täter, sollten Sie ihm gegenüber eine Abmahnung aussprechen und eine Kündigung als letztes Mittel nicht ausschließen.

Checkliste: So führen Sie ein wirkungsvolles Gespräch mit dem Mobber

1	Ich bereite mich sorgfältig auf das Gespräch vor und sammle alle notwendigen Informationen und Unterlagen über den Mobbing-Fall und meinen mobbenden Mitarbeiter.	❑
	Um meinen Mitarbeiter besser verstehen zu können, versuche ich im Vorfeld Informationen zu seiner Person und seiner Arbeit zu bekommen.	❑
2	Ich gehe unvoreingenommen in das Gespräch und warte das Ergebnis ab, ehe ich mir eine Meinung über den Fall und meinen Mitarbeiter bilde.	❑
	Nicht immer steckt hinter Mobbing eine böswillige Absicht. Ich lasse daher meinen Mitarbeiter schildern, warum er mobbt, um mich in ihn hineinzuversetzen und den Fall besser lösen zu können.	❑
	Ich lasse meinen Mitarbeiter ausreden und unterbreche ihn nur durch wichtige Fragen.	❑
	Bei der Problemfindung analysiere ich das Umfeld meines Mitarbeiters.	❑
	Ich stelle auch mein eigenes Führungsverhalten infrage: – Fördere ich meine Mitarbeiter genügend? – Behandele ich alle Mitarbeiter gleich? – Habe ich ein offenes Ohr für Probleme? – Unternehme ich alles, damit meine Mitarbeiter Spaß an der Arbeit haben und ein harmonisches Betriebsklima herrscht? – Führe ich mit meinen Mitarbeitern Anerkennungsgespräche, lobe ich sie und erteile ich ihnen Feedback über ihre Arbeit?	❑ ❑ ❑ ❑ ❑ ❑
	Ich gebe meinem Mitarbeiter klar zu verstehen, dass ich Mobbing verurteile und in meiner Abteilung nicht dulde.	❑
	Ich erarbeite mit meinem Mitarbeiter gemeinsam Lösungsvorschläge.	❑
	Ich nenne Maßnahmen, wie in Zukunft in meiner Abteilung Mobbing vermieden werden kann: – offene Streitkultur – Bestimmung eines neuen Verhaltenskodex und einer Betriebsethik – Verbesserung der internen Kommunikation – Feedback-Gespräche – Verbessertes Konfliktmanagement	❑ ❑ ❑ ❑ ❑

Kopiervorlage

Checkliste: So führen Sie ein wirkungsvolles Gespräch mit dem Mobber

Ich bereite mich sorgfältig auf das Gespräch vor und sammle alle notwendigen Informationen und Unterlagen über den Mobbing-Fall und meinen mobbenden Mitarbeiter.	❑
Um meinen Mitarbeiter besser verstehen zu können, versuche ich im Vorfeld Informationen zu seiner Person und seiner Arbeit zu bekommen.	❑
Ich gehe unvoreingenommen in das Gespräch und warte das Ergebnis ab, ehe ich mir eine Meinung über den Fall und meinen Mitarbeiter bilde.	❑
Nicht immer steckt hinter Mobbing eine böswillige Absicht. Ich lasse daher meinen Mitarbeiter schildern, warum er mobbt, um mich in ihn hineinzuversetzen und den Fall besser lösen zu können.	❑
Ich lasse meinen Mitarbeiter ausreden und unterbreche ihn nur durch wichtige Fragen.	❑
Bei der Problemfindung analysiere ich das Umfeld meines Mitarbeiters.	❑
Ich stelle auch mein eigenes Führungsverhalten infrage: – Fördere ich meine Mitarbeiter genügend? – Behandele ich alle Mitarbeiter gleich? – Habe ich ein offenes Ohr für Probleme? – Unternehme ich alles, damit meine Mitarbeiter Spaß an der Arbeit haben und ein harmonisches Betriebsklima herrscht? – Führe ich mit meinen Mitarbeitern Anerkennungsgespräche, lobe ich sie und erteile ich ihnen Feedback über ihre Arbeit?	 ❑ ❑ ❑ ❑ ❑ ❑
Ich gebe meinem Mitarbeiter klar zu verstehen, dass ich Mobbing verurteile und in meiner Abteilung nicht dulde.	❑
Ich erarbeite mit meinem Mitarbeiter gemeinsam Lösungsvorschläge.	❑
Ich nenne Maßnahmen, wie in Zukunft in meiner Abteilung Mobbing vermieden werden kann: – offene Streitkultur – Bestimmung eines neuen Verhaltenskodex und einer Betriebsethik – Verbesserung der internen Kommunikation – Feedback-Gespräche – Verbessertes Konfliktmanagement	 ❑ ❑ ❑ ❑ ❑

Probezeitgespräch

Die Probezeit dient als Testphase für den Mitarbeiter und das Unternehmen. In dieser Zeit können beide Seiten entscheiden, ob das Arbeitsverhältnis fortgesetzt wird. Ab der 3. Arbeitswoche ist es sinnvoll, ein Probezeitgespräch zu führen, um Ihrem Mitarbeiter Rückmeldung über die bisherigen ersten Arbeitsergebnisse zu geben. Während der Probezeit sollten Sie versuchen, Eignung und Nichteignung Ihres Mitarbeiters festzustellen. Geben Sie regelmäßig ein kritisches, konstruktives und zeitnahes Feedback.

Ziel des Probezeitgesprächs ist es,

- die Arbeitsergebnisse zu besprechen,
- Lob und Kritik zu äußern,
- Zielvorgaben zu machen,
- Verbesserungsmaßnahmen zu treffen,
- den Mitarbeiter für seine Arbeit zu motivieren.

Gesprächsablauf bei einer Probezeit mit Aussicht auf Vertragsverlängerung

- Loben Sie Ihren Mitarbeiter für seine gute Arbeitsleistung und besonderen Eigenschaften.
- Fragen Sie ihn nach seinen ersten Erfahrungen. Hat er Anregungen, nehmen Sie diese auf und bieten Sie Ihre Unterstützung an.
- Geben Sie ihm Impulse, wie er sich weiterentwickeln kann, wo Veränderungen angebracht sind und wo er dazulernen kann.
- Besprechen Sie mit Ihrem Mitarbeiter die weitere Vorgehensweise. Vereinbaren Sie ein nächstes Gespräch.
- Übergeben Sie einen erweiterten Einarbeitungsplan zur besseren Orientierung.
- Ermuntern Sie Ihren Mitarbeiter mit motivierenden Worten, seine Arbeit so weiterzumachen wie bisher.

Gesprächsablauf bei Gefährdung der Probezeit

- Geben Sie Ihrem Mitarbeiter eine klare Mitteilung über den derzeitigen Sachstand.
- Sprechen Sie kritische Punkte an, um Ihrem Mitarbeiter die Möglichkeit zu geben, seine Arbeitsleistung zu verbessern.
- Nennen Sie dazu konkrete Fakten und Beispiele. Ihr Mitarbeiter muss nachvollziehen können, wo seine Leistung den Erwartungen (noch) nicht entspricht.
- Überprüfen Sie mithilfe des Einarbeitungsplans und der Stellenbeschreibung, wo und warum Ihr Mitarbeiter die notwendigen Voraussetzungen nicht erfüllt.
- Klären Sie vorhandene Probleme. Fragen Sie Ihren Mitarbeiter nach seiner Ansicht, warum die Arbeit Probleme macht.
- Legen Sie konkrete Verbesserungsmaßnahmen fest. Erklären Sie deutlich, was Sie von Ihrem Mitarbeiter erwarten.
- Besprechen Sie die weitere Vorgehensweise. Unterstützen Sie Ihren Mitarbeiter durch klare Zielvorgaben.
- Legen Sie einen Zeitpunkt fest, wann Sie sich wieder zu einem Gespräch treffen.

Ablaufplan für eine 3-monatige Probezeit

Name des Mitarbeiters: ______________ Datum Probezeitbeginn: ______________

Abteilung: ______________ Datum Probezeitende: ______________

1. Monat (von .... bis)	
Woche 1	■ Einführungsgespräch ■ Übergabe des Einarbeitungsplans ■ Festlegen eines Kollegen als Ansprechpartner und Helfer beim Ausführen delegierter Arbeiten
Woche 2	■ Befragung des Mitarbeiters nach Zufriedenheit und persönlichen Erfahrungen ■ Überprüfen der Arbeiten, Rückmeldung erteilen ■ Gegebenenfalls Arbeiten konkretisieren, kritisieren oder loben
Woche 3	■ Ausführliches Probezeitgespräch führen ■ Arbeitsplan festlegen und weitere Arbeitsschritte planen ■ Aktive Mitarbeit des neuen Mitarbeiters kontrollieren
Woche 4	■ Feedback des vergangenen Monats erteilen ■ Offene Fragen klären ■ Arbeitsplan für den 2. Monat vorbereiten
2. Monat (von .... bis)	
Woche 1	■ Arbeitsplan mit konkreten Arbeitsanweisungen übergeben ■ Erfüllung der Arbeitsleistung kontrollieren ■ Feedback zum Beginn des neuen Monats erteilen
Woche 2	■ Halbzeitergebnis zusammenfassen ■ Gegebenenfalls ein Kritikgespräch führen, wenn sich das Arbeitsergebnis nicht verbessert hat ■ Weitere Maßnahmen festlegen
Woche 3	■ Beobachten des neuen Mitarbeiters, ob die Maßnahmen angenommen werden ■ Gespräch mit dem Mitarbeiterhelfer, um die Weiterentwicklung des Neuen zu fördern
Woche 4	■ Rückmeldung zum Monatsende geben ■ Weitere Arbeitsschritte festlegen, um die Probezeit erfolgreich abzuschließen
3. Monat (von .... bis)	
Woche 1	■ Selbstständiges Arbeiten des neuen Mitarbeiters ermöglichen ■ Bei Gefährdung der Probezeit ein letztes Feedback-Gespräch führen mit klaren Schritten, wie die letzten 3 Wochen abzulaufen haben
Woche 2	■ Bei einer erfolgreichen Probezeit dem Mitarbeiter ein positives Feedback geben, um ihn zu motivieren ■ Aufgaben des Arbeitsbereichs ausdehnen, um dem Mitarbeiter eine Weiterentwicklung zu ermöglichen
Woche 3	■ Gründe und Argumentationen zusammenstellen für den Fall, dass der Mitarbeiter nicht übernommen wird
Woche 4	■ Bei Übernahme des Mitarbeiters Arbeitsvertrag vorbereiten ■ Bei Kündigung des Mitarbeiters das Kündigungsschreiben vorbereiten ■ Abschlussgespräch führen: Besprechung der zukünftigen Arbeit mit dem übernommenen Mitarbeiter

Kopiervorlage

Ablaufplan für eine 3-monatige Probezeit

Name des Mitarbeiters: ____________________ Datum Probezeitbeginn: ____________________

Abteilung: ____________________ Datum Probezeitende: ____________________

1. Monat (von .... bis)	
Woche 1	■ Einführungsgespräch ■ Übergabe des Einarbeitungsplans ■ Festlegen eines Kollegen als Ansprechpartner und Helfer beim Ausführen delegierter Arbeiten
Woche 2	■ Befragung des Mitarbeiters nach Zufriedenheit und persönlichen Erfahrungen ■ Überprüfen der Arbeiten, Rückmeldung erteilen ■ Gegebenenfalls Arbeiten konkretisieren, kritisieren oder loben
Woche 3	■ Ausführliches Probezeitgespräch führen ■ Arbeitsplan festlegen und weitere Arbeitsschritte planen ■ Aktive Mitarbeit des neuen Mitarbeiters kontrollieren
Woche 4	■ Feedback des vergangenen Monats erteilen ■ Offene Fragen klären ■ Arbeitsplan für den 2. Monat vorbereiten
2. Monat (von .... bis)	
Woche 1	■ Arbeitsplan mit konkreten Arbeitsanweisungen übergeben ■ Erfüllung der Arbeitsleistung kontrollieren ■ Feedback zum Beginn des neuen Monats erteilen
Woche 2	■ Halbzeitergebnis zusammenfassen ■ Gegebenenfalls ein Kritikgespräch führen, wenn sich das Arbeitsergebnis nicht verbessert hat ■ Weitere Maßnahmen festlegen
Woche 3	■ Beobachten des neuen Mitarbeiters, ob die Maßnahmen angenommen werden ■ Gespräch mit dem Mitarbeiterhelfer, um die Weiterentwicklung des Neuen zu fördern
Woche 4	■ Rückmeldung zum Monatsende geben ■ Weitere Arbeitsschritte festlegen, um die Probezeit erfolgreich abzuschließen
3. Monat (von .... bis)	
Woche 1	■ Selbstständiges Arbeiten des neuen Mitarbeiters ermöglichen ■ Bei Gefährdung der Probezeit ein letztes Feedback-Gespräch führen mit klaren Schritten, wie die letzten 3 Wochen abzulaufen haben
Woche 2	■ Bei einer erfolgreichen Probezeit dem Mitarbeiter ein positives Feedback geben, um ihn zu motivieren ■ Aufgaben des Arbeitsbereichs ausdehnen, um dem Mitarbeiter eine Weiterentwicklung zu ermöglichen
Woche 3	■ Gründe und Argumentationen zusammenstellen für den Fall, dass der Mitarbeiter nicht übernommen wird
Woche 4	■ Bei Übernahme des Mitarbeiters Arbeitsvertrag vorbereiten ■ Bei Kündigung des Mitarbeiters das Kündigungsschreiben vorbereiten ■ Abschlussgespräch führen: Besprechung der zukünftigen Arbeit mit dem übernommenen Mitarbeiter

Rückkehrgespräch

Mit einem Rückkehrgespräch helfen Sie Ihrem Mitarbeiter, nach längerer Abwesenheit einen Neuanfang im Unternehmen zu starten.

- Nach Erziehungsurlaub, Auslandseinsätzen oder zeitweiliger Versetzung helfen Rückkehrgespräche Ihrem Mitarbeiter zu verdeutlichen, dass seine Eingliederung kein Problem darstellt und er in der Entwicklung nichts versäumt hat. Im Gegenteil: Ihr Mitarbeiter hat Kompetenzen dazugewonnen und stellt durch das neu gewonnene Wissen eine Bereicherung für die Firma dar.
- Rückkehrgespräche bei einem Mitarbeiter, der durch Krankheit länger abwesend war, sind als psychologische Hilfsmaßnahme zu sehen. Sie bauen eine Verständigungsbrücke zwischen dem Mitarbeiter und dem alten oder neuen Team. Das Gespräch knüpft an alte Leistungen an und macht klar, dass für einen Neustart alle Weichen gestellt werden.

Gesprächsvorbereitung

- Führen Sie das Gespräch möglichst am ersten Arbeitstag oder zumindest in der ersten Woche.
- Planen Sie genügend Zeit ein. Ein Gespräch zwischen Tür und Angel kommt nicht zum Kern der Sache und lässt Ihren Mitarbeiter mit den wichtigsten Fragen und Gefühlen allein.
- Legen Sie sich Ihr Gesprächsziel fest. Ihr Mitarbeiter soll wissen, was ihn erwartet und wie der Neuanfang geplant ist.
- Recherchieren Sie den Grund der Abwesenheit. Nur so können Sie einen individuellen Einstieg erarbeiten, der Ihrem Mitarbeiter hilft, wieder Fuß zu fassen.

Gesprächsdurchführung

- Geben Sie Ihrem Mitarbeiter nach einer freundlichen Begrüßung die Möglichkeit, von sich zu erzählen. Hören Sie ihm dabei aufmerksam zu, und lassen Sie ihn ausreden. Achten Sie auf Untertöne oder Signale bezüglich seiner Arbeit. Das sind Botschaften für Sie über eventuelle Befürchtungen Ihres Mitarbeiters.
- Erkundigen Sie sich nach seinen neuen Erfahrungen und Kenntnissen. Das wird Ihrem Mitarbeiter Sicherheit geben, den richtigen Weg gegangen zu sein.
- Führen Sie ein Rückkehrgespräch mit einem Mitarbeiter, der nach langer Krankheit zurückkehrt, fragen Sie nach möglichen Ursachen für seine Erkrankung. Ihr Mitarbeiter ist jedoch nicht verpflichtet, Ihnen Diagnosen mitzuteilen.
- Sprechen Sie offen mit dem Mitarbeiter, was er sich zutraut. Vereinbaren Sie eine schrittweise Steigerung der Belastung. Richten Sie sich dabei nach Ihrem Gefühl und den Angaben des Mitarbeiters. Dadurch bauen Sie eine Vertrauensbasis auf.
- Lassen Sie Ihren Mitarbeiter Vorschläge machen, wie er seinen Wiedereinstieg sieht. Überprüfen Sie in Ruhe, welche Vorschläge Sie annehmen können.
- Unterstützen Sie alle Aktivitäten, um Ihren Mitarbeiter leistungsfähig zu machen. Fördern Sie seine Eigeninitiative und beziehen Sie seine veränderte Ausgangsposition mit ein.
- Äußern Sie am Ende des Gesprächs noch einmal Ihre Freude über den Neuanfang Ihres Mitarbeiters. Sie stärken so sein Selbstvertrauen und fördern seine Motivation.

Checkliste: Das sollten Sie bei einem Rückkehrgespräch auf jeden Fall vermeiden

Führen Sie keine Gespräche unter Zeitdruck.	❏
Fallen Sie nicht mit der Tür ins Haus.	❏
Gehen Sie nicht unvorbereitet in das Gespräch. Ihr Mitarbeiter soll das Gefühl bekommen, Sie interessieren sich für seine Person.	❏
Führen Sie keine Monologe. Es geht nicht um Sie, sondern um die Belange Ihres Mitarbeiters.	❏
Werden Sie nicht persönlich.	❏
Machen Sie Ihrem Mitarbeiter keine Vorwürfe.	❏
Vermeiden Sie Ironie oder Zweideutigkeiten.	❏
Zweifeln Sie nicht an der Krankheit Ihres Mitarbeiters.	❏
Zwingen Sie Ihrem Mitarbeiter keine Aufgaben auf, die für ihn in dieser Phase nicht einfach zu bewältigen sind.	❏
Erzeugen Sie bei Ihrem Mitarbeiter keinen Leistungsdruck.	❏
Sprechen Sie nicht von vergangenen Leistungen, um Ihrem Mitarbeiter zu zeigen, was er alles versäumt hat.	❏

Kopiervorlage

Checkliste: Das sollten Sie bei einem Rückkehrgespräch auf jeden Fall vermeiden

Führen Sie keine Gespräche unter Zeitdruck.	❑
Fallen Sie nicht mit der Tür ins Haus.	❑
Gehen Sie nicht unvorbereitet in das Gespräch. Ihr Mitarbeiter soll das Gefühl bekommen, Sie interessieren sich für seine Person.	❑
Führen Sie keine Monologe. Es geht nicht um Sie, sondern um die Belange Ihres Mitarbeiters.	❑
Werden Sie nicht persönlich.	❑
Machen Sie Ihrem Mitarbeiter keine Vorwürfe.	❑
Vermeiden Sie Ironie oder Zweideutigkeiten.	❑
Zweifeln Sie nicht an der Krankheit Ihres Mitarbeiters.	❑
Zwingen Sie Ihrem Mitarbeiter keine Aufgaben auf, die für ihn in dieser Phase nicht einfach zu bewältigen sind.	❑
Erzeugen Sie bei Ihrem Mitarbeiter keinen Leistungsdruck.	❑
Sprechen Sie nicht von vergangenen Leistungen, um Ihrem Mitarbeiter zu zeigen, was er alles versäumt hat.	❑

Rückmeldegespräche sichern den Teamerfolg und geben Ihrem Mitarbeiter eine Orientierung für seine Weiterentwicklung. Da Jahresgespräche zur Bewältigung täglicher Führungsarbeit nicht ausreichen, sollten Sie Rückmeldegespräche unmittelbar aufgrund von Leistungen führen, um die nötige Konsequenz in die Mitarbeiterführung zu bringen.

Gesprächsgrundlagen

- Führen Sie Rückmeldegespräche immer dann, wenn Sie Ihrem Mitarbeiter ein Feedback unmittelbar nach einer Leistung geben wollen. Das kann Kritik sein, wenn Ihr Mitarbeiter seine Arbeit nicht ordnungsgemäß ausgeführt hat, aber auch ein Lob für eine erfolgreiche Aufgabenerfüllung.
- Mischen Sie niemals Lob und Kritik in einem Gespräch. Entweder Sie loben aufgrund besonderer Leistungen – dann schränken Sie das nicht wieder durch Kritik ein – oder Sie kritisieren, dann verwässern Sie das nicht wieder durch Lob.
- Achten Sie auf die Balance von Kritik und Lob über die Zeit hinweg.
- Bevor Sie Kritik äußern, sollten Sie sich nach den Ursachen erkundigen. Lassen Sie Ihren Mitarbeiter erzählen, warum er beispielsweise eine Aufgabe nicht erledigt hat. Versuchen Sie sich in sein Verhalten hineinzuversetzen.
- Sprechen Sie Kritik und Lob immer offen und direkt aus. Ihr Mitarbeiter soll die Ernsthaftigkeit Ihrer Worte spüren.
- Übertreiben Sie es nicht mit lobenden Worten. Lob sollte immer einen direkten Bezug zu einer Leistung haben. Unehrliches und allgemein ausgesprochenes Lob bewirkt das Gegenteil von Motivation.
- Treffen Sie mit dem Mitarbeiter gemeinsam Vereinbarungen, wie seine Leistung sinnvoll weiterentwickelt werden kann. Lassen Sie auch Ihren Mitarbeiter seine Ideen dazu äußern. Halten Sie die Vereinbarungen schriftlich fest. Das gibt Ihrem Mitarbeiter das Gefühl, dass Sie es ehrlich meinen mit Ihren Worten und seine Weiterentwicklung verfolgen. Sorgen Sie dafür, dass die Vereinbarungen auch eingehalten werden. Setzen Sie sich dafür Termine, an denen Sie die Erfüllung der Vereinbarungen kontrollieren.

Checkliste: Vermeiden Sie diese häufigen Fehler in Rückmeldegesprächen

Sie führen Rückmeldegespräche nicht in einem vertrauten Gespräch, sondern vor Kollegen oder sogar Kunden.	❑
Sie werten das Verhalten Ihres Mitarbeiters vorschnell und lassen nur Ihre Sichtweise gelten.	❑
Sie warten mit dem Rückmeldegespräch zu lange. Der Vorfall ist längst nicht mehr aktuell und fast vergessen.	❑
Sie äußern sich nur negativ und zwingen den Mitarbeiter so, sich zu verteidigen, damit er nicht völlig sein Gesicht verliert.	❑
Ihre Rückmeldung bleibt unpräzise, die Schilderung des Sachverhalts ist vage und ungenau.	❑
Sie führen die Rückmeldung wie ein Verhör und treiben Ihren Mitarbeiter so in die Enge.	❑
Sie nutzen das Rückmeldegespräch, um Ihrem Ärger Luft zu machen.	❑
Sie geben Ihrem Mitarbeiter keine Gelegenheit, seine Sicht der Dinge zu schildern.	❑
Sie treffen mit Ihrem Mitarbeiter Vereinbarungen, die Sie hinterher nicht konsequent verfolgen.	❑
Sie erwähnen Lob nur beiläufig und begründen es nicht.	❑
Ihr Lob hat keinen Bezug zu den Leistungen Ihres Mitarbeiters.	❑

Kopiervorlage

Checkliste: Vermeiden Sie diese häufigen Fehler in Rückmeldegesprächen

Sie führen Rückmeldegespräche nicht in einem vertrauten Gespräch, sondern vor Kollegen oder sogar Kunden.	❑
Sie werten das Verhalten Ihres Mitarbeiters vorschnell und lassen nur Ihre Sichtweise gelten.	❑
Sie warten mit dem Rückmeldegespräch zu lange. Der Vorfall ist längst nicht mehr aktuell und fast vergessen.	❑
Sie äußern sich nur negativ und zwingen den Mitarbeiter so, sich zu verteidigen, damit er nicht völlig sein Gesicht verliert.	❑
Ihre Rückmeldung bleibt unpräzise, die Schilderung des Sachverhalts ist vage und ungenau.	❑
Sie führen die Rückmeldung wie ein Verhör und treiben Ihren Mitarbeiter so in die Enge.	❑
Sie nutzen das Rückmeldegespräch, um Ihrem Ärger Luft zu machen.	❑
Sie geben Ihrem Mitarbeiter keine Gelegenheit, seine Sicht der Dinge zu schildern.	❑
Sie treffen mit Ihrem Mitarbeiter Vereinbarungen, die Sie hinterher nicht konsequent verfolgen.	❑
Sie erwähnen Lob nur beiläufig und begründen es nicht.	❑
Ihr Lob hat keinen Bezug zu den Leistungen Ihres Mitarbeiters.	❑

Unterweisungsgespräch

Die Weitergabe vorhandener Fertigkeiten und Kenntnisse eines Arbeitsbereichs bedarf einer gründlichen Unterweisung. Je klarer und deutlicher Sie Ihren Mitarbeiter in die neue Aufgabe einweisen, umso weniger Fehler wird er machen, und Doppelarbeit kann vermieden werden.

Grundlagen eines Unterweisungsgesprächs

- Ihr Mitarbeiter wird durch die Unterweisungsmethoden „Vorführen" und „Nachmachen" zielgerichtet und praxisnah in den neuen Aufgabenbereich eingewiesen. So muss er nicht lange ausprobieren, sondern erlernt sofort die richtige Vorgehensweise.
- Durch eine anschauliche Weise und unter realistischen Bedingungen können Sie Ihrem Mitarbeiter den Lernstoff besser vermitteln.
- Durch die aktive Lernmethode bringen Sie Ihrem Mitarbeiter den Sinn einzelner Tätigkeiten nahe. Bei der Vermittlung des Lernstoffs planen Sie die besonderen Bedürfnisse Ihres Mitarbeiters mit ein. So kann ein individuelles Lerntempo ermöglicht werden und die einzelnen Lernschritte können überschaubar bleiben. So knüpfen Sie mit Ihrem Unterweisungskonzept an die Fertigkeiten Ihres Mitarbeiters an, um ihn nicht zu überfordern.
- Indem Ihr Mitarbeiter die Möglichkeit hat, praxisnah an den Arbeitsschritten teilzunehmen, steigern sich seine Selbstsicherheit und Motivation durch das Gelingen der neuen Aufgabe.

Gesprächsablauf

- Bereiten Sie sich gut auf die Unterweisung vor und gehen Sie die einzelnen Arbeitsschritte durch. Machen Sie sich zur Unterstützung einen 4-Stufen-Plan.
- Geben Sie Ihrem Mitarbeiter vorab einen Gesamtüberblick über die Aufgabe. Nehmen Sie ihm dabei seine Befangenheit, indem Sie seine vorhandenen Fertigkeiten analysieren.
- Zergliedern Sie die Aufgabe in einzelne Teilschritte. Erklären Sie Schritt für Schritt den Ablauf und Inhalt. Bitten Sie Ihren Mitarbeiter um Zwischenfragen, falls er etwas nicht verstanden hat.
- Lassen Sie Ihren Mitarbeiter die Aufgabe wiederholen. Vermeiden Sie dabei eine Unterbrechung durch Ihren Kommentar oder eine Hilfestellung. Verbessern Sie nur grobe Fehler, die die Aufgabe behindern würden.
- Klären Sie Probleme und Fragen.
- Lassen Sie Ihren Mitarbeiter nun selbstständig eine Probeaufgabe durchführen.

4-Stufen-Plan für ein Unterweisungsgespräch

Unterweisungsschritt 1: Vorbereiten der neuen Aufgabe

- Bereiten Sie die neue Arbeit unter Einbeziehung der Fertigkeiten und Kenntnisse des Mitarbeiters vor.
- Planen Sie ausreichend Zeit ein, um Ihrem Mitarbeiter die Möglichkeit zum Erlernen der einzelnen Schritte zu geben.
- Zergliedern Sie die Aufgabe in kleine Teilschritte, um Ihren Mitarbeiter nicht durch zu viele Informationen zu überfordern.
- Geben Sie Ihrem Mitarbeiter die Möglichkeit, sich im Vorfeld über die neue Aufgabe zu informieren und dadurch festzustellen, wo Lücken oder Kenntnisse vorhanden sind.

Unterweisungsschritt 2: Einführung in die neue Aufgabe

- Erklären Sie Ihrem Mitarbeiter in geraffter Form die Aufgabe und weisen Sie dabei auf wichtige Details hin.
- Gehen Sie in einer 2. Einführung ausführlicher auf die Aufgabe ein und nennen Sie
  - Fachbegriffe,
  - bestimmte Vorgehensweisen oder
  - mögliche Probleme.
- Regen Sie Ihren Mitarbeiter zu Fragen an und klären Sie diese zum besseren Verständnis der Aufgabe.
- Ist die Aufgabe besonders schwer, erklären Sie diese ein 3. Mal und wiederholen dabei wichtige Kernpunkte.

Unterweisungsschritt 3: Theoretische Nachahmung der neuen Aufgabe durch den Mitarbeiter

- Fordern Sie Ihren Mitarbeiter auf, die Aufgabe eigenständig durchzuführen oder den Ablauf so zu erklären, wie er ihn verstanden hat. Vermeiden Sie dabei Kommentare oder Hilfestellungen. Verbessern Sie nur grobe Fehler.
- Lassen Sie Ihren Mitarbeiter ein 2. Mal die Aufgabe durchführen oder erklären. Diesmal verlangen Sie detaillierte Erklärungen und Begründungen. Korrigieren Sie dabei Fehler und prüfen Sie das Verständnis der einzelnen Arbeitsschritte.
- Falls erforderlich, lassen Sie Ihren Mitarbeiter die Aufgabe ein weiteres Mal wiederholen. Diesmal nur mit der Wiedergabe der Kernpunkte.

Unterweisungsschritt 4: Ausführen der neuen Aufgabe durch den Mitarbeiter

- Lassen Sie Ihren Mitarbeiter die Aufgabe selbstständig durchführen.
- Bieten Sie Ihrem Mitarbeiter eine Kontaktperson an, die ihn tatkräftig unterstützen soll.
- Beobachten Sie die Ausführung der Arbeit und geben Sie Ihrem Mitarbeiter ein Feedback über seine Erfolge.

Kopiervorlage

4-Stufen-Plan für ein Unterweisungsgespräch

Unterweisungsschritt 1: Vorbereiten der neuen Aufgabe

- Bereiten Sie die neue Arbeit unter Einbeziehung der Fertigkeiten und Kenntnisse des Mitarbeiters vor.
- Planen Sie ausreichend Zeit ein, um Ihrem Mitarbeiter die Möglichkeit zum Erlernen der einzelnen Schritte zu geben.
- Zergliedern Sie die Aufgabe in kleine Teilschritte, um Ihren Mitarbeiter nicht durch zu viele Informationen zu überfordern.
- Geben Sie Ihrem Mitarbeiter die Möglichkeit, sich im Vorfeld über die neue Aufgabe zu informieren und dadurch festzustellen, wo Lücken oder Kenntnisse vorhanden sind.

Unterweisungsschritt 2: Einführung in die neue Aufgabe

- Erklären Sie Ihrem Mitarbeiter in geraffter Form die Aufgabe und weisen Sie dabei auf wichtige Details hin.
- Gehen Sie in einer 2. Einführung ausführlicher auf die Aufgabe ein und nennen Sie
  - Fachbegriffe,
  - bestimmte Vorgehensweisen oder
  - mögliche Probleme.
- Regen Sie Ihren Mitarbeiter zu Fragen an und klären Sie diese zum besseren Verständnis der Aufgabe.
- Ist die Aufgabe besonders schwer, erklären Sie diese ein 3. Mal und wiederholen dabei wichtige Kernpunkte.

Unterweisungsschritt 3: Theoretische Nachahmung der neuen Aufgabe durch den Mitarbeiter

- Fordern Sie Ihren Mitarbeiter auf, die Aufgabe eigenständig durchzuführen oder den Ablauf so zu erklären, wie er ihn verstanden hat. Vermeiden Sie dabei Kommentare oder Hilfestellungen. Verbessern Sie nur grobe Fehler.
- Lassen Sie Ihren Mitarbeiter ein 2. Mal die Aufgabe durchführen oder erklären. Diesmal verlangen Sie detaillierte Erklärungen und Begründungen. Korrigieren Sie dabei Fehler und prüfen Sie das Verständnis der einzelnen Arbeitsschritte.
- Falls erforderlich, lassen Sie Ihren Mitarbeiter die Aufgabe ein weiteres Mal wiederholen. Diesmal nur mit der Wiedergabe der Kernpunkte.

Unterweisungsschritt 4: Ausführen der neuen Aufgabe durch den Mitarbeiter

- Lassen Sie Ihren Mitarbeiter die Aufgabe selbstständig durchführen.
- Bieten Sie Ihrem Mitarbeiter eine Kontaktperson an, die ihn tatkräftig unterstützen soll.
- Beobachten Sie die Ausführung der Arbeit und geben Sie Ihrem Mitarbeiter ein Feedback über seine Erfolge.

Verhandlungsgespräch

Ziel einer Verhandlung ist es, mit dem Verhandlungspartner eine positive Übereinkunft zu schaffen. Dabei liegt der Schwerpunkt des Verhandlungsprozesses darin, dass jede Partei etwas gibt und etwas bekommt. Wer nur Härte demonstriert, riskiert den Bruch der Verhandlung. Wer jede Bedingung vorbehaltlos akzeptiert, wird ebenfalls unzufrieden mit dem Verhandlungsergebnis sein.

Eine sachgerechte Argumentation, eine gute Kommunikation und eine sorgfältige Planung sind wichtige Grundlagen einer erfolgreichen Verhandlung.

Gesprächsvorbereitung

1 Verhandlungsziele festlegen

Legen Sie Ihre Verhandlungsziele fest. Analysieren Sie realistisch, ob Ihr Vorhaben umzusetzen ist. Ihre Ziele sollten klar umrissen und messbar sein.

2 Informationen sammeln

Stellen Sie sich auf Ihren Verhandlungspartner ein. Ergründen Sie seine Motivation. Sieht er sich als langfristiger Geschäftspartner oder Konkurrent, der lediglich an internen Informationen über Ihre Firma interessiert ist? Sammeln Sie notwendige Informationen über Ihren Geschäftspartner: Wie lange besteht sein Unternehmen? Ist er solvent und vertrauenswürdig? Das spart Zeit und Fragen während der Verhandlung.

3 Für die richtige Umgebung sorgen

Laden Sie Ihren Verhandlungspartner zu sich ein. Die vertraute Umgebung verschafft Ihnen einen psychologischen Vorteil, und Sie machen aus Ihrer Verhandlung ein „Heimspiel“.

Sorgen Sie für die notwendigen Erfrischungen und Snacks, damit die Konzentration nicht nachlässt.

Gesprächsablauf

4 Gesprächseröffnung

Meist ergreift die Partei das Wort, die eingeladen hat. Das verschafft ihr den Vorteil, das Gespräch lenken zu können.

5 Sitzordnung

Runde Tische wirken sich besonders günstig auf die Zusammenarbeit aus. Optische Konfrontationen werden vermieden, aus Parteien werden Teams. Ansonsten sitzt der Ranghöchste am Kopf eines rechteckigen Tischs. Daneben platziert wird der zweithöchste Teilnehmer.

6 Gesprächsführung

Stellen Sie Ihr Gegenüber in den Mittelpunkt Ihrer Bemühungen. Sie können Ihren Verhandlungspartner leichter überzeugen, wenn Sie sich auf den „Sie-Standpunkt“ stellen: „Für Sie am besten ...“, „es wird Ihnen nützen ...“. Zeigen Sie Größe, indem Sie hin und wieder von Ihrem Standpunkt abweichen. Damit demonstrieren Sie Kompromissbereitschaft. Verwenden Sie kurze Sätze und kommunizieren Sie verständlich. Statt technischer Ausdrücke sollten Sie die Bildsprache nutzen. Haben Sie etwas an Ihrem Gesprächspartner zu bemängeln, sollten Sie ihn mit Ich-Botschaften kritisieren. Besser Sie sagen „Ich bin irritiert“ als „Ich fühle mich durch Sie gestört“. Ihre Kritik kann somit nicht als Angriff ausgelegt werden. Schleicht sich ein aggressiver Ton in die Verhandlungsrunde ein, sollten Sie Ruhe bewahren. Bleiben Sie stets sachlich und gelassen.

7 Positiver Abschluss

Sorgen Sie für einen guten Schluss. Verabschieden Sie sich mit freundlichen Worten und danken Sie für das Kommen.

Nachbereitung

8 Nach der Verhandlung

Bestätigen Sie mit einem Protokoll das Verhandlungsergebnis, damit es zu keinen Missverständnissen kommt. Protokollieren Sie die Vereinbarungen und die einzelnen Gesprächs- und Verhandlungspunkte. Lassen Sie Ihren Verhandlungspartner das Protokoll ebenfalls bestätigen.

Kopiervorlage

Checkliste: So führen Sie effiziente Verhandlungsgespräche

1	Legen Sie vorab die Verhandlungsthemen fest.	❑
	Setzen Sie sich konkrete Ziele. Analysieren Sie, was Sie bei der Verhandlung erreichen wollen und ob dieses Vorhaben realistisch umzusetzen ist.	❑
	Erarbeiten Sie ein konkretes Verhandlungskonzept nach Struktur, Inhalt und Ergebnis.	❑
2	Erkundigen Sie sich nach den Motiven Ihres Verhandlungspartners. Was sind seine Interessen, Ziele, welchen Verhandlungsstil pflegt er?	❑
3 4	Nehmen Sie die Führung selbst in die Hand. Legen Sie fest, welches Thema wann behandelt wird.	❑
5	Halten Sie Sichtkontakt zu Ihrem Verhandlungspartner. Bekunden Sie Ihr Interesse durch Zwischenfragen.	❑
6	Führen Sie das Verhandlungsgespräch nach dem „W-Prinzip“. Was ist Ihr Anliegen? Welche Vorstellungen haben Sie? Wie sehen Sie diese Angelegenheit?	❑
	Bleiben Sie stets sachlich und gelassen. Mangelnde Selbstdisziplin macht Sie angreifbar für den Gegner.	❑
	Seien Sie bereit für Kompromisse. Verfahren Sie nach dem Minimal- und Maximalziel.	❑
	Sprechen Sie keine Drohungen aus.	❑
	Sind die Fronten verhärtet, zeigen Sie Kompromissbereitschaft.	❑
7	Versuchen Sie in jedem Fall, eine gute Beziehung zu Ihrem Verhandlungspartner aufzubauen. Erweisen Sie ihm Respekt.	❑
8	Fertigen Sie abschließend ein Protokoll an und lassen Sie es Ihrem Verhandlungspartner zukommen.	❑
	Machen Sie sich einen Zeitplan, wann Sie mit Ihrem Verhandlungspartner wieder in Kontakt treten.	❑

Checkliste: So führen Sie effiziente Verhandlungsgespräche

Legen Sie vorab die Verhandlungsthemen fest.	❑
Setzen Sie sich konkrete Ziele. Analysieren Sie, was Sie bei der Verhandlung erreichen wollen und ob dieses Vorhaben realistisch umzusetzen ist.	❑
Erarbeiten Sie ein konkretes Verhandlungskonzept nach Struktur, Inhalt und Ergebnis.	❑
Erkundigen Sie sich nach den Motiven Ihres Verhandlungspartners. Was sind seine Interessen, Ziele, welchen Verhandlungsstil pflegt er?	❑
Nehmen Sie die Führung selbst in die Hand. Legen Sie fest, welches Thema wann behandelt wird.	❑
Halten Sie Sichtkontakt zu Ihrem Verhandlungspartner. Bekunden Sie Ihr Interesse durch Zwischenfragen.	❑
Führen Sie das Verhandlungsgespräch nach dem „W-Prinzip“. Was ist Ihr Anliegen? Welche Vorstellungen haben Sie? Wie sehen Sie diese Angelegenheit?	❑
Bleiben Sie stets sachlich und gelassen. Mangelnde Selbstdisziplin macht Sie angreifbar für den Gegner.	❑
Seien Sie bereit für Kompromisse. Verfahren Sie nach dem Minimal- und Maximalziel.	❑
Sprechen Sie keine Drohungen aus.	❑
Sind die Fronten verhärtet, zeigen Sie Kompromissbereitschaft.	❑
Versuchen Sie in jedem Fall, eine gute Beziehung zu Ihrem Verhandlungspartner aufzubauen. Erweisen Sie ihm Respekt.	❑
Fertigen Sie abschließend ein Protokoll an und lassen Sie es Ihrem Verhandlungspartner zukommen.	❑
Machen Sie sich einen Zeitplan, wann Sie mit Ihrem Verhandlungspartner wieder in Kontakt treten.	❑

Versetzungsgespräch

Eine Versetzung stellt für Ihren Mitarbeiter eine Veränderung dar, die meistens ungelegen kommt und ihn aus seinem beruflichen Rhythmus reißt. In der Regel reagiert Ihr Mitarbeiter verärgert oder verunsichert auf die Versetzung, besonders wenn er seine momentane Arbeit gern macht.

Ziel des Versetzungsgesprächs ist es,

- Ihrem Mitarbeiter die Versetzung mitzuteilen,
- Ihrem Mitarbeiter die Gründe für die Versetzung zu nennen,
- Ihrem Mitarbeiter rechtliche Hinweise über die Versetzung zu geben,
- Ihrem Mitarbeiter möglichst 2 Alternativen zu nennen,
- Ihrem Mitarbeiter die Vorteile der Versetzung zu erklären.

Gesprächsvorbereitung

- Überdenken Sie noch einmal die Versetzung:
  - Können Sie die Versetzung ausreichend begründen?
  - Ist Ihr Mitarbeiter für die neue Aufgabe geeignet?
  - Welche Unterstützung können Sie ihm bei der Bewältigung der neuen Aufgabe geben?
  - Ist der neue Arbeitsplatz vorbereitet?
- Haben Sie sich rechtlich abgesichert? Besteht laut Arbeitsvertrag die Möglichkeit einer Versetzung? Liegen Gründe vor, wonach Ihr Mitarbeiter für die jetzige Arbeit nicht die nötige Qualifikation vorweisen kann?
- Können Sie Ihrem Mitarbeiter eine Alternative zu Ihrem Versetzungsangebot bieten?
- Planen Sie ausreichend Zeit ein. Ihr Mitarbeiter wird von Ihnen eine Begründung erwarten, warum Sie ihn für die momentane Arbeit nicht geeignet finden.

Gesprächsdurchführung

- Ihr Mitarbeiter wird mit der Versetzung nicht rechnen. Gehen Sie daher behutsam mit der Mitteilung um. Erklären Sie Ihrem Mitarbeiter nachvollziehbar, warum Sie es für richtig halten, ihm eine neue Aufgabe zu geben. Begründen Sie die Versetzung:
  - z. B. weil die Filiale schließt
  - z. B. weil Ihr Mitarbeiter offensichtlich der momentanen Aufgabe nicht gewachsen ist
- Geben Sie Ihrem Mitarbeiter Zeit, die Nachricht zu verkraften. Zeigen Sie Verständnis, wenn Ihr Mitarbeiter verärgert reagiert. Diskutieren Sie jedoch nicht über Ihre Entscheidung. Ihre Fakten untermauern Ihren Entschluss.
- Erklären Sie die Vorteile der Versetzung. Haben Sie auch ein offenes Ohr für eventuelle Nachteile der neuen Aufgabe. Suchen Sie nach Lösungsmöglichkeiten und klären Sie Missverständnisse auf.
- Bieten Sie Ihrem Mitarbeiter eine weitere Alternative an. Die Wahlmöglichkeit ermöglicht ihm eine aktive Beteiligung am Prozess.
- Zeigen Sie Ihrem Mitarbeiter die Chancen durch die Versetzung auf.
- Schließen Sie das Gespräch mit aufmunternden Worten ab, und bekräftigen Sie Ihre Meinung, dass die neue Aufgabe eine Chance für Ihren Mitarbeiter ist.

Checkliste: Sind Sie für ein Versetzungsgespräch gewappnet?

Bevor ich meinen Mitarbeiter über seine Versetzung informiere, kläre ich die rechtlichen Voraussetzungen dazu ab.	❑
Damit mein Mitarbeiter bei seiner neuen Arbeit motiviert ist, versuche ich, ihm eine Aufgabe zu geben, die seinen Fähigkeiten entspricht.	❑
Um meinen Mitarbeiter von seiner neuen Aufgabe zu überzeugen, erläutere ich ihm die Gründe, die zu der Versetzung führen.	❑
Reagiert mein Mitarbeiter mit Verärgerung, zeige ich Verständnis und höre mir seine Argumentation an.	❑
Ich präsentiere meinem Mitarbeiter eine weitere Alternative zu seiner Versetzung. Er kann so mitentscheiden, wo er seine Stärken in Zukunft einbringen will.	❑
Ich erläutere ihm die Chancen, die sich für ihn durch die Versetzung ergeben.	❑
Ich zeige Interesse für eventuelle Nachteile und lasse meinen Mitarbeiter seine Befürchtungen äußern.	❑
Gemeinsam mit meinem Mitarbeiter versuche ich, Lösungen für seine Ängste und Befürchtungen zu finden.	❑
Um das Selbstwertgefühl meines Mitarbeiters zu steigern, bekräftige ich noch einmal, wie sehr ich seine Leistung schätze und wir seine Arbeitskraft benötigen.	❑

Kopiervorlage

Checkliste: Sind Sie für ein Versetzungsgespräch gewappnet?

Bevor ich meinen Mitarbeiter über seine Versetzung informiere, kläre ich die rechtlichen Voraussetzungen dazu ab.	❑
Damit mein Mitarbeiter bei seiner neuen Arbeit motiviert ist, versuche ich, ihm eine Aufgabe zu geben, die seinen Fähigkeiten entspricht.	❑
Um meinen Mitarbeiter von seiner neuen Aufgabe zu überzeugen, erläutere ich ihm die Gründe, die zu der Versetzung führen.	❑
Reagiert mein Mitarbeiter mit Verärgerung, zeige ich Verständnis und höre mir seine Argumentation an.	❑
Ich präsentiere meinem Mitarbeiter eine weitere Alternative zu seiner Versetzung. Er kann so mitentscheiden, wo er seine Stärken in Zukunft einbringen will.	❑
Ich erläutere ihm die Chancen, die sich für ihn durch die Versetzung ergeben.	❑
Ich zeige Interesse für eventuelle Nachteile und lasse meinen Mitarbeiter seine Befürchtungen äußern.	❑
Gemeinsam mit meinem Mitarbeiter versuche ich, Lösungen für seine Ängste und Befürchtungen zu finden.	❑
Um das Selbstwertgefühl meines Mitarbeiters zu steigern, bekräftige ich noch einmal, wie sehr ich seine Leistung schätze und wir seine Arbeitskraft benötigen.	❑

Vorstellungsgespräch (1/3)

Gute Mitarbeiter sichern den Erfolg des Unternehmens. Daher bedarf es einer gründlichen Bewerber-Prüfung, um das Risiko einer Fehlbesetzung weitgehend zu minimieren.

1 Gesprächsvorbereitung in 5 Phasen

Phase 1: Klären Sie anhand der Bewerbungsunterlagen, ob die berufliche Qualifikation mit dem Anforderungsprofil der ausgeschriebenen Stelle übereinstimmt.

Phase 2: Analysieren Sie den beruflichen Lebensweg des Bewerbers.

- Sind Lücken vorhanden, gibt es Ungereimtheiten in der Laufbahn des Bewerbers?
- Hat der Bewerber in der Vergangenheit häufig den Arbeitsplatz gewechselt?
- Ist die Kurve seiner Laufbahn nach oben strebend, oder tendiert sie nach unten?
- Entdecken Sie außergewöhnliche Qualifikationen, die für die ausgeschriebene Stelle eine Bereicherung darstellen können?

Phase 3: Fertigen Sie als Gedächtnisstütze eine Liste mit wichtigen Punkten an, die sich gezielt auf die Anforderungen der Stelle beziehen und mögliche offene Fragen an den Bewerber.

Phase 4: Organisieren Sie den Ablauf des Tages. Wer nimmt an dem Gespräch außer Ihnen noch teil? Stimmen Sie Termin und Ort ab. Legen Sie sich alle wichtigen Unterlagen zurecht, auch eventuelle Firmenbroschüren, die Sie dem Bewerber mitgeben wollen.

Phase 5: Sorgen Sie für eine entspannte Atmosphäre während des Gesprächs. Schalten Sie Störfaktoren wie Telefonate und unerwartete Besucher aus. Bieten Sie Getränke an.

2 Gesprächsdurchführung

Begrüßung
Die Begrüßung sollte nicht zwischen Tür und Angel stattfinden. Gehen Sie bewusst auf den Bewerber zu, geben Sie ihm die Hand und stellen Sie sich und weitere Gesprächsteilnehmer vor. Bieten Sie ihm einen Platz an.

Runde 1: Bewerbungsmotive
Fragen Sie Ihren Gesprächspartner nach seinen Motiven für die Bewerbung. Haken Sie bei Unklarheiten nach, machen Sie sich dabei Notizen. Fragen Sie den Bewerber, ob und welche Informationen er über das Unternehmen eingeholt hat.

Runde 2: Unternehmenspräsentation
Hier stellen Sie das Unternehmen vor, erläutern die Firmenphilosophie und erklären Einzelheiten zum ausgeschriebenen Arbeitsplatz. Überprüfen Sie dabei die Aufmerksamkeit des Bewerbers.

Runde 3: Analyse der fachlichen Qualifikation
Analysieren Sie nun, ob der Bewerber den Anforderungen und den neuen Aufgaben gewachsen ist. Nehmen Sie Ihren Fragebogen zur Hilfe. Stellen Sie möglichst viele offene Fragen, auf die der Bewerber von sich erzählen kann.

Leitfaden: Vorstellungsgespräch

Allgemeine Informationen	Position der Stelle:	
	Bereich:	
	Name des Bewerbers:	
	Eintrittstermin:	
	Gesprächsteilnehmer:	

	Die einzelnen Gesprächsphasen	Notizen
1 ▶ Vorbereitung	– Bewerber analysieren	
	– Notizen machen	
	– Teilnehmer festlegen, Termin koordinieren	
	– Unterlagen bereitlegen	
	– Besprechungsraum vorbereiten	
2 ▶ Gesprächs-Beginn	– Begrüßen des Bewerbers	
	– Angenehme Atmosphäre schaffen	
	– Vorstellung der einzelnen Teilnehmer	
	– Erläuterung des Gesprächsablaufs	
Präsentation des Unternehmens	– Wie wurde der Bewerber auf das Unternehmen aufmerksam?	
	– Darstellung der Unternehmensphilosophie und der Produktpalette	
Beruflicher Werdegang des Bewerbers	– Schilderung der beruflichen Laufbahn des Bewerbers	
	– Nachhaken bei Unklarheiten	
	– Nervöse Bewerber wenn erforderlich beruhigen	
Erläuterung der Position	– Beschreibung der Tätigkeit und der Kompetenzen	
	– Feststellung, welche Aufgaben gern oder ungern erledigt werden	
	– Kritische Situationen zur Sprache bringen	
	– Wertvorstellungen des Unternehmens erläutern	
	– Erwartungen und Ziele des Unternehmens darlegen	
Gesprächs-Abschluss	– Eintrittstermin	
	– Höhe des Gehalts	
	– Wettbewerbsverbot etc.	
3 ▶ Nachbereitung	– Passt der Bewerber ins Profil?	
	– Was spricht für ihn?	
	– Was spricht gegen ihn?	

Kopiervorlage

Runde 4: Analyse der Bewerber-Persönlichkeit
Versuchen Sie, sich ein persönliches Bild vom Bewerber zu machen. Wie sieht seine Motivationsbereitschaft aus? Ist er teamfähig und flexibel?

Runde 5: Vertragskonditionen
Klären Sie die Gehaltsvorstellungen Ihres Bewerbers, den Eintrittstermin, eventuelle Wettbewerbsverbote oder Verschwiegenheitsverpflichtungen und andere Nebenbeschäftigungen.

Runde 6: Gesprächsabschluss
Verabschieden Sie sich freundlich, und lassen Sie es sich nicht anmerken, falls der Bewerber Ihren Vorstellungen nicht entspricht. Geben Sie weder eine Zu- noch Absage. Nennen Sie einen Zeitpunkt, an dem Sie dem Bewerber Ihre Entscheidung mitteilen.

3 Gesprächsnachbereitung

Werten Sie die Ergebnisse des Gesprächs aus, und vergleichen Sie diese mit dem Anforderungsprofil für die Stellenbesetzung. Wägen Sie negative Punkte ab, notieren Sie Abweichungen von Ihren Vorstellungen. Notieren Sie Pluspunkte, die für den Bewerber, und Minuspunkte, die gegen ihn sprechen.

Leitfaden: Vorstellungsgespräch

Allgemeine Informationen	Position der Stelle:	
	Bereich:	
	Name des Bewerbers:	
	Eintrittstermin:	
	Gesprächsteilnehmer:	
	Die einzelnen Gesprächsphasen	**Notizen**
Vorbereitung	– Bewerber analysieren	
	– Notizen machen	
	– Teilnehmer festlegen, Termin koordinieren	
	– Unterlagen bereitlegen	
	– Besprechungsraum vorbereiten	
Gesprächs-Beginn	– Begrüßen des Bewerbers	
	– Angenehme Atmosphäre schaffen	
	– Vorstellung der einzelnen Teilnehmer	
	– Erläuterung des Gesprächsablaufs	
Präsentation des Unternehmens	– Wie wurde der Bewerber auf das Unternehmen aufmerksam?	
	– Darstellung der Unternehmensphilosophie und der Produktpalette	
Beruflicher Werdegang des Bewerbers	– Schilderung der beruflichen Laufbahn des Bewerbers	
	– Nachhaken bei Unklarheiten	
	– Nervöse Bewerber wenn erforderlich beruhigen	
Erläuterung der Position	– Beschreibung der Tätigkeit und der Kompetenzen	
	– Feststellung, welche Aufgaben gern oder ungern erledigt werden	
	– Kritische Situationen zur Sprache bringen	
	– Wertvorstellungen des Unternehmens erläutern	
	– Erwartungen und Ziele des Unternehmens darlegen	
Gesprächs-Abschluss	– Eintrittstermin	
	– Höhe des Gehalts	
	– Wettbewerbsverbot etc.	
Nachbereitung	– Passt der Bewerber ins Profil?	
	– Was spricht für ihn?	
	– Was spricht gegen ihn?	

Nutzen Sie das nebenstehende Bewertungsformular, um den Eindruck, den Ihr Bewerber im Vorstellungsgespräch auf Sie gemacht hat, festzuhalten.

Tipp: Lassen Sie den Bogen von allen Gesprächsteilnehmern ausfüllen. Sie erhalten so eine höhere Objektivität, wenn Sie verschiedene Meinungen zusammen betrachten.

Hinweis: Wenn Sie die Endnoten eintragen, wägen Sie auf jeden Fall ab, wie wichtig der Punkt für die zu besetzende Stelle ist. Vergeben Sie dann die Note, die durch das Zusammenspiel der ersten Bewertung und Wichtigkeit entstehen würde. Für eine bessere Übersichtlichkeit können Sie hier mit verschiedenen Farben oder Zeichen arbeiten.

Bewertungsformular: Eindruck des Bewerbers beim Vorstellungsgespräch

Datum: __________
Name des Bewerbers: __________
Name des Gesprächsführers: __________
Weitere Teilnehmer: __________
Zu besetzende Stelle: __________

Legende:
0 = nicht vorhanden
1 = sehr schwach ausgeprägt
2 = schwach ausgeprägt
3 = stark ausgeprägt
4 = sehr stark ausgeprägt

Bewertung	0	1	2	3	4	Endnote
Erster Eindruck						
Auftreten						
Kleidung						
Umgangsformen						
Aufmerksamkeit						
Pünktlichkeit						
Interesse an der Stelle						
Fachliche Qualifikationen						
Ausbildung						
Berufserfahrung						
Lebenslauf						
theoretisches Wissen						
praktische Fertigkeiten						
spezielle Kenntnisse						
Fortbildungsmaßnahmen						
Persönliche Qualifikationen						
Zuverlässigkeit						
Überzeugungskraft						
Selbstsicherheit						
Sprachsicherheit						
Belastbarkeit						
Flexibilität						
Kreativität						
Teamfähigkeit						
Als Führungskraft geeignet?						

Wie war der Gesamteindruck des Bewerbers?

Welche Stärken des Bewerbers sprechen bei Besetzung der Stelle für ihn?

Gesamt-Note:

Kopiervorlage

Für ein Vorstellungsgespräch können Sie außerdem verschiedene Verfahren einsetzen:

Telefoninterview

Einsatz: zur Klärung offener Fragen im Vorfeld und für die Gewinnung eines ersten Eindrucks
Ablauf: Anhand eines standardisierten Fragebogens findet ein Frage- und Antwortspiel statt
Pluspunkte: rasch durchführbar
Minuspunkte: nicht tiefgreifend möglich

Biografischer Fragebogen

Einsatz: zur Erfassung von Basisinformationen des Bewerbers
Ablauf: Fragen zu Ausbildung, Freizeitverhalten und Werthaltungen werden beantwortet
Pluspunkte: Auswertung und Handhabung einfach
Minuspunkte: Individuelle Aspekte werden oft nicht berücksichtigt

Multiple-Choice-Test

Einsatz: Testen von Fachwissen, beruflichem Urteilsvermögen, Entscheidungsfähigkeit
Ablauf: Für jede Frage sind 3 oder 4 Antworten vorgegeben, aus denen die richtige Antwort ausgewählt werden muss
Pluspunkte: Vergleichbarkeit der Textergebnisse der Bewerber
Minuspunkte: Es wird lediglich Fachwissen abgefragt

Persönlichkeitstest

Einsatz: zur Feststellung der Persönlichkeit, Intelligenz und Motivation der Bewerber
Ablauf: Sprach- und Zahlenverständnis, Merkfähigkeit und Logik werden überprüft
Pluspunkte: schneller Eindruck möglich
Minuspunkte: fachliche Beurteilung minimal

Assessment-Center

Einsatz: Gruppenprüfungen mit 8 bis 12 Teilnehmern für die Besetzung von Führungspositionen
Ablauf: Arbeitsproben werden gecheckt, Rollenspiele veranstaltet, Einzelinterviews und Gruppenarbeiten mit Kooperations- und Wettbewerbscharakteristik durchgeführt
Pluspunkte: Bewerber kann intensiv über einen längeren Zeitraum beobachtet werden
Minuspunkte: aufwändig und kostspielig

Einzelinterview

Einsatz: zur Überprüfung von fachlicher und sozialer Kompetenz. Meist von einstündiger Dauer
Ablauf: Frage-Antwort-Verfahren zwischen Kandidat und Interviewer mit halb-standardisiertem Fragebogen
Pluspunkte: Der Bewerber kann umfassend überprüft werden
Minuspunkte: objektive Überprüfung der Leistungsfähigkeit nur bedingt möglich, da die Bewertung sich sehr auf den subjektiven Eindruck des Fragenden beschränkt

Bewertungsformular: Eindruck des Bewerbers beim Vorstellungsgespräch

Datum: ______________________________

Name des Bewerbers: ______________________________

Name des Gesprächsführers: ______________________________

Weitere Teilnehmer: ______________________________

Zu besetzende Stelle: ______________________________

Legende:
0 = nicht vorhanden
1 = sehr schwach ausgeprägt
2 = schwach ausgeprägt
3 = stark ausgeprägt
4 = sehr stark ausgeprägt

Bewertung	0	1	2	3	4	Endnote
Erster Eindruck						
Auftreten						
Kleidung						
Umgangsformen						
Aufmerksamkeit						
Pünktlichkeit						
Interesse an der Stelle						
Fachliche Qualifikationen						
Ausbildung						
Berufserfahrung						
Lebenslauf						
theoretisches Wissen						
praktische Fertigkeiten						
spezielle Kenntnisse						
Fortbildungsmaßnahmen						
Persönliche Qualifikationen						
Zuverlässigkeit						
Überzeugungskraft						
Selbstsicherheit						
Sprachsicherheit						
Belastbarkeit						
Flexibilität						
Kreativität						
Teamfähigkeit						
Als Führungskraft geeignet?						

Wie war der Gesamteindruck des Bewerbers?

Welche Stärken des Bewerbers sprechen bei Besetzung der Stelle für ihn?

Gesamt-Note:

Frage-Leitfaden für das Vorstellungsgespräch

Der Frage-Leitfaden stellt Ihnen die wichtigsten Fragen vor, die Sie bei einem Vorstellungsgespräch dem Bewerber stellen können.

1 Die Begrüßung

2 Bewerbungsmotive

3 Unternehmensdarstellung

4 Berufliche Qualifikationen des Bewerbers

5 Persönliche Merkmale des Bewerbers

6 Vertragsvereinbarungen

7 Gesprächsabschluss

Kopiervorlage

Frage-Leitfaden für das Vorstellungsgespräch

1 Frage-Runde 1: Begrüßung	
„Guten Tag, Herr Müller, schön, dass Sie unserer Einladung nachgekommen sind!“	Denken Sie daran: Der Bewerber ist Gast in Ihrem Haus. Begegnen Sie ihm also mit Respekt und Freundlichkeit.
„Darf ich Ihnen Kaffee oder Wasser anbieten?“	Erkundigen Sie sich nach den Wünschen des Bewerbers, und stellen Sie nicht einfach unpersönlich Kaffee auf den Tisch. Sie demonstrieren so ein partnerschaftliches Verhältnis.
„Zunächst möchte ich Ihnen weitere Gesprächspartner vorstellen..., ich heiße Meier und bin Geschäftsführer der Firma.“	Stellen Sie erst Ihre Gesprächsteilnehmer vor, und sagen Sie mindestens einen Satz zu jeder Person.
2 Frage-Runde 2: Bewerbungsmotive	
„Herr Müller, was hat Sie bewogen, sich bei unserem Unternehmen zu bewerben?“	Die Frage sollten Sie so stellen, dass der Bewerber nicht mit „Ja“ oder „Nein“ antworten kann.
„Was genau interessiert Sie an unserem Unternehmen?“	An seiner Antwort können Sie erkennen, inwieweit der Bewerber sich mit dem Unternehmen beschäftigt hat.
„Was versprechen Sie sich von einer Tätigkeit bei unserem Unternehmen?“	Achten Sie darauf, dass das Gespräch nicht zu sehr in fachliche Details abgleitet. Die Frage dient immer noch der Motivsuche.
3 Frage-Runde 3: Unternehmensdarstellung	
„Lassen Sie mich nun ein paar Worte zu unserem Unternehmen sagen.“	Nennen Sie während des Gesprächs öfter den Namen des Bewerbers. Das schafft eine entspannte und persönliche Atmosphäre.
„Für unsere Abteilung suchen wir nun einen Mitarbeiter, der ...“	Erläutern Sie dem Bewerber seinen neuen Arbeitsplatz. Gehen Sie dabei nicht auf Vorgänger ein und Gründe, warum diese den Posten aufgegeben haben.
„Haben Sie noch Fragen zu unserem Unternehmen?“	Hier können Sie erkennen, ob der Bewerber Interesse an dem gesamten Unternehmen hat und inwieweit er aufmerksam zuhörte.
4 Frage-Runde 4: Berufliche Qualifikation des Bewerbers	
„Schildern Sie uns doch Ihren beruflichen Werdegang.“	Nutzen Sie diese Frage, um dem Bewerber die Chance zu geben, sich auf sicherem Terrain zu bewegen und eventuelle Nervosität abzubauen.
„Wie beurteilen Sie Ihre beruflichen Fähigkeiten?“	Eine gute Möglichkeit für Sie zu analysieren, welche Vorstellungen der Bewerber von seiner neuen Stelle hat.
„Was für besondere Fähigkeiten haben Sie Ihrer Meinung nach?“	Aus dieser Frage können Sie erkennen, ob der Bewerber sich in der Lage sieht, den Anforderungen der neuen Stelle gerecht zu werden.
5 Frage-Runde 5: Persönliche Merkmale des Bewerbers	
„Welches Ziel wollen Sie erreichen?“	Es ist gut für die Unternehmensziele, wenn Mitarbeiter vorausschauend planen und innovativ denken.
„Erzählen Sie uns ein wenig über Ihre Hobbys und privaten Interessen.“	Diese Frage kann Ihnen nur einen Anhaltspunkt über die Person geben, inwieweit der Bewerber solide und umgänglich ist.
6 Frage-Runde 6: Vertragsvereinbarungen	
„Welche Gehaltsvorstellung haben Sie?“	Sind die Differenzen zwischen Ihren Gehaltsvorstellungen und denen des Bewerbers zu groß, sollten Sie offen darüber sprechen.
„Wann können Sie frühestens anfangen?“	Legen Sie das Vorstellungsgespräch so, dass Ihr Unternehmen Termine einzuhaltender Kündigungsfristen ohne Ausfall abwarten kann.
7 Frage-Runde 7: Gesprächsabschluss	
„Herr Müller, wir danken Ihnen für das angenehme und informative Gespräch.“	Auch wenn Ihnen der Bewerber nicht zusagt, sollten Sie ihn freundlich verabschieden.
„Wir werden uns in den nächsten Tagen mit Ihnen in Verbindung setzen.“	Nennen Sie einen überschaubaren Zeitraum, und sagen Sie dem Bewerber weder zu noch ab.

Rechtliche Bedingungen für Fragen

Diese Fragen dürfen Sie stellen

Kategorie I: Fragen ohne Einschränkung

- **zum Motiv der Bewerbung**
  „Warum haben Sie sich gerade bei unserem Unternehmen beworben?“
- **zum Berufsbild**
  „Wie stellen Sie sich Ihr Aufgabengebiet vor?“
- **zum Motiv**
  „Was ist der Grund Ihrer Veränderung?“
- **zur Person**
  „Wie würden Sie Ihre Stärken beschreiben?“
- **zur Berufsausbildung**
  „Können Sie uns einen kurzen Überblick über Ihren Ausbildungsweg geben?“
- **zum Wehrdienst**
  „Haben Sie den Wehrdienst abgeleistet?“
- **zur Berufserfahrung**
  „Was spricht Ihrer Meinung nach dafür, sich für Sie zu entscheiden?“

Kategorie II: Fragen mit Einschränkung

- **Schwerbehinderteneigenschaft**
  Diese Frage dürfen Sie nur stellen, wenn eine Behinderung von mehr als 50 % vorliegt.
- **Krankheiten**
  Diese Frage dürfen Sie stellen, falls chronische oder akute Krankheiten den Betriebsablauf gefährden könnten.
- **Pfändung**
  Diese Frage ist erlaubt, da eventuelle Gehaltspfändungen immer herauskommen.
- **Vorstrafen**
  Fragen dürfen Sie nur nach einschlägigen, für den Job relevante Vorstrafen. Die Frage ist nur zulässig, wenn und soweit die zu besetzende Stelle oder die zu leistende Arbeit sie erfordert.
- **Wettbewerbsverbot**
  Diese Frage ist Ihnen gestattet, um Konkurrenz-Ausschlussklauseln zu klären.

Diese Fragen sind z. B. unzulässig (Liste ist nicht vollständig)

- **Trinkgewohnheiten**
- **Personenstand** (zum Beispiel die vor allem an weibliche Bewerberinnen gerichtete Frage, ob sie alsbald heiraten wollen)
- **Gewerkschaftszugehörigkeit**
- **Religion**
- **Parteizugehörigkeit**
- **Schwangerschaft**
  Diese Frage dürfen Sie nur stellen, wenn die Frage objektiv dem Schutz der Bewerberin und dem ungeborenen Kind dient.

Frage-Leitfaden für das Vorstellungsgespräch

Frage-Runde 1: Begrüßung	
„Guten Tag, Herr Müller, schön, dass Sie unserer Einladung nachgekommen sind!“	Denken Sie daran: Der Bewerber ist Gast in Ihrem Haus. Begegnen Sie ihm also mit Respekt und Freundlichkeit.
„Darf ich Ihnen Kaffee oder Wasser anbieten?“	Erkundigen Sie sich nach den Wünschen des Bewerbers, und stellen Sie nicht einfach unpersönlich Kaffee auf den Tisch. Sie demonstrieren so ein partnerschaftliches Verhältnis.
„Zunächst möchte ich Ihnen weitere Gesprächspartner vorstellen..., ich heiße Meier und bin Geschäftsführer der Firma.“	Stellen Sie erst Ihre Gesprächsteilnehmer vor, und sagen Sie mindestens einen Satz zu jeder Person.
Frage-Runde 2: Bewerbungsmotive	
„Herr Müller, was hat Sie bewogen, sich bei unserem Unternehmen zu bewerben?“	Die Frage sollten Sie so stellen, dass der Bewerber nicht mit „Ja“ oder „Nein“ antworten kann.
„Was genau interessiert Sie an unserem Unternehmen?“	An seiner Antwort können Sie erkennen, inwieweit der Bewerber sich mit dem Unternehmen beschäftigt hat.
„Was versprechen Sie sich von einer Tätigkeit bei unserem Unternehmen?“	Achten Sie darauf, dass das Gespräch nicht zu sehr in fachliche Details abgleitet. Die Frage dient immer noch der Motivsuche.
Frage-Runde 3: Unternehmensdarstellung	
„Lassen Sie mich nun ein paar Worte zu unserem Unternehmen sagen.”	Nennen Sie während des Gesprächs öfter den Namen des Bewerbers. Das schafft eine entspannte und persönliche Atmosphäre.
„Für unsere Abteilung suchen wir nun einen Mitarbeiter, der ...“	Erläutern Sie dem Bewerber seinen neuen Arbeitsplatz. Gehen Sie dabei nicht auf Vorgänger ein und Gründe, warum diese den Posten aufgegeben haben.
„Haben Sie noch Fragen zu unserem Unternehmen?“	Hier können Sie erkennen, ob der Bewerber Interesse an dem gesamten Unternehmen hat und inwieweit er aufmerksam zuhörte.
Frage-Runde 4: Berufliche Qualifikation des Bewerbers	
„Schildern Sie uns doch Ihren beruflichen Werdegang “	Nutzen Sie diese Frage, um dem Bewerber die Chance zu geben, sich auf sicherem Terrain zu bewegen und eventuelle Nervosität abzubauen.
„Wie beurteilen Sie Ihre beruflichen Fähigkeiten?“	Eine gute Möglichkeit für Sie zu analysieren, welche Vorstellungen der Bewerber von seiner neuen Stelle hat.
„Was für besondere Fähigkeiten haben Sie Ihrer Meinung nach?“	Aus dieser Frage können Sie erkennen, ob der Bewerber sich in der Lage sieht, den Anforderungen der neuen Stelle gerecht zu werden.
Frage-Runde 5: Persönliche Merkmale des Bewerbers	
„Welches Ziel wollen Sie erreichen?“	Es ist gut für die Unternehmensziele, wenn Mitarbeiter vorausschauend planen und innovativ denken.
„Erzählen Sie uns ein wenig über Ihre Hobbys und privaten Interessen.“	Diese Frage kann Ihnen nur einen Anhaltspunkt über die Person geben, inwieweit der Bewerber solide und umgänglich ist.
Frage-Runde 6: Vertragsvereinbarungen	
„Welche Gehaltsvorstellung haben Sie?“	Sind die Differenzen zwischen Ihren Gehaltsvorstellungen und denen des Bewerbers zu groß, sollten Sie offen darüber sprechen.
„Wann können Sie frühestens anfangen?“	Legen Sie das Vorstellungsgespräch so, dass Ihr Unternehmen Termine einzuhaltender Kündigungsfristen ohne Ausfall abwarten kann.
Frage-Runde 7: Gesprächsabschluss	
„Herr Müller, wir danken Ihnen für das angenehme und informative Gespräch.“	Auch wenn Ihnen der Bewerber nicht zusagt, sollten Sie ihn freundlich verabschieden.
„Wir werden uns in den nächsten Tagen mit Ihnen in Verbindung setzen.“	Nennen Sie einen überschaubaren Zeitraum, und sagen Sie dem Bewerber weder zu noch ab.

Zielvereinbarungsgespräch (1/4)

Grundlagen eines Zielvereinbarungsgesprächs

Im Rahmen des Management-Instruments „Führen mit Zielvereinbarungen“ findet das Zielvereinbarungsgespräch statt. Es ist ein wirksames Führungsmittel, um die Kommunikation zwischen Führungskraft und Mitarbeiter zu gewährleisten.

1 Führungskraft und Mitarbeiter vereinbaren in diesem Gespräch,

- welche Anforderungen in einem bestimmten Zeitrahmen auf den Mitarbeiter zukommen,
- welche Aufgaben sich daraus ergeben,
- welche Erwartungen der Vorgesetzte und der Mitarbeiter an die Erledigung dieser Aufgaben haben.

2 Der Nutzen von Zielvereinbarungen

- **Vorteile für das Unternehmen**
  - Sie können Aufgaben und Prozesse leichter koordinieren.
  - Durch die Definition der Ziele können Sie den Mitarbeiter besser beurteilen.
  - Ihr Mitarbeiter kann sich durch die Vereinbarung von Zielen mit den Arbeitsinhalten identifizieren.
  - Sie schaffen Freiräume für Kreativität und Innovationen, da Sie die Selbststeuerungsmöglichkeiten Ihres Mitarbeiters erhöhen.
  - Sie erhöhen die Leistung Ihres Mitarbeiters.
  - Ihr Mitarbeiter fühlt sich durch die gemeinsam getroffene Vereinbarung stärker verantwortlich.
  - Ihr Mitarbeiter wird in der Selbstkontrolle seiner Arbeit unterstützt.
  - Durch Prioritätensetzungen und Handlungsspielräume verkürzen Sie zeitintensive Abstimmungsprozesse im Tagesgeschäft.
- **Vorteile für den Mitarbeiter**
  - Ihr Mitarbeiter wird in die für ihn maßgeblichen Ziele mit einbezogen.
  - Ihr Mitarbeiter kann eine genauere Selbsteinschätzung vornehmen.
  - Ihr Mitarbeiter erhält Rückmeldungen im Hinblick auf Stärken und Schwächen.
  - Gute Leistungen Ihres Mitarbeiters werden nicht so schnell vergessen, sondern bleiben als erreichte Ziele gegenwärtig.
  - Bei Ihrem Mitarbeiter wird die Motivation gesteigert, da seine Aufgaben von ihm mit festgelegt wurden.
  - Die persönliche Weiterentwicklung Ihres Mitarbeiters wird gesteigert.
  - Durch den Vorsatz der Zielerreichung hat Ihr Mitarbeiter eine größere Chance auf Erfolgserlebnisse.

Verschiedene Zielarten:

- **Erhaltungsziele**
  Die auf das tägliche Tagesgeschäft bezogenen Routineziele bleiben meistens gleich und umfassen überwiegend Ziele von internen Abläufen.
- **Leistungsziele**
  Gemeint sind Umsatz- und Innvovationsziele (Einführung neuer Abläufe, Neuorganisierung von Geschäftsprozessen). Letztere Ziele beziehen sich auf die einmalige Lösung eines Problems, auf die Entwicklung von etwas Neuem oder die Veränderung von etwas Bestehendem.
- **Persönliche Entwicklungsziele**
  Diese Ziele dienen der fachlichen und persönlichen Weiterentwicklung Ihres Mitarbeiters. Sie bilden aber auch die Basis für eine strategieorientierte Personalentwicklung sowie für eine Verbesserung der Potenzialreserven.
- **Verhaltensziele**
  Hier geht es um das persönliche Verhalten Ihres Mitarbeiters. Insbesondere wird das erwünschte Endverhalten beschrieben.

Checkliste: So treffen Sie erfolgreich Zielvereinbarungen

1	Ihre Zielformulierungen sind positiv formuliert. Beispiel: „Künftig werden wir darauf achten, dass die Sitzungen nicht mehr so lange dauern.“ Besser: „Die wöchentlichen Sitzungen, die ich leite, dauern maximal 60 Minuten.“	❏
	Achten Sie darauf, dass Sie klar und eindeutig beschreiben, wie der Zielzustand gestaltet sein soll. Vermeiden Sie Vergleiche wie „so gut wie“, „besser als“ oder „mehr als“. Vermeiden Sie auch Konjunktive wie „sollten“, „könnten“ etc.	❏
2	Formulieren Sie das Ziel so, als ob es schon erreicht sei. Dadurch lassen Sie Ihren Mitarbeiter den Nutzen, den er hat, wenn er das Ziel erreicht, geradezu fühlen.	❏
	Machen Sie Ihrem Mitarbeiter deutlich, dass er das Ziel aus eigener Kraft erreichen kann.	❏
	Zeigen Sie Ihrem Mitarbeiter, dass seine Ziele auch für Sie wichtig sind. Geben Sie ihm deshalb laufend gezielte Rückmeldungen.	❏
	Vermeiden Sie jede Art von Unterforderung. Ihr Mitarbeiter will in einem Spitzenteam arbeiten. Dementsprechend hoch sollte die Messlatte sein.	❏
	Feiern Sie die erreichten Ziele Ihrer Mitarbeiter.	❏
	Die Zielvereinbarungen entsprechen dem Wertesystem Ihres Mitarbeiters. Er kann sie sonst nicht akzeptieren.	❏
	Hat Ihr Mitarbeiter sein Ziel nicht erreicht, arbeiten Sie mit ihm gemeinsam heraus, woran es gelegen hat.	❏
	Ermutigen Sie ihn zu einem weiteren Versuch. Siegertypen lernen aus Misserfolgen und erreichen letztlich ihr Ziel.	❏
	Reden Sie nicht voreilig von Belohnungen. Die Zielerreichung sollte für sich allein wertvoll und wichtig sein.	❏
	Vereinbaren Sie höchstens 5 bis 8 Ziele. Mehr Ziele führen zu einer Entwertung der Einzelziele.	❏
	Unterstützen Sie die Zielsetzungen. Seien Sie stets ansprechbar, und geben Sie positives Feedback.	❏

Kopiervorlage

Hinweis zur Checkliste:

Die nebenstehende Checkliste dient Ihnen zur Vorbereitung von Zielvereinbarungsgesprächen, die zur Motivation Ihrer Mitarbeiter beitragen.

Checkliste: So treffen Sie erfolgreich Zielvereinbarungen

Ihre Zielformulierungen sind positiv formuliert. Beispiel: „Künftig werden wir darauf achten, dass die Sitzungen nicht mehr so lange dauern." Besser: „Die wöchentlichen Sitzungen, die ich leite, dauern maximal 60 Minuten."	❏
Achten Sie darauf, dass Sie klar und eindeutig beschreiben, wie der Zielzustand gestaltet sein soll. Vermeiden Sie Vergleiche wie „so gut wie", „besser als" oder „mehr als". Vermeiden Sie auch Konjunktive wie „sollten", „könnten" etc.	❏
Formulieren Sie das Ziel so, als ob es schon erreicht sei. Dadurch lassen Sie Ihren Mitarbeiter den Nutzen, den er hat, wenn er das Ziel erreicht, geradezu fühlen.	❏
Machen Sie Ihrem Mitarbeiter deutlich, dass er das Ziel aus eigener Kraft erreichen kann.	❏
Zeigen Sie Ihrem Mitarbeiter, dass seine Ziele auch für Sie wichtig sind. Geben Sie ihm deshalb laufend gezielte Rückmeldungen.	❏
Vermeiden Sie jede Art von Unterforderung. Ihr Mitarbeiter will in einem Spitzenteam arbeiten. Dementsprechend hoch sollte die Messlatte sein.	❏
Feiern Sie die erreichten Ziele Ihrer Mitarbeiter.	❏
Die Zielvereinbarungen entsprechen dem Wertesystem Ihres Mitarbeiters. Er kann sie sonst nicht akzeptieren.	❏
Hat Ihr Mitarbeiter sein Ziel nicht erreicht, arbeiten Sie mit ihm gemeinsam heraus, woran es gelegen hat.	❏
Ermutigen Sie ihn zu einem weiteren Versuch. Siegertypen lernen aus Misserfolgen und erreichen letztlich ihr Ziel.	❏
Reden Sie nicht voreilig von Belohnungen. Die Zielerreichung sollte für sich allein wertvoll und wichtig sein.	❏
Vereinbaren Sie höchstens 5 bis 8 Ziele. Mehr Ziele führen zu einer Entwertung der Einzelziele.	❏
Unterstützen Sie die Zielsetzungen. Seien Sie stets ansprechbar, und geben Sie positives Feedback.	❏

Zielvereinbarungsgespräch (2/4)

Die 7 Regeln erfolgreicher Zielvereinbarungen

1 Voraussetzungen

- Informieren Sie Ihren Mitarbeiter umfassend.
- Schätzen Sie den Ist-Zustand und die zukünftige Arbeitsleistung (Energie und Zeit) realistisch ein.

2 Formulierung

- Formulieren Sie Zielvereinbarungen präzise und positiv. Erst wenn Ihr Mitarbeiter beschreiben kann, wie die Zielerreichung konkret aussieht, ist das Ziel klar.
  Beispiel: Sagen Sie nicht einfach: „Wir wollen eine bessere Umsatzsteigerung!“
  Sprechen Sie klar aus, was Sie wollen: „Ich will den Umsatz in meinem Gebiet um 15 % steigern!“

3 Zieldefinition

- Definieren Sie die Ziele gemeinsam mit Ihrem Mitarbeiter. Dadurch erreichen Sie Übereinstimmung und lenken die Energie in eine gemeinsame Richtung. Ihr Mitarbeiter kann sich besser mit den Zielen identifizieren.
- Vereinbaren Sie Zwischenziele. Zum Beispiel nach
  – Qualität
  – Quantität
  – Kosten
  – Terminen
  – Art der Zusammenarbeit

4 Zeitrahmen

- Versehen Sie jedes Ziel mit einem Zeitrahmen.
  Beispiel: Sprechen Sie nicht von „Umsatzsteigerung.“
  Sagen Sie: „Eine Umsatzsteigerung in 3 Monaten.“

5 Maßnahmenkatalog

- Legen Sie genau fest, auf welche Weise das Ziel erreicht werden soll.
  Inhalt des Maßnahmenkatalogs könnte sein:
  – Ausbau der Vertriebstätigkeit
  – Steigerung der Werbeaktionen
- Achten Sie darauf, dass auf alle Zielvereinbarungen sinnvolle Aktivitäten aufgrund sinnvoller Ziele folgen.
- Stellen Sie sicher, dass die Zielvereinbarung nicht auf Kosten anderer geht.

6 Protokoll

- Halten Sie Zielvereinbarungen schriftlich fest. Dadurch vermeiden Sie Missverständnisse und haben so eine vertragliche Grundlage der Zusammenarbeit.

7 Zieländerungen

- Ermöglichen Sie Zieländerungen, falls unvorhersehbare Umstände Sie dazu veranlassen. Ihrem Mitarbeiter sollte jedoch bewusst sein, dass die Änderung einer Zielvereinbarung unter Umständen auch Änderungen im Gesamtgefüge nach sich zieht.
- Überprüfen Sie die Ziele von Zeit zu Zeit.

Checkliste: Haben Sie nach den 7 Regeln die Ziele richtig gesetzt?

1	Achten Sie darauf, dass jedes Ziel auch realistisch ist?	❑
	Kennt Ihr Mitarbeiter die Ziele des Unternehmens und Ihres Verantwortungsbereichs?	❑
2	Achten Sie darauf, dass Ihr Zielvereinbarungsgespräch in einer positiven Atmosphäre stattfindet?	❑
	Starten Sie immer mit einer positiven Rückmeldung?	❑
	Formulieren Sie die Ziele einfach und konkret?	❑
	Formulieren Sie Ziele immer positiv?	❑
	Formulieren Sie die Ziele in der Gegenwartsform?	❑
	Formulieren Sie Ziele immer in der Ich-Form?	❑
3	Vereinbaren Sie nur Ziele, die der Mitarbeiter aus eigener Kraft erreichen kann?	❑
4	Einigen Sie sich immer auf einen Zeitpunkt, bis wann das Ziel erreicht werden soll?	❑
5	Prüfen Sie, durch welche konkreten Maßnahmen das Ziel erreicht werden soll?	❑
	Achten Sie darauf, dass die Ziele messbar sind?	❑
6	Halten Sie Zielvereinbarungen stets für alle Mitarbeiter verbindlich fest?	❑
7	Prüfen Sie ausreichend, ob es Ziele gibt, die sich widersprechen?	❑
	Prüfen Sie gelegentlich, ob die vereinbarten Ziele noch sinnvoll sind?	❑

Kopiervorlage

Checkliste: Haben Sie nach den 7 Regeln die Ziele richtig gesetzt?

Achten Sie darauf, dass jedes Ziel auch realistisch ist?	❑
Kennt Ihr Mitarbeiter die Ziele des Unternehmens und Ihres Verantwortungsbereichs?	❑
Achten Sie darauf, dass Ihr Zielvereinbarungsgespräch in einer positiven Atmosphäre stattfindet?	❑
Starten Sie immer mit einer positiven Rückmeldung?	❑
Formulieren Sie die Ziele einfach und konkret?	❑
Formulieren Sie Ziele immer positiv?	❑
Formulieren Sie die Ziele in der Gegenwartsform?	❑
Formulieren Sie Ziele immer in der Ich-Form?	❑
Vereinbaren Sie nur Ziele, die der Mitarbeiter aus eigener Kraft erreichen kann?	❑
Einigen Sie sich immer auf einen Zeitpunkt, bis wann das Ziel erreicht werden soll?	❑
Prüfen Sie, durch welche konkreten Maßnahmen das Ziel erreicht werden soll?	❑
Achten Sie darauf, dass die Ziele messbar sind?	❑
Halten Sie Zielvereinbarungen stets für alle Mitarbeiter verbindlich fest?	❑
Prüfen Sie ausreichend, ob es Ziele gibt, die sich widersprechen?	❑
Prüfen Sie gelegentlich, ob die vereinbarten Ziele noch sinnvoll sind?	❑

Zielvereinbarungsgespräch (3/4)

1 Gesprächsvorbereitung

Mit den folgenden Leitfragen können Sie sowohl die strategischen Belange als auch die persönliche Entwicklungsperspektive Ihres Mitarbeiters berücksichtigen.

- Notieren Sie sich die mittel- und langfristigen Ziele, die Sie für Ihr Unternehmen setzen und die für den nächsten Vereinbarungszeitraum angestrebt werden.
- Nennen Sie Ihre persönlichen Ziele für Ihren Arbeitsbereich.
- Was kann Ihr Mitarbeiter leisten, um zur Weiterentwicklung des Unternehmens beizutragen?
- Welche Ziele sollte Ihr Mitarbeiter für den Vereinbarungszeitraum umgesetzt haben?
  - Was soll Ihr Mitarbeiter konkret erreichen?
  - Wie können Sie feststellen, ob das Ziel erreicht wurde?
- Entsprechen Ihre Zielvorstellungen den Fähigkeiten Ihres Mitarbeiters?
- Welche Voraussetzungen müssen vorhanden sein, damit Ihr Mitarbeiter das Ziel erreicht?
  - Ist genügend Zeit vorhanden?
  - Stehen ausreichend Arbeitsmittel zur Verfügung?
  - Wird für personelle Unterstützung gesorgt?
  - Benötigt Ihr Mitarbeiter spezifische Fortbildungsmaßnahmen?

2 Gesprächsdurchführung

- Beginnen Sie mit einem kurzen Warm-up. Nennen Sie zum Beispiel Erfolge Ihres Mitarbeiters der vergangenen Periode.
- Informieren Sie Ihren Mitarbeiter über die Zielsetzung des Unternehmens und seines Arbeitsgebiets.
- Betonen Sie, dass Sie mit ihm gemeinsam an der Realisierung der Ziele arbeiten werden.
- Lassen Sie Ihren Mitarbeiter beschreiben, worin er seinen Beitrag zu diesen Zielen sieht. Auch sollte Ihr Mitarbeiter seine persönlichen Ziele vorstellen, die er sich setzen möchte.
- Erklären Sie Ihrem Mitarbeiter, welchen Beitrag Sie von ihm erwarten und worin Sie seine Hauptaufgabe sehen.
- Sichten Sie gemeinsam mit Ihrem Mitarbeiter die Ziele und legen Sie eine Marschroute fest über die Muss- und Kannziele, über das Machbare und mit Detailabsprachen zu den einzelnen Zielen (Termin, Unterstützung, Maßnahmen).
- Prüfen Sie gemeinsam mit Ihrem Mitarbeiter den erarbeiteten Zielkatalog, ob er in dieser Form bewältigt werden kann.
- Schließen Sie das Gespräch mit einer Würdigung des erarbeiteten Gesprächsergebnisses ab.

3 Gesprächsnachbereitung

- Prüfen Sie, ob Ihr Mitarbeiter motiviert die vereinbarten Ziele angeht.
- Beobachten Sie die Arbeitszufriedenheit Ihres Mitarbeiters während der folgenden Zeit.
- Fragen Sie regelmäßig nach, und geben Sie aufbauende Feedbacks.
- Nehmen Sie negative Signale auf und vereinbaren Sie ein neues Gespräch, um die Ursache zu klären.

Formular: Protokoll für die Zielvereinbarung

Name der Führungskraft:	Name des Mitarbeiters:	Datum:

1	**Ziel**	
2	**Aufgabenbeschreibung**	
	Priorität	
	Termin	
	Umsetzung	
	Maßnahmen, Unterstützung, Fortbildung	
	Zielmessung: Woran ist die Zielerreichung zu erkennen?	
3	**Kontrolle** (Zielüberwachung)	
	Analyse: Gab es Abweichungen?	
	Neue Vereinbarungen	

Kopiervorlage

Formular: Protokoll für die Zielvereinbarung

Name der Führungskraft:	Name des Mitarbeiters:	Datum:

Ziel	
Aufgaben-beschreibung	
Priorität	
Termin	
Umsetzung	
Maßnahmen, Unterstützung, Fortbildung	
Zielmessung: Woran ist die Ziel-erreichung zu erkennen?	
Kontrolle (Zielüberwachung)	
Analyse: Gab es Abweichungen?	
Neue Vereinbarungen	

Zielvereinbarungsgespräch (4/4)

Folgende typische Fehlerquellen sind bei Zielvereinbarungsgesprächen möglich:

- **Mangelnde Informationen**
  Ursache: Ihr Mitarbeiter wurde nicht ausreichend über die Bedeutung der Zielerreichung informiert.
  Folge: fehlende Identifikation mit der Aufgabe und mangelnde Motivation.
- **Ungenügende Vorbereitung**
  Ursache: Das Gespräch wurde von Ihnen aus dem Stegreif geführt. Sie haben es versäumt, sich im erforderlichen Ausmaß vorzubereiten.
  Folge: Ihr Mitarbeiter lässt sich von der situationsbedingten Gesprächsentwicklung leiten und orientiert sich dabei weniger an der Struktur. Der Zielerfolg wird dem Zufall überlassen.
- **Oberflächliche Aufgabenbeschreibung**
  Ursache: Bei der Aufgaben-Festlegung wurde der Schlüsselbereich unzureichend erfasst und einzelne Tätigkeiten nicht signifikant beschrieben.
  Folge: Die Aufgabenlösung wird verfehlt. Das Ziel verschwimmt.
- **Undeutliche Zielformulierung**
  Ursache: Ihnen liegt kein Kriterienkatalog über die beschriebenen Vorgaben für eine Zielerreichung vor.
  Folge: Eine ordnungsgemäße Zielkontrolle ist nicht möglich.
- **Mangelnde Identifizierung mit den Unternehmenszielen**
  Ursache: Ihr Mitarbeiter weiß nicht, welche Unternehmensstrategie und welche daraus resultierenden Unternehmensziele angestrebt werden.
  Folge: Ihr Mitarbeiter kann seine persönlichen Ziele nicht im Unternehmenskontext einordnen. Er ist sich seiner Verantwortung für den Unternehmenserfolg nicht bewusst.
- **Unzureichende Rahmenbedingungen**
  Ursache: Sie haben versäumt, Ihrem Mitarbeiter die nötige Unterstützung zu geben.
  Folge: Ihr Mitarbeiter scheitert aufgrund dieses Mangelzustands und kann sein Ziel nicht realisieren.
- **Fehlende Kontrolle**
  Ursache: Es wurde von Ihnen keine eingehende Prüfung der Zielerreichung vorgenommen. Eine Analyse der Abweichungen oder Bedingungen wurde von Ihnen unterlassen.
  Folge: Die Zielsetzung wird nicht abgeschlossen.
- **Gesprächsführung unter Zeitdruck**
  Ursache: Durch eine zeitlich knapp bemessene Gesprächsdauer konnten Sie mit Ihrem Mitarbeiter den Sinn und Zweck der Zielvereinbarung nicht ausführlich besprechen. Sie haben es versäumt, entsprechende Zeitfenster einzuplanen, um in Ruhe über einzelne Themen sprechen zu können.
  Folge: Der Mitarbeiter stuft die Vereinbarung als Pflichtübung ein.
- **Oberflächliche Dokumentation**
  Ursache: Die vereinbarten Ziele mit den entsprechenden Meilensteinen wurden von Ihnen und dem Mitarbeiter nicht festgehalten.
  Folge: Das Gespräch kann zu einem späteren Zeitpunkt nicht mehr nachvollzogen werden. Interpretationsmöglichkeiten verfälschen die getroffenen Vereinbarungen.

Merkblatt: Notwendige Eigenschaften erfolgreicher Zielvereinbarungen

Ziele müssen	
erreichbar sein ...	... damit der Mitarbeiter nicht resigniert.
leistungsbezogen sein ...	... damit das Gespräch auf der sachlichen Ebene bleibt und nicht persönlich wird.
präzise sein ...	... damit über klare Fakten gesprochen werden kann, Zielverschleierung vermieden wird und exakte Checkpunkte verbindlich vereinbart sind.
begründet sein ...	... damit der Mitarbeiter einen Sinn in der Arbeit sieht.
erstrebenswert sein ...	... damit der Mitarbeiter in der Zielerreichung eine Motivation sieht.
schriftlich fixiert sein ...	... nicht, um die Ziele amtlich zu machen, sondern damit sie nicht in Vergessenheit geraten.
in Teilziele zerlegt sein ...	... damit der Erfolg in kurzen Abständen sichtbar wird, anerkannt und korrigiert werden kann.
herausfordernd sein ...	.... damit der Mitarbeiter auf seine Arbeit stolz sein kann.
dokumentiert sein ...	....damit Abmachungen eingehalten werden und nicht beliebig interpretiert werden können.
motivieren ...	... damit der Mitarbeiter sich mit dem Unternehmen und seiner Aufgabe identifizieren kann.
von dem Mitarbeiter selbst mit kontrolliert werden ...	... um seine Eigenverantwortung zu entwickeln und ihn zu einem unternehmerisch denkenden Mitarbeiter zu machen.
außergewöhnlich sein ...	... um die Motivation an der persönlichen Weiterentwicklung zu fördern.
von der Führungskraft unterstützt werden ...	... damit der Mitarbeiter nicht überfordert und sich selbst überlassen wird.

Kopiervorlage

Merkblatt: Notwendige Eigenschaften erfolgreicher Zielvereinbarungen

Ziele müssen	
erreichbar sein ...	... damit der Mitarbeiter nicht resigniert.
leistungsbezogen sein ...	... damit das Gespräch auf der sachlichen Ebene bleibt und nicht persönlich wird.
präzise sein ...	... damit über klare Fakten gesprochen werden kann, Zielverschleierung vermieden wird und exakte Checkpunkte verbindlich vereinbart sind.
begründet sein ...	... damit der Mitarbeiter einen Sinn in der Arbeit sieht.
erstrebenswert sein ...	... damit der Mitarbeiter in der Zielerreichung eine Motivation sieht.
schriftlich fixiert sein ...	... nicht, um die Ziele amtlich zu machen, sondern damit sie nicht in Vergessenheit geraten.
in Teilziele zerlegt sein ...	... damit der Erfolg in kurzen Abständen sichtbar wird, anerkannt und korrigiert werden kann.
herausfordernd sein ...	.... damit der Mitarbeiter auf seine Arbeit stolz sein kann.
dokumentiert sein ...	....damit Abmachungen eingehalten werden und nicht beliebig interpretiert werden können.
motivieren ...	... damit der Mitarbeiter sich mit dem Unternehmen und seiner Aufgabe identifizieren kann.
von dem Mitarbeiter selbst mit kontrolliert werden ...	... um seine Eigenverantwortung zu entwickeln und ihn zu einem unternehmerisch denkenden Mitarbeiter zu machen.
außergewöhnlich sein ...	... um die Motivation an der persönlichen Weiterentwicklung zu fördern.
von der Führungskraft unterstützt werden ...	... damit der Mitarbeiter nicht überfordert und sich selbst überlassen wird.

Teil III: Kritikgespräche für spezielle Fälle

Kritikgespräch: Alkoholsucht

Ob auf Betriebsfeiern oder mit Kollegen nach der Arbeit – Alkohol dient als Genussmittel, zur Entspannung oder als soziales Bindemittel. Wird aus dem Genussmittel ein Rauschmittel, auf das Ihr Mitarbeiter auch während der Arbeit nicht mehr verzichten will, sollten Sie ein Suchtgespräch führen.

Ziel des Suchtgesprächs ist es,

- Ihren Mitarbeiter auf die Leistungsminderung hinzuweisen,
- durch konstruktiven Druck die Krankheitseinsicht und Behandlungsbereitschaft bei Ihrem Mitarbeiter zu fördern,
- seinen Arbeitsplatz zu erhalten.

Alkoholmissbrauch liegt vor,

- wenn zu viel und übermäßig getrunken wird,
- wenn bei unpassenden Gelegenheiten getrunken wird (bei der Arbeit oder im Straßenverkehr),
- wenn bis zum Rausch getrunken wird.

Einen alkoholisierten Mitarbeiter können Sie an folgenden Merkmalen erkennen:

- Alkoholfahne
- Verhaltensstörungen
  - schwankender Gang,
  - morgendliches Zittern,
  - Unkonzentriertheit, Vergesslichkeit,
  - unsachgemäße Antworten,
  - Schläfrigkeit,
  - Verschlechterung des Erscheinungsbilds,
  - glasige Augen,
  - aufgedunsenes Gesicht.

Gesprächsdurchführung

- Kommen Sie möglichst schnell und direkt zur Sache. Ein Smalltalk lenkt nur von der Problematik ab und mindert die Dramatik.
- Sprechen Sie Ihren Mitarbeiter in der „Ich-Form" an. So können Sie deutlich Ihre Meinung sagen und klar Ihren Standpunkt vertreten.
- Schildern Sie Ihre Beobachtungen konkret. Lassen Sie sich nicht durch Ausreden beeinflussen. Auch wenn Ihre offenen Worte für den Mitarbeiter peinlich sind, sollten Sie das Thema hartnäckig verfolgen.
- Schildern Sie Ihrem Mitarbeiter, wie sich sein Verhalten negativ auf das Betriebsklima auswirkt, auf die Arbeit und auf seine Person. Erläutern Sie ihm die gesundheitlichen Folgen von Alkohol. Zeigen Sie dabei ehrliches Interesse an Ihrem Mitarbeiter und machen Sie ihm klar, wie sehr Ihnen an der Beseitigung des Problems liegt.
- Schlagen Sie ihm Maßnahmen zur Bewältigung des Problems vor. Übergeben Sie ihm Adressen von Vereinen, Ärzten und Selbsthilfegruppen, die sich speziell mit diesem Problem auseinandersetzen.
- Machen Sie gemeinsam mit Ihrem Mitarbeiter einen Ablaufplan, wann und wie das Problem gelöst werden kann. Setzen Sie Ihrem Mitarbeiter einen Zeitrahmen, wann Sie sich mit ihm erneut zusammensetzen wollen.
- Zeigen Sie Ihrem Mitarbeiter unmissverständlich die Konsequenzen auf, die für ihn entstehen, wenn er seine Sucht nicht behandeln lässt:
  - Abmahnung
  - Kündigung

Ablaufplan: Betriebliche Maßnahmen bei Alkoholsucht

1. Schritt:	■ Gesprächsführung zwischen dem Vorgesetzten und dem Betroffenen ■ sachliches Aufzeigen des Fehlverhaltens ■ weitere Maßnahmen vereinbaren ■ Beobachtungen ankündigen ■ Konsequenzen erläutern
2. Schritt:	Nach 4 Wochen: Wenn das alkoholbedingte Fehlverhalten andauert: ■ Gesprächsführung zwischen dem Betroffenen und dem Vorgesetzten ■ den ersten Schritt wiederholen ■ auf arbeitsrechtliche Konsequenzen hinweisen ■ Gespräch protokollieren und in die Personalakte legen
3. Schritt:	Nach weiteren 4 bis 6 Wochen: Wenn das alkoholbedingte Fehlverhalten andauert: ■ Gesprächsführung zwischen Betroffenem, Vorgesetztem, Personalratsvertreter, Vertreter der Personalabteilung, ggf. Mitarbeiter einer Beratungsstelle ■ Fehlverhalten sachlich aufzeigen ■ Vereinbarung über die Aufnahme von fachlichen Beratungsgesprächen oder einer Therapie ■ Vermerk in der Personalakte ■ Kontrolle durch den Vorgesetzten
4. Schritt:	Nach weiteren 4 bis 6 Wochen: Wenn das alkoholbedingte Fehlverhalten andauert: ■ Gesprächsführung zwischen Betroffenem, Personalratsvertreter, Vertreter der Personalabteilung, Mitarbeiter der Beratungsstelle ■ Abmahnung durch die Personalabteilung ■ nochmaliger Hinweis auf Beratungs- und Therapiemöglichkeit
5. Schritt:	Nach weiteren 4 Wochen: Wenn das alkoholbedingte Fehlverhalten andauert: ■ Gesprächsführung zwischen Betroffenem, Personalratsvertreter, Vertreter der Personalabteilung, Mitarbeiter der Beratungsstelle ■ Übergabe der letzten Abmahnung mit Kündigungsandrohung der Personalabteilung ■ letzter Hinweis zu Beratungsmöglichkeiten
6. Schritt:	Nach weiteren 2 Wochen: Wenn das alkoholbedingte Fehlverhalten andauert: ■ Gesprächsführung zwischen Betroffenem, Personalratsvertreter, Vertreter der Personalabteilung ■ Übergabe des Kündigungsschreibens

Kopiervorlage

Ablaufplan: Betriebliche Maßnahmen bei Alkoholsucht

1. Schritt:	■ Gesprächsführung zwischen dem Vorgesetzten und dem Betroffenen ■ sachliches Aufzeigen des Fehlverhaltens ■ weitere Maßnahmen vereinbaren ■ Beobachtungen ankündigen ■ Konsequenzen erläutern
2. Schritt:	Nach 4 Wochen: Wenn das alkoholbedingte Fehlverhalten andauert: ■ Gesprächsführung zwischen dem Betroffenen und dem Vorgesetzten ■ den ersten Schritt wiederholen ■ auf arbeitsrechtliche Konsequenzen hinweisen ■ Gespräch protokollieren und in die Personalakte legen
3. Schritt:	Nach weiteren 4 bis 6 Wochen: Wenn das alkoholbedingte Fehlverhalten andauert: ■ Gesprächsführung zwischen Betroffenem, Vorgesetztem, Personalratsvertreter, Vertreter der Personalabteilung, ggf. Mitarbeiter einer Beratungsstelle ■ Fehlverhalten sachlich aufzeigen ■ Vereinbarung über die Aufnahme von fachlichen Beratungsgesprächen oder einer Therapie ■ Vermerk in der Personalakte ■ Kontrolle durch den Vorgesetzten
4. Schritt:	Nach weiteren 4 bis 6 Wochen: Wenn das alkoholbedingte Fehlverhalten andauert: ■ Gesprächsführung zwischen Betroffenem, Personalratsvertreter, Vertreter der Personalabteilung, Mitarbeiter der Beratungsstelle ■ Abmahnung durch die Personalabteilung ■ nochmaliger Hinweis auf Beratungs- und Therapiemöglichkeit
5. Schritt:	Nach weiteren 4 Wochen: Wenn das alkoholbedingte Fehlverhalten andauert: ■ Gesprächsführung zwischen Betroffenem, Personalratsvertreter, Vertreter der Personalabteilung, Mitarbeiter der Beratungsstelle ■ Übergabe der letzten Abmahnung mit Kündigungsandrohung der Personalabteilung ■ letzter Hinweis zu Beratungsmöglichkeiten
6. Schritt:	Nach weiteren 2 Wochen: Wenn das alkoholbedingte Fehlverhalten andauert: ■ Gesprächsführung zwischen Betroffenem, Personalratsvertreter, Vertreter der Personalabteilung ■ Übergabe des Kündigungsschreibens

Kritikgespräch: Blaumachen

Wenn Ihr Mitarbeiter regelmäßig und ohne ersichtlichen Grund von der Arbeit fernbleibt, liegt eine schwere Verfehlung vor, die sich negativ auf die Arbeitsatmosphäre auswirkt und den betrieblichen Ablauf stört.

Ziel des Gesprächs ist es

- Ihrem Mitarbeiter sein Fehlverhalten deutlich zu machen,
- die Ursache für sein Fehlverhalten zu analysieren,
- ihm die Auswirkung seines Fehlverhaltens auf die anderen Kollegen und den Arbeitsablauf zu erläutern,
- die Konsequenz (Abmahnung, Kündigung) zu erklären.

Gesprächsdurchführung

- Begrüßen Sie Ihren Mitarbeiter höflich. Auch wenn Sie sein Verhalten missbilligen, sollten Sie Ihrem Mitarbeiter gegenüber angemessen auftreten.
- In diesem Fall sollten Sie das Gespräch nicht ohne Hinzuziehen weiterer Gesprächspartner führen. Sie haben so die Möglichkeit, während des Gesprächs auf eine fachliche Unterstützung zurückzugreifen (z. B. Erläuterung der arbeitsrechtlichen Konsequenzen durch den Vertreter der Personalabteilung).
- Schildern Sie Ihrem Mitarbeiter den Gesprächsanlass und erläutern Sie ihm den Sachverhalt.
- Nennen Sie nach vorheriger genauer Recherche konkrete Beweise für sein Fernbleiben. Beschreiben Sie Ihrem Mitarbeiter, wann und wie oft er unentschuldigt oder grundlos gefehlt hat.
- Lassen Sie Ihren Mitarbeiter seine Sicht der Sachlage schildern. Auch wenn Sie merken, dass Ihr Mitarbeiter nach Ausreden für sein Fernbleiben sucht, bleiben Sie ruhig und hören Sie aufmerksam zu. Widerlegen Sie seine Einwände durch Fakten.
- Versuchen Sie, sein Verhalten zu ergründen:
  - Fehlt Ihrem Mitarbeiter die Freude an der Arbeit?
  - Hat Ihr Mitarbeiter gesundheitliche Probleme (Alkoholsucht)?
  - Wird Ihr Mitarbeiter von seinen Kollegen gemobbt?
- Zeigen Sie Verständnis für eventuelle private Probleme und bieten Sie Ihre Hilfe an. Bei Suchtproblemen sollten Sie Ihrem Mitarbeiter Adressen und Kontaktstellen vermitteln.
- Erläutern Sie Ihrem Mitarbeiter die Auswirkung seiner Fehlzeiten:
  - Kollegen müssen länger arbeiten, da sie seine Arbeit mitübernehmen müssen.
  - Die Arbeitsatmosphäre ist durch die Mehrarbeit negativ aufgeladen.
  - Eine reibungslose und konstruktive Teamarbeit ist durch den ständigen Ausfall eines Teammitglieds nicht möglich.
  - Der Mitarbeiter wird sich auf Dauer nicht in das Team eingliedern und als Fremdkörper betrachtet werden.
- Bringen Sie – im Fall von privaten oder gesundheitlichen Problemen – zum Ausdruck, dass Sie zwar Verständnis für seine Lage haben, jedoch davon ausgehen, ihn wieder regelmäßig im Team zu sehen. Erklären Sie ihm, dass Sie auf seine Arbeitskraft nicht verzichten wollen und im Hinblick auf den reibungslosen Arbeitsablauf eine kontinuierliche Teilnahme an der Arbeit erwarten.
- Vereinbaren Sie bei privaten oder gesundheitlichen Problemen eine Zeit, ab der Sie wieder mit der regelmäßigen Arbeitsteilnahme Ihres Mitarbeiters rechnen können.
- Zeigen Sie im Fall eines grundlosen „Blaumachens" deutlich die Konsequenzen auf (Abmahnung, Kündigung), falls sich der Arbeitsausfall nicht bessert.
- Beenden Sie das Gespräch ebenfalls freundlich, und schließen Sie es mit den Worten ab, dass Sie Ihren Mitarbeiter ab morgen wieder regelmäßig an seinem Arbeitsplatz zu erwarten.

Checkliste: So führen Sie ein erfolgreiches Kritikgespräch mit einem „Blaumacher"

Ich begrüße meinen Mitarbeiter trotz des ernsten Gesprächsanlasses höflich und ohne eine vorgebildete Meinung.	❑
Ich führe das Gespräch nicht unter 4 Augen. Damit erkennt auch mein Mitarbeiter die Bedeutung des Gesprächs.	❑
Ich komme direkt zur Sache und schildere ernst und deutlich den Gesprächsanlass.	❑
Um meinem Mitarbeiter Ausreden zu ersparen, nenne ich konkrete Fakten, wann und wie oft er „blaugemacht" hat.	❑
Ich lasse meinen Mitarbeiter erzählen, warum er ohne Entschuldigung gefehlt hat.	❑
Bei privaten Problemen zeige ich Verständnis und biete im Rahmen meiner Möglichkeiten Unterstützung für die Probleme an.	❑
Auch wenn ich weiß, dass mein Mitarbeiter ohne Entschuldigung gefehlt hat, versuche ich zu ergründen, warum er „blaugemacht" hat.	❑
Zur besseren Einsicht erläutere ich meinem Mitarbeiter die Auswirkungen seiner Fehlzeiten.	❑
Ich kläre meinen Mitarbeiter über die Konsequenzen auf, damit er den Ernst seiner Lage erkennt.	❑
Ich vereinbare weitere Maßnahmen mit meinem Mitarbeiter, die zur Problemlösung beitragen.	❑

Kopiervorlage

Checkliste: So führen Sie ein erfolgreiches Kritikgespräch mit einem „Blaumacher"

Ich begrüße meinen Mitarbeiter trotz des ernsten Gesprächsanlasses höflich und ohne eine vorgebildete Meinung.	❑
Ich führe das Gespräch nicht unter 4 Augen. Damit erkennt auch mein Mitarbeiter die Bedeutung des Gesprächs.	❑
Ich komme direkt zur Sache und schildere ernst und deutlich den Gesprächsanlass.	❑
Um meinem Mitarbeiter Ausreden zu ersparen, nenne ich konkrete Fakten, wann und wie oft er „blaugemacht" hat.	❑
Ich lasse meinen Mitarbeiter erzählen, warum er ohne Entschuldigung gefehlt hat.	❑
Bei privaten Problemen zeige ich Verständnis und biete im Rahmen meiner Möglichkeiten Unterstützung für die Probleme an.	❑
Auch wenn ich weiß, dass mein Mitarbeiter ohne Entschuldigung gefehlt hat, versuche ich zu ergründen, warum er „blaugemacht" hat.	❑
Zur besseren Einsicht erläutere ich meinem Mitarbeiter die Auswirkungen seiner Fehlzeiten.	❑
Ich kläre meinen Mitarbeiter über die Konsequenzen auf, damit er den Ernst seiner Lage erkennt.	❑
Ich vereinbare weitere Maßnahmen mit meinem Mitarbeiter, die zur Problemlösung beitragen.	❑

Kritikgespräch: Diebstahl

Die Entwendung von firmeneigenen Gegenständen ist ein strafrechtliches Delikt, das je nach Schwere des Falls eine Kündigung zur Folge haben kann.

Bevor Sie über die Konsequenz eines Diebstahls entscheiden, sollten Sie folgende Punkte berücksichtigen, die Ihren Mitarbeiter zu seiner Tat veranlasst haben könnten:

- **Gerechtigkeitssinn:** Er will sich durch den Diebstahl für etwas belohnen (falsche Abrechnung, um seinen Lohn zu erhöhen).
- **Private Zwecke:** Er nutzt Firmengegenstände zu seinem privaten Nutzen (Auto, Computer) und sieht darin lediglich ein Ausleihen der Gegenstände.
- **Gewohnheit:** Er nutzt oder entwendet Gegenstände, weil er es von seinem vorherigen Arbeitsplatz gewohnt war (Arbeitsmaterial, Lebensmittel).
- **Identifikation:** Er sieht Firmeneigentum als sein Eigentum an, weil er sich mit dem Unternehmen identifiziert.
- **Bereicherung:** Er entwendet firmeneigene Gegenstände zum reinen Selbstzweck (Büromaterial).

Je nach Tatmotiv sollten Sie dann Ihren Mitarbeiter mündlich verwarnen, schriftlich abmahnen oder ihm kündigen.

Checkliste: So führen Sie ein konstruktives Kritikgespräch bei Diebstahl

Bereiten Sie sich gut auf das Gespräch vor und recherchieren Sie den Sachverhalt: Was wurde wann entwendet?	❑
Gehen Sie ohne Vorurteile in das Gespräch.	❑
Verhalten Sie sich Ihrem Mitarbeiter gegenüber trotz der Problematik respektvoll.	❑
Führen Sie bei einem besonders schweren Fall das Gespräch nicht unter 4 Augen, sondern beteiligen Sie Zeugen und den Vertreter der Personalabteilung, um die arbeitsrechtliche Situation abzuklären.	❑
Bereiten Sie die Zeugen darauf vor, auf leere Beschuldigungen zu verzichten und nur Fakten zu nennen.	❑
Führen Sie bei einem geringen Diebstahlvergehen (Entwendung von Arbeitsmaterial) das Gespräch unter 4 Augen. Fertigen Sie jedoch ein Protokoll darüber an und lassen Sie es hinterher von Ihrem Mitarbeiter abzeichnen.	❑
Befragen Sie Ihren Mitarbeiter nach dem Motiv für den Diebstahl.	❑
Versuchen Sie, seine Vorgehensweise nachzuvollziehen und treffen Sie je nach Fall weitere Maßnahmen wie zum Beispiel Mitarbeiterschulung.	❑
Unterscheiden Sie bei der weiteren Vorgehensweise nach der Schwere des Falls: – Verwarnen Sie Ihren Mitarbeiter bei einem geringen Delikt. – Sprechen Sie bei einem schweren Diebstahl (Fälschung von Buchhalterunterlagen) die sofortige Kündigung aus.	❑ ❑

Kopiervorlage

Gesprächsdurchführung

- Eröffnen Sie das Gespräch freundlich und höflich.
- Verurteilen Sie Ihren Mitarbeiter nicht zu früh. Sehen Sie sich nicht in der Rolle eines Richters, sondern eines Aufklärers, der seinen Mitarbeiter auf den richtigen Weg führen will und eventuelle persönliche Probleme zu lösen versucht.
- Verzichten Sie auf Smalltalk. Das Problem ist zu gewichtig und sollte nicht durch belanglose Worte abgeschwächt werden.
- Erläutern Sie Ihrem Mitarbeiter den Anlass Ihres Gesprächs. Kommen Sie direkt zum Thema und schildern Sie die Sachlage. Nennen Sie konkrete Fakten, was Ihr Mitarbeiter entwendet hat, wie oft und wann es geschah. Ihr Mitarbeiter sollte sofort mit der Wahrheit konfrontiert werden, um den Ernst der Lage zu erkennen und zu wissen, dass man ihm auf die Schliche gekommen ist und Ausreden keinen Sinn haben. Vermeiden Sie, Ihren Mitarbeiter mit folgenden Sätzen anzuklagen:

  – „Endlich haben wir Sie erwischt!"

  – „Jetzt sind Sie überführt!"

  – „Endlich können wir Ihnen das Handwerk legen!"

  – „Sie sind ein Dieb!"

  – „Das hat Konsequenzen für Sie!"

Ihr Mitarbeiter ist sich eventuell der Anschuldigung nicht bewusst und handelte in keiner bösen Absicht.

- Fragen Sie ihn nach dem Grund des Diebstahls. Hören Sie ihm dabei konzentriert zu und lassen Sie sich eine Weile Bedenkzeit, die Motive Ihres Mitarbeiters zu verstehen.
- Klären Sie Ihren Mitarbeiter darüber auf, dass Diebstahl, egal aus welchem Grund, nicht hinnehmbar ist.

  – Bei kleinen Diebstahlvergehen wie Entwendung von Büromaterial, sollten Sie Ihren Mitarbeiter verwarnen und klare Anweisung geben, wie er sich in Zukunft zu verhalten hat.

  – Hat Ihr Mitarbeiter zu Unrecht und aus Unwissenheit Firmeneigentum genutzt (Geschäftsauto zu Privatzwecken) sollten Sie Ihren Mitarbeiter darüber aufklären und es bei einer Verwarnung belassen. Eine Abmahnung ist dann sinnvoll, wenn sich der Fall wiederholen sollte.

  – Bei einem schweren Diebstahl wie zum Beispiel finanzielle Bereicherung durch Fälschung der Buchhaltungsunterlagen, sollten Sie die Kündigung aussprechen, da die Vertrauensbasis nachhaltig zerstört ist.

Checkliste: So führen Sie ein konstruktives Kritikgespräch bei Diebstahl

Bereiten Sie sich gut auf das Gespräch vor und recherchieren Sie den Sachverhalt: Was wurde wann entwendet?	❑
Gehen Sie ohne Vorurteile in das Gespräch.	❑
Verhalten Sie sich Ihrem Mitarbeiter gegenüber trotz der Problematik respektvoll.	❑
Führen Sie bei einem besonders schweren Fall das Gespräch nicht unter 4 Augen, sondern beteiligen Sie Zeugen und den Vertreter der Personalabteilung, um die arbeitsrechtliche Situation abzuklären.	❑
Bereiten Sie die Zeugen darauf vor, auf leere Beschuldigungen zu verzichten und nur Fakten zu nennen.	❑
Führen Sie bei einem geringen Diebstahlvergehen (Entwendung von Arbeitsmaterial) das Gespräch unter 4 Augen. Fertigen Sie jedoch ein Protokoll darüber an und lassen Sie es hinterher von Ihrem Mitarbeiter abzeichnen.	❑
Befragen Sie Ihren Mitarbeiter nach dem Motiv für den Diebstahl.	❑
Versuchen Sie, seine Vorgehensweise nachzuvollziehen und treffen Sie je nach Fall weitere Maßnahmen wie zum Beispiel Mitarbeiterschulung.	❑
Unterscheiden Sie bei der weiteren Vorgehensweise nach der Schwere des Falls: – Verwarnen Sie Ihren Mitarbeiter bei einem geringen Delikt. – Sprechen Sie bei einem schweren Diebstahl (Fälschung von Buchhalterunterlagen) die sofortige Kündigung aus.	❑ ❑

Kritikgespräch: Freche Antworten

Als Führungskraft können Sie es nicht dulden, wenn Ihr Mitarbeiter Sie nicht respektiert und mit frechen Antworten Ihre Rolle als Vorgesetzter infrage stellt oder Ihre Kompetenz untergräbt. Sie sollten konsequent dagegen vorgehen, um Ihre Autorität vor dem Team zu wahren und Durchsetzungsvermögen zu demonstrieren.

Eine gute Teamarbeit zwischen Vorgesetztem und Mitarbeiter ist nur möglich, wenn

- der Mitarbeiter seinen Vorgesetzen als Leader akzeptiert,
- der Mitarbeiter offen Kritik üben kann, jedoch Offenheit nicht mit Frechheit verwechselt,
- der Vorgesetzte ein partnerschaftliches Verhältnis zum Mitarbeiter pflegt,
- der Vorgesetzte seine Mitarbeiter als gleichwertig ansieht, jedoch Regeln, Zielrichtungen und Arbeitsanweisungen vorgibt, um eine Struktur und Teamordnung zu gewährleisten.

Gesprächsdurchführung

- Begrüßen Sie Ihren Mitarbeiter freundlich.
- Zeigen Sie von Anfang an Ihre autoritäre Seite, indem Sie Blickkontakt halten, selbstsicher auftreten, das Gespräch **führen** und unmissverständliche Aussagen machen. Bereiten Sie sich daher gut auf das Gespräch vor. Erarbeiten Sie sich Argumente, wie Sie Ihren Mitarbeiter in seine Grenzen weisen wollen. Daher ist es sinnvoll, die Arbeitsweise und Person des Mitarbeiters zu beleuchten, um einen Eindruck über seinen Charakter zu bekommen. Analysieren Sie Ihren Mitarbeiter folgendermaßen:
  - Gibt er freche Antworten aus Unsicherheit, um von seiner schlechten Leistung abzulenken?
  - Antwortet er aufsässig, um sich vor dem Team zu profilieren?
  - Ist das Ziel seiner Aufsässigkeit, Sie vor den Mitarbeitern bloßzustellen und damit Ihre Arbeit und Ihre Person infrage zu stellen?
  - Beabsichtigt er, durch freche Antworten einen Konkurrenzkampf mit Ihnen zu führen mit dem Ziel, sich stark zu machen und Ihren Platz einzunehmen?
- Unterschätzen Sie Ihren Mitarbeiter nicht. Lassen Sie sich das Gespräch nicht aus der Hand nehmen. Zeigen Sie keine Schwäche durch Unkonzentriertheit, unlogische Aussagen und Unsicherheit. Das bestätigt sonst Ihren Mitarbeiter in seiner Verhaltensweise und wird ihn wenig davon überzeugen, sich zu ändern.
- Erläutern Sie Ihrem Mitarbeiter ohne Umschweife den Anlass des Gesprächs. Vermeiden Sie einen Smalltalk, da Ihr Mitarbeiter voraussichtlich wenig Interesse hat, sich mit Ihnen freundschaftlich zu unterhalten.
- Fragen Sie Ihren Mitarbeiter, warum er freche Antworten gibt:
  - Hat er ein Problem mit Ihnen als Vorgesetzten?
  - Hat er ein Problem mit seiner Arbeit oder seinem Arbeitsbereich?
  - Hat er ein Problem mit der Rollenverteilung Chef – Mitarbeiter?
- Auch wenn sich Ihr Mitarbeiter mit einer ehrlichen Antwort schwer tun sollte, bleiben Sie hartnäckig und fordern Sie eine offene Erklärung für sein Verhalten.
- Besprechen Sie bei Arbeitsplatzproblemen Änderungsmaßnahmen.

Analyse-Formular: Warum gibt mein Mitarbeiter freche Antworten?

	Halte ich als Begründung für möglich	Führt der Mitarbeiter als Begründung an
Hat mein Mitarbeiter Probleme mit meiner Person?	❑	❑
Kommt mein Mitarbeiter mit meinem Führungsstil nicht zurecht?	❑	❑
Kann mein Mitarbeiter seine Arbeit nicht bewältigen und steht daher unter beruflichem Stress?	❑	❑
Belasten private Probleme meinen Mitarbeiter?	❑	❑
Wird mein Mitarbeiter von seinen Teamkollegen nicht akzeptiert?	❑	❑
Kann mein Mitarbeiter sich nicht unterordnen?	❑	❑
Versucht mein Mitarbeiter, sich zu profilieren?	❑	❑
Versucht mein Mitarbeiter, meine Kompetenz infrage zu stellen?	❑	❑
Ist mein Mitarbeiter mit seiner Arbeit unzufrieden?	❑	❑
Fühlt sich mein Mitarbeiter falsch behandelt?	❑	❑
Bekommt mein Mitarbeiter zu wenig Rückmeldung über seine Arbeit?	❑	❑
Benötigt mein Mitarbeiter berufliche Unterstützung?	❑	❑

Kopiervorlage

- Erklären Sie ihm unmissverständlich, dass Sie sein Verhalten nicht tolerieren und einen angemessenen Umgangston erwarten. Zeigen Sie die Rollenverteilung deutlich auf: Sie sind der Vorgesetzte, er ist Ihr Mitarbeiter. Erläutern Sie ihm die Grundsätze einer guten Teamarbeit. Wer Regeln und ein Teamgefüge nicht anerkennt, kann auf Dauer im Unternehmen nicht akzeptiert werden.

Anmerkung zum Formular:

Füllen Sie das Formular vor dem Mitarbeitergespräch in Ruhe aus. Wenn Sie das Formular ausgefüllt haben, fragen Sie Ihren Mitarbeiter nach dem Grund für seine frechen Antworten. Nutzen Sie dazu ebenfalls das Formular, indem Sie seine Version während der Befragung in der dazugehörigen Spalte notieren. Vergleichen Sie während des Gesprächs die Version des Mitarbeiters mit Ihrer Version. So können Sie gezielter nachfragen, und Ihr Mitarbeiter sieht, dass Sie sich auf das Gespräch vorbereitet haben.

Analyse-Formular: Warum gibt mein Mitarbeiter freche Antworten?

	Halte ich als Begründung für möglich		Führt der Mitarbeiter als Begründung an	
Hat mein Mitarbeiter Probleme mit meiner Person?	❏		❏	
Kommt mein Mitarbeiter mit meinem Führungsstil nicht zurecht?	❏		❏	
Kann mein Mitarbeiter seine Arbeit nicht bewältigen und steht daher unter beruflichem Stress?	❏		❏	
Belasten private Probleme meinen Mitarbeiter?	❏		❏	
Wird mein Mitarbeiter von seinen Teamkollegen nicht akzeptiert?	❏		❏	
Kann mein Mitarbeiter sich nicht unterordnen?	❏		❏	
Versucht mein Mitarbeiter, sich zu profilieren?	❏		❏	
Versucht mein Mitarbeiter, meine Kompetenz infrage zu stellen?	❏		❏	
Ist mein Mitarbeiter mit seiner Arbeit unzufrieden?	❏		❏	
Fühlt sich mein Mitarbeiter falsch behandelt?	❏		❏	
Bekommt mein Mitarbeiter zu wenig Rückmeldung über seine Arbeit?	❏		❏	
Benötigt mein Mitarbeiter berufliche Unterstützung?	❏		❏	

Kritikgespräch: Gerüchte verbreiten

Vertrauen, Ehrlichkeit und gegenseitige Unterstützung sind die Basis für ein gutes Team und eine harmonische und konstruktive Zusammenarbeit. Diese Teamharmonie wird gefährdet, wenn Sie einen Mitarbeiter darunter haben, der Unwahrheiten oder Gerüchte verbreitet mit dem Ziel,

- die Kollegen untereinander aufzuwiegeln,
- das Team zu sprengen,
- einen bestimmten Kollegen zu mobben,
- eigene Vorteile zu erzielen,
- sich zu profilieren, um sich durch Verdrehung von Tatsachen in ein besseres Licht zu rücken und von schlechten Leistungen abzulenken.

Gesprächsvorbereitung

- Informieren Sie sich im Vorfeld über Ihren Mitarbeiter, um einen möglichst umfassenden Eindruck über seine Person zu bekommen:
  - Wie lange arbeitet er im Unternehmen?
  - Wo war er zuletzt beschäftigt, und was war der Grund des Wechsels?
  - Wie beliebt ist er bei den Mitarbeitern?
  - Was genau ist ihm vorzuwerfen?
  - Seit wann verbreitet er die Gerüchte?

  Haben Sie sich ein klares Bild über Ihren Mitarbeiter verschafft, können Sie beurteilen, ob Böswilligkeit, Unzufriedenheit oder Ehrgeiz hinter dem unsozialen Verhalten steckt.

Gesprächsdurchführung

- Begrüßen Sie Ihren Mitarbeiter freundlich. Auch wenn Sie wissen, dass Ihr Mitarbeiter Unwahrheiten verbreitet und die Stimmung im Team zerstört, sollten Sie einen respektvollen Umgangston pflegen.
- Kommen Sie direkt zum Kern der Sache und erläutern Sie den Gesprächsanlass. Ein Smalltalk zu Beginn des Gesprächs lenkt unnötig von der Problematik ab.
- Schildern Sie Vorkommnisse, die sein Verhalten belegen. Zählen Sie konkrete Beispiele auf, was für Gerüchte Ihr Mitarbeiter verbreitet hat und welche Unwahrheiten dahinter stecken. Belegen Sie Ihre Aussage gegebenenfalls durch Zeugen.
- Lassen Sie Ihren Mitarbeiter Stellung zu seinem unsozialen Verhalten nehmen. Geben Sie ihm die Möglichkeit, sein negatives Verhalten selbst zu beschreiben. Lassen Sie ihn schildern, wie er sich seinen Kollegen gegenüber verhält. Vielleicht öffnet dieser Schritt seine Augen und führt zu einer Selbsterkenntnis mit der Chance auf Besserung.
- Erläutern Sie Ihrem Mitarbeiter die Konsequenzen seines Verhaltens und vereinbaren Sie Maßnahmen zur Lösung des Problems:
  - Steckt ein Kollegenstreit dahinter, vereinbaren Sie ein gemeinsames Gespräch mit der Gegenpartei, um das Problem zu lösen. Verwarnen Sie Ihren Mitarbeiter und erklären Sie ihm, wie er sich in Zukunft zu verhalten hat, um die Teamarbeit nicht zu gefährden.
  - Spinnt Ihr Mitarbeiter aus Ehrgeiz Intrigen und verdreht er aus Eigennutz die Wahrheit, sprechen Sie eine deutliche Verwarnung aus mit der Androhung einer Abmahnung.
  - Mobbt Ihr Mitarbeiter einen Kollegen, übergeben Sie ihm eine schriftliche Abmahnung. Kündigen Sie weitere Maßnahmen je nach Schwere des Falls an (Versetzung des Mitarbeiters in eine andere Abteilung).

Checkliste: So führen Sie ein erfolgreiches Kritikgespräch, wenn Ihr Mitarbeiter Gerüchte verbreitet

Ich bereite mich inhaltlich auf das Gespräch vor und sammle alle notwendigen Informationen über den Anlass des Gesprächs.	❑
Um meinen Mitarbeiter besser einschätzen zu können, informiere ich mich über seine persönliche Situation, seine Eigenarten und die Beziehung zu seinen Kollegen.	❑
Ich überdenke meine Einstellung zu meinem Mitarbeiter und versuche, mich so objektiv und neutral wie möglich zu verhalten.	❑
Bei der Begrüßung bin ich freundlich – unabhängig vom Gesprächsanlass.	❑
Ich umreiße den Gesprächsanlass und komme direkt zum Thema.	❑
Ich nenne konkrete Beispiele, Fakten und führe Zeugen auf, die sein Verhalten belegen können.	❑
Ich gebe meinem Mitarbeiter die Gelegenheit, seine Sichtweise darzustellen.	❑
Ich erläutere meinem Mitarbeiter die Konsequenzen seines Verhaltens: – Mündliche Verwarnung bei Verbreitung von Gerüchten ohne besondere Folgen für das Team. – Abmahnung bei intrigantem Verhalten, wenn die Teamarbeit verletzt wurde. – Abmahnung und Versetzung bei Mobbing.	❑

Kopiervorlage

Checkliste: So führen Sie ein erfolgreiches Kritikgespräch, wenn Ihr Mitarbeiter Gerüchte verbreitet

Ich bereite mich inhaltlich auf das Gespräch vor und sammle alle notwendigen Informationen über den Anlass des Gesprächs.	❏
Um meinen Mitarbeiter besser einschätzen zu können, informiere ich mich über seine persönliche Situation, seine Eigenarten und die Beziehung zu seinen Kollegen.	❏
Ich überdenke meine Einstellung zu meinem Mitarbeiter und versuche, mich so objektiv und neutral wie möglich zu verhalten.	❏
Bei der Begrüßung bin ich freundlich – unabhängig vom Gesprächsanlass.	❏
Ich umreiße den Gesprächsanlass und komme direkt zum Thema.	❏
Ich nenne konkrete Beispiele, Fakten und führe Zeugen auf, die sein Verhalten belegen können.	❏
Ich gebe meinem Mitarbeiter die Gelegenheit, seine Sichtweise darzustellen.	❏
Ich erläutere meinem Mitarbeiter die Konsequenzen seines Verhaltens: – Mündliche Verwarnung bei Verbreitung von Gerüchten ohne besondere Folgen für das Team. – Abmahnung bei intrigantem Verhalten, wenn die Teamarbeit verletzt wurde. – Abmahnung und Versetzung bei Mobbing.	❏

Kritikgespräch: Notorische Störung

Unter einem notorischen Störer ist ein Mitarbeiter zu verstehen, der sich durch auffälliges Verhalten Aufmerksamkeit verschaffen oder durch seine unbequeme Art nicht unterordnen will. Weisen Sie diesen Mitarbeiter in seine Grenzen, um die Zusammenarbeit der einzelnen Mitarbeiter und das Betriebsklima nicht zu gefährden.

Ein notorischer Störer

- unterbricht ungefragt Gespräche, um sich in den Vordergrund zu stellen,
- wird auf Sitzungen laut, lässt Kollegen nicht ausreden und versucht, durch sein rechthaberisches Gehabe die Meinung anderer Mitarbeiter zu beeinflussen,
- kann seine Arbeit nicht konzentriert und ruhig erledigen, da er ständig etwas zu kritisieren hat und verändern will,
- schimpft über seine Arbeit und kritisiert oft die Kollegen,
- ordnet sich ungern unter.

Gesprächsvorbereitung

- Verschaffen Sie sich im Vorfeld Informationen über Ihren Mitarbeiter. Versuchen Sie, sich ein klares Bild über die Persönlichkeit Ihres Mitarbeiters zu machen. So können Sie sein Verhalten besser beurteilen und Lösungen finden.

Gesprächsdurchführung

- Begrüßen Sie Ihren Mitarbeiter freundlich. Sorgen Sie für eine lockere Gesprächsatmosphäre, indem Sie mit Ihrem Mitarbeiter anfangs über Themen sprechen, die nicht unmittelbar mit dem Problem oder der Arbeit zusammenhängen. Dadurch entkrampfen Sie den Gesprächstermin.
- Erläutern Sie Ihrem Mitarbeiter den Gesprächsanlass. Schildern Sie ihm konkret, was Sie ihm vorwerfen. Seien Sie dabei ehrlich und nennen Sie offen die Kritikpunkte. Nutzen Sie das Gespräch dazu, Ihrem Mitarbeiter sein negatives Verhalten vor Augen zu führen, damit er sich ändern kann.
- Lassen Sie Ihren Mitarbeiter schildern, wie er sein Verhalten selbst sieht. Hören Sie dabei aufmerksam zu und versuchen Sie, sein Verhalten zu analysieren:
  - Ist Ihr Mitarbeiter mit seiner Arbeit unzufrieden?
  - Leidet Ihr Mitarbeiter unter mangelndem Selbstbewusstsein?
  - Benötigt Ihr Mitarbeiter mehr Aufmerksamkeit und Feedback?
  - Fühlt sich Ihr Mitarbeiter von den anderen Kollegen nicht akzeptiert?
  - Hat Ihr Mitarbeiter ein privates Problem und reagiert daher aufsässig und störend?
  - Ist Ihr Mitarbeiter überheblich und leidet an Selbstüberschätzung?
- Haben Sie sein Verhalten analysiert, besprechen Sie mit Ihrem Mitarbeiter weitere Maßnahmen. Klären Sie ihn darüber auf, dass Sie sein Verhalten so nicht akzeptieren, da es den Betriebsfrieden stört, ihn auf Dauer bei den Kollegen unbeliebt macht und isoliert. Machen Sie ihm klar, wie er sein Verhalten zu ändern hat. Erläutern Sie ihm dabei Regeln im Umgang mit den Kollegen (ausreden lassen, zuhören, ruhig bleiben).
- Hat Ihr Mitarbeiter Probleme mit seiner Arbeit oder den Kollegen, versuchen Sie, dahingehend Lösungsmöglichkeiten zu finden (anderer Aufgabenbereich, Gespräche mit Kollegen).
- Vereinbaren Sie mit Ihrem Mitarbeiter ein weiteres Gespräch, um über die Fortschritte seiner Verhaltensänderung zu sprechen.

Checkliste: So führen Sie ein konstruktives Gespräch mit einem notorischen Störer

Um die Situation richtig einschätzen zu können, habe ich mich über meinen Mitarbeiter informiert.	❑
Ich habe herausgefunden, in welcher Form und in welchem Ausmaß mein Mitarbeiter stört.	❑
Ich leite das Gespräch mit einem Smalltalk ein, um die Atmosphäre zu lockern.	❑
Ich konfrontiere meinen Mitarbeiter mit seinem negativen Verhalten, indem ich die Kritikpunkte offen ausspreche.	❑
Ich sehe das Gespräch als Chance für meinen Mitarbeiter, sein Verhalten zu erkennen und zu ändern.	❑
Ich führe das Gespräch mit offenen Fragen, um von meinem Mitarbeiter möglichst viel über sein Verhalten und eventuelle Probleme zu erfahren.	❑
Ich lasse meinen Mitarbeiter schildern, wie er sein Verhalten beurteilt.	❑
Ich bin offen gegenüber Veränderungsvorschlägen im Arbeits- und Aufgabenbereich meines Mitarbeiters, wenn es hilft, positiv auf sein Verhalten einzuwirken.	❑
Ich erarbeite gemeinsam mit meinem Mitarbeiter Maßnahmen, wie sein Verhalten zu ändern ist: – Selbstkontrolle – regelmäßige Kritikgespräche – Feedback durch den Vorgesetzten – Mitarbeiterschulung	 ❑ ❑ ❑ ❑
Ich verabrede mit meinem Mitarbeiter einen konkreten nächsten Gesprächstermin, um ihm ein Feedback über seine Veränderung zu geben.	❑

Checkliste: So führen Sie ein konstruktives Gespräch mit einem notorischen Störer

Um die Situation richtig einschätzen zu können, habe ich mich über meinen Mitarbeiter informiert.	❑
Ich habe herausgefunden, in welcher Form und in welchem Ausmaß mein Mitarbeiter stört.	❑
Ich leite das Gespräch mit einem Smalltalk ein, um die Atmosphäre zu lockern.	❑
Ich konfrontiere meinen Mitarbeiter mit seinem negativen Verhalten, indem ich die Kritikpunkte offen ausspreche.	❑
Ich sehe das Gespräch als Chance für meinen Mitarbeiter, sein Verhalten zu erkennen und zu ändern.	❑
Ich führe das Gespräch mit offenen Fragen, um von meinem Mitarbeiter möglichst viel über sein Verhalten und eventuelle Probleme zu erfahren.	❑
Ich lasse meinen Mitarbeiter schildern, wie er sein Verhalten beurteilt.	❑
Ich bin offen gegenüber Veränderungsvorschlägen im Arbeits- und Aufgabenbereich meines Mitarbeiters, wenn es hilft, positiv auf sein Verhalten einzuwirken.	❑
Ich erarbeite gemeinsam mit meinem Mitarbeiter Maßnahmen, wie sein Verhalten zu ändern ist: – Selbstkontrolle – regelmäßige Kritikgespräche – Feedback durch den Vorgesetzten – Mitarbeiterschulung	 ❑ ❑ ❑ ❑
Ich verabrede mit meinem Mitarbeiter einen konkreten nächsten Gesprächstermin, um ihm ein Feedback über seine Veränderung zu geben.	❑

Kritikgespräch: Schlechte Leistung

Für den Erfolg eines Unternehmens spielt die Leistung der Mitarbeiter eine entscheidende Rolle. Leistet Ihr Mitarbeiter über einen längeren Zeitraum hinweg keine zufrieden stellende Arbeit, kann sich sein Aufgabenbereich nicht positiv weiterentwickeln und blockiert andere Arbeitsbereiche ebenfalls in ihrer Entwicklung. Wichtig ist es daher, in einem Aufklärungsgespräch herauszufinden, was hinter der schlechten Leistung Ihres Mitarbeiters steckt:

- Kein Spaß an der Arbeit?
- Über- oder Unterforderung?
- Schlechte Arbeitsplatzorganisation von Seiten der Firma?
- Mangelhaftes Selbstmanagement?
- Mobbing?

Gesprächsvorbereitung

- Überlegen Sie sich vor dem Gespräch:
  - Worin besteht genau definiert die schlechte Leistung Ihres Mitarbeiters?
  - Was könnte die Ursache für die schlechte Leistung sein?
  - Wie könnten die Maßnahmen für eine Verbesserung der Leistung aussehen?

Gesprächsdurchführung

- Leiten Sie das Gespräch mit einem Smalltalk ein. Ihr Mitarbeiter verliert dadurch seine Anspannung. Fragen Sie nach seiner Arbeit, seinen Berufszielen und beruflichen Wünschen. Hören Sie dabei auf negative Zwischentöne, die Ihnen Aufschluss über das Problem geben könnten.
- Erklären Sie Ihrem Mitarbeiter, warum Sie sich zu einem Gespräch zusammengefunden haben. Treiben Sie ihn nicht in eine Abwehrhaltung, indem Sie ihm seine schlechte Leistung vorwerfen. Erzählen Sie Ihrem Mitarbeiter, dass Sie das Gespräch dazu nutzen wollen, gemeinsam mit ihm den Aufgabenbereich zu analysieren, um Schwachstellen zu finden und neue Leistungsziele zu definieren. Ihr Mitarbeiter sollte durch das Gespräch motiviert werden, an sich selbst zu arbeiten. Geben Sie Ihrem Mitarbeiter also das Gefühl, dass er in jedem Fall eine Chance bekommt, sich verbessern zu können.
- Lassen Sie Ihren Mitarbeiter über seine Arbeit erzählen: Was ihm dabei schwer fällt, was besonders Freude bereitet und was er zu ändern wünscht. Hören Sie ihm dabei aufmerksam zu, und zeigen Sie Interesse, indem Sie Zwischenfragen stellen. Damit demonstrieren Sie, dass Sie ihm helfen und eine Lösung suchen wollen. Versuchen Sie herauszufinden, ob Ihr Mitarbeiter eventuell gemobbt wird. Beobachten Sie dazu Verhaltensänderungen an Ihrem Mitarbeiter (Verschlossenheit, Depressionen, innere Kündigung).

  Erarbeiten Sie gemeinsam mit Ihrem Mitarbeiter Maßnahmen zur Verbesserung der Leistung:
  - Muss sich Ihr Mitarbeiter mehr disziplinieren und sich besser organisieren?
  - Ist eine Umgestaltung seines Arbeitsbereichs notwendig?
  - Sollten andere Kollegen in ein weiteres Gespräch mit eingebunden werden, um bessere Teamarbeit zu gewährleisten?
  - Bei Mobbing: Ist es ratsam, dass der Vorgesetzte eingreift, oder lässt sich das Problem vorab unter Kollegen klären?

Checkliste: So führen Sie erfolgreich ein Gespräch über schlechte Leistung

Vor dem Gespräch mache ich mir ein Bild über meinen Mitarbeiter: ■ Was sind seine Schwächen? ■ Worin bestehen seine Stärken? ■ Was steckt hinter seinem Leistungstief?	 ❏ ❏ ❏
Ich nutze das Gespräch nicht dazu, meinem Mitarbeiter seine schlechte Leistung vorzuhalten, sondern seine Stärken zu analysieren und Schwachstellen in seinem Aufgabenbereich herauszufinden.	❏
Ich beziehe in die Leistungsanalyse auch das Umfeld meines Mitarbeiters mit ein: ■ Fühlt sich mein Mitarbeiter über- oder unterfordert? ■ Wird mein Mitarbeiter in seiner Arbeit behindert? ■ Bekommt mein Mitarbeiter zu wenig Anerkennung? ■ Wird mein Mitarbeiter nicht ausreichend gefördert? ■ Stecken hinter seiner schlechten Arbeit private Probleme? ■ Wird er gemobbt?	 ❏ ❏ ❏ ❏ ❏ ❏
Ich lasse meinen Mitarbeiter über seine Arbeit erzählen, um einen Einblick in seinen Arbeitsablauf und in sein Aufgabengebiet zu bekommen.	❏
Ich höre meinem Mitarbeiter aufmerksam zu und zeige durch Kopfnicken und Zwischenfragen Interesse an ihm und seinem Problem.	❏
Ich versuche, meinen Mitarbeiter in dem Gespräch für seine Arbeit zu motivieren, indem ich mit ihm gemeinsam neue Aufgabenziele erarbeite.	❏
Auch wenn mein Mitarbeiter schlechte Arbeit leistet, versuche ich, ihn im Team zu halten und eine für ihn zu bewältigende Arbeit zu finden.	❏
Ich erarbeite gemeinsam mit meinem Mitarbeiter einen Maßnahmenkatalog, damit er in Zukunft erfolgreiche Arbeit leisten kann.	❏
Ich stelle auch mein Führungsverhalten infrage und beleuchte meine Mitarbeiterführung: ■ Führe ich ausreichend Anerkennungsgespräche? ■ Fördere ich meine Mitarbeiter genügend? ■ Gebe ich regelmäßig Feedback? ■ Unternehme ich alles, damit meine Mitarbeiter bei ihrer Arbeit motiviert sind?	 ❏ ❏ ❏ ❏

Kopiervorlage

- Verabreden Sie ein weiteres Gespräch, um Rückmeldung zu bekommen und ein Feedback zu geben und gegebenenfalls weitere Maßnahmen zu besprechen.

Checkliste: So führen Sie erfolgreich ein Gespräch über schlechte Leistung

Vor dem Gespräch mache ich mir ein Bild über meinen Mitarbeiter: ■ Was sind seine Schwächen? ■ Worin bestehen seine Stärken? ■ Was steckt hinter seinem Leistungstief?	 ❑ ❑ ❑
Ich nutze das Gespräch nicht dazu, meinem Mitarbeiter seine schlechte Leistung vorzuhalten, sondern seine Stärken zu analysieren und Schwachstellen in seinem Aufgabenbereich herauszufinden.	❑
Ich beziehe in die Leistungsanalyse auch das Umfeld meines Mitarbeiters mit ein: ■ Fühlt sich mein Mitarbeiter über- oder unterfordert? ■ Wird mein Mitarbeiter in seiner Arbeit behindert? ■ Bekommt mein Mitarbeiter zu wenig Anerkennung? ■ Wird mein Mitarbeiter nicht ausreichend gefördert? ■ Stecken hinter seiner schlechten Arbeit private Probleme? ■ Wird er gemobbt?	 ❑ ❑ ❑ ❑ ❑ ❑
Ich lasse meinen Mitarbeiter über seine Arbeit erzählen, um einen Einblick in seinen Arbeitsablauf und in sein Aufgabengebiet zu bekommen.	❑
Ich höre meinem Mitarbeiter aufmerksam zu und zeige durch Kopfnicken und Zwischenfragen Interesse an ihm und seinem Problem.	❑
Ich versuche, meinen Mitarbeiter in dem Gespräch für seine Arbeit zu motivieren, indem ich mit ihm gemeinsam neue Aufgabenziele erarbeite.	❑
Auch wenn mein Mitarbeiter schlechte Arbeit leistet, versuche ich, ihn im Team zu halten und eine für ihn zu bewältigende Arbeit zu finden.	❑
Ich erarbeite gemeinsam mit meinem Mitarbeiter einen Maßnahmenkatalog, damit er in Zukunft erfolgreiche Arbeit leisten kann.	❑
Ich stelle auch mein Führungsverhalten infrage und beleuchte meine Mitarbeiterführung: ■ Führe ich ausreichend Anerkennungsgespräche? ■ Fördere ich meine Mitarbeiter genügend? ■ Gebe ich regelmäßig Feedback? ■ Unternehme ich alles, damit meine Mitarbeiter bei ihrer Arbeit motiviert sind?	 ❑ ❑ ❑ ❑

Kritikgespräch: Unangehmer Geruch

Schweiß- oder Mundgeruch können unangenehme Folgen für das gesamte Betriebsklima haben. Die Kollegen beginnen hinter dem Rücken des Betroffenen zu reden, der Mitarbeiter wird isoliert und die Zusammenarbeit gestört. Daher ist es umso wichtiger, in einem Gespräch die Ursache für diese Problematik zu analysieren und zu klären.

Gesprächsdurchführung

- Bei diesem sensiblen Thema sollten Sie den Gesprächseinstieg über die Arbeit des Mitarbeiters finden. Erklären Sie Ihrem Mitarbeiter, dass Sie seine Arbeit schätzen und froh sind, so einen engagierten und fleißigen Mitarbeiter zu haben.
- Fragen Sie ihn nach seiner Arbeitsfreude und der Zusammenarbeit mit den Kollegen. Hören Sie dabei auf negative Untertöne, die Ihnen Aufschluss über das vorliegende Problem geben könnten.
- Kommen Sie dann zum Kern des Problems. Sprechen Sie in der „Ich-Form", um das Problem aus Ihrer Sicht zur Sprache zu bringen. Dadurch vermeiden Sie, dass Ihr Mitarbeiter negativ über seine Kollegen denkt und Heimlichkeiten vermutet.

  Beispiel:
  „Ich will ehrlich zu Ihnen sein. In letzter Zeit fällt mir ein veränderter Geruch an Ihnen auf. Ich hoffe, Sie sind doch nicht krank?"

- Ihr Mitarbeiter wird entweder verärgert reagieren oder sich vor Ihrer Offenheit schämen. Bleiben Sie locker und versichern Sie, dass Ihnen sein Wohl am Herzen liegt.
- Weist Ihr Mitarbeiter Ihren Vorwurf von sich, stützen Sie sich auf Aussagen von Kollegen. Versichern Sie Ihrem Mitarbeiter, dass Sie ihn nicht bloßstellen wollen, sondern sich Sorgen um seine Gesundheit machen. Versuchen Sie, die Unsicherheit und Angespanntheit Ihres Mitarbeiters durch positive Worte auszugleichen. Beruhigen Sie ihn im Hinblick auf die Zusammenarbeit mit den Kollegen. Bieten Sie an, mit den Kollegen zu sprechen und diese über das Problem aufzuklären.
- Liegt keine Krankheit bei Ihrem Mitarbeiter vor, fragen Sie ihn nicht weiter nach den Gründen für seinen schlechten Geruch, um nicht unnötig in die Intimsphäre zu stoßen. Sagen Sie, dass Sie sich weiterhin auf seine Mitarbeit freuen. Betonen Sie jedoch, ohne Druck auszuüben, dass es schön wäre, wenn der Kritikpunkt in nächster Zeit gelöst würde.

Checkliste: So führen Sie ein sensibles Gespräch über unangenehmen Geruch

Mir ist klar, dass dieses Gespräch für meinen Mitarbeiter peinlich und unangenehm ist. Ich gehe daher sehr sensibel vor und achte auf meine Worte.	❑
Um meinen Mitarbeiter aufzulockern, erkundige ich mich nach seiner Arbeit und lasse ihn darüber erzählen.	❑
Ich versuche, während des Gesprächs herauszufinden, ob mein Mitarbeiter Probleme mit seinen Kollegen hat.	❑
Während des Gesprächs bleibe ich locker und gleiche damit die angespannte Haltung meines Mitarbeiters aus.	❑
Ich umschreibe das Problem so behutsam wie möglich und vermeide Worte wie „Gestank", „Schweiß" oder „Mundgeruch".	❑
Bei gesundheitlichen Problemen biete ich meine Hilfe an und zeige Verständnis für seine missliche Lage.	❑
Reagiert mein Mitarbeiter ungehalten und weist er das Problem von sich, bleibe ich hartnäckig und verweise auf Aussagen von anderen Mitarbeitern.	❑
Ist es ein Problem der Hygiene, frage ich nicht weiter nach den Gründen für den schlechten Geruch, sondern betone meine Zuversicht für die Problemlösung.	❑
Mein Mitarbeiter soll während des Gesprächs das Gefühl haben, dass ich ihm helfen will und es sich nicht um eine Bloßstellung handelt.	❑
Ich schüttele meinem Mitarbeiter freundlich die Hand und bedanke mich für das Gespräch und sein Verständnis für meine Offenheit.	❑

Kopiervorlage

Checkliste: So führen Sie ein sensibles Gespräch über unangenehmen Geruch

Mir ist klar, dass dieses Gespräch für meinen Mitarbeiter peinlich und unangenehm ist. Ich gehe daher sehr sensibel vor und achte auf meine Worte.	❏
Um meinen Mitarbeiter aufzulockern, erkundige ich mich nach seiner Arbeit und lasse ihn darüber erzählen.	❏
Ich versuche, während des Gesprächs herauszufinden, ob mein Mitarbeiter Probleme mit seinen Kollegen hat.	❏
Während des Gesprächs bleibe ich locker und gleiche damit die angespannte Haltung meines Mitarbeiters aus.	❏
Ich umschreibe das Problem so behutsam wie möglich und vermeide Worte wie „Gestank“, „Schweiß“ oder „Mundgeruch“.	❏
Bei gesundheitlichen Problemen biete ich meine Hilfe an und zeige Verständnis für seine missliche Lage.	❏
Reagiert mein Mitarbeiter ungehalten und weist er das Problem von sich, bleibe ich hartnäckig und verweise auf Aussagen von anderen Mitarbeitern.	❏
Ist es ein Problem der Hygiene, frage ich nicht weiter nach den Gründen für den schlechten Geruch, sondern betone meine Zuversicht für die Problemlösung.	❏
Mein Mitarbeiter soll während des Gesprächs das Gefühl haben, dass ich ihm helfen will und es sich nicht um eine Bloßstellung handelt.	❏
Ich schüttele meinem Mitarbeiter freundlich die Hand und bedanke mich für das Gespräch und sein Verständnis für meine Offenheit.	❏

Kritikgespräch: Zuspätkommen

Ohne Regeln würde die Betriebsordnung aus den Fugen geraten und Chaos wäre die Folge. Feste Arbeitszeiten sind ein Bestandteil der Betriebsordnung, die jeder Mitarbeiter akzeptieren sollte, um den betrieblichen Ablauf nicht zu gefährden. Hält sich Ihr Mitarbeiter an keine allgemein gültigen Anfangszeiten, gliedert er sich aus der Gemeinschaft aus, zeigt kein Teamverständnis und ist somit auf Dauer für das Unternehmen nicht tragbar.

Ziel eines Gesprächs über ständiges Zuspätkommen sollte sein:

- Ihrem Mitarbeiter sein Fehlverhalten deutlich zu machen,
- die Tragweite seines Fehlverhaltens zu erläutern,
- mögliche Konsequenzen aufzuzeigen wie Abmahnung und Kündigung.

Gesprächsdurchführung

- Begrüßen Sie Ihren Mitarbeiter freundlich und erläutern ihm kurz den Anlass des Gesprächs.
- Stellen Sie gegebenenfalls weitere Gesprächspartner vor. In diesem Fall ist es sinnvoll, das Gespräch nicht unter 4 Augen zu führen, sondern einen Zeugen oder eine fachliche Unterstützung zum Gespräch hinzuzuziehen.
- Trotz des Fehlverhaltens Ihres Mitarbeiters sollten Sie ihm gegenüber höflich sein, jedoch sachlich in der Angelegenheit. Vermeiden Sie negative Gedanken über Ihren Mitarbeiter, da Sie noch nicht die Ursache für das ständige Zuspätkommen kennen.
- Beschreiben Sie konkret sein Fehlverhalten. Nennen Sie Fakten, Daten und genaue Beispiele, wann Ihr Mitarbeiter zu spät gekommen ist.
- Fragen Sie Ihren Mitarbeiter nach den Gründen für sein Zuspätkommen:
  - Liegen private Probleme vor, die ihn hindern, morgens pünktlich zur Arbeit zu erscheinen?
  - Ist Ihr Mitarbeiter krank und muss morgens regelmäßig zum Arzt?
  - Ist Ihr Mitarbeiter demotiviert und hat keinen Spaß an der Arbeit?
  - Wird Ihr Mitarbeiter gemobbt und hat Angst vor den Kollegen und der Arbeit?
  - Hat Ihr Mitarbeiter keinen Sinn für Pünktlichkeit?
  - Liegt es an seinem Anfahrtsweg?
- Versuchen Sie, das Problem zu analysieren und bieten Sie Ihre Unterstützung an, wenn es sich um Krankheit, private oder berufliche Probleme handelt. Zeigen Sie dabei Verständnis und machen Sie Ihrem Mitarbeiter deutlich, dass Sie das Problem gemeinsam mit ihm lösen wollen und er nicht allein ist.
- Klären Sie ab, ob das Problem des Zuspätkommens vorübergehend ist oder nicht.
- Fragen Sie Ihren Mitarbeiter nach seinen Lösungsvorschlägen für die Unpünktlichkeit. Bringen Sie zum Ausdruck, dass sein Verhalten (gegebenenfalls) zwar verständlich, jedoch auf Dauer nicht zu akzeptieren sei.
- Nennt Ihr Mitarbeiter keine plausiblen Gründe für seine Unpünktlichkeit, sollten Sie ihn deutlich verwarnen. Zeigen Sie ihm die Konsequenzen auf wie Abmahnung und Kündigung. Betonen Sie, dass Sie ungern auf ihn verzichten wollen, jedoch keine Möglichkeit für die Zusammenarbeit sehen, falls keine Besserung eintritt.
- Vereinbaren Sie mit Ihrem Mitarbeiter eine Zeitspanne für die Problemlösung. Ihr Mitarbeiter soll wissen, wie ernst es Ihnen ist, und dass Sie sein Verhalten beobachten.

Analyse-Formular: Warum kommt mein Mitarbeiter ständig zu spät?

	trifft zu	wahrscheinlich	möglich	unwahrscheinlich
Liegen private Probleme vor, die ihn hindern, morgens pünktlich zur Arbeit zu erscheinen?	❑	❑	❑	❑
Ist Ihr Mitarbeiter krank und muss morgens regelmäßig zum Arzt (vorübergehend oder längerfristig)?	❑	❑	❑	❑
Muss er sich morgens um ein Baby kümmern (vorübergehender Grund)?	❑	❑	❑	❑
Muss er seine Kinder irgendwo absetzen und ist dadurch zeitlich gebunden?	❑	❑	❑	❑
Liegt es an seinem Anfahrtsweg? (In manchen Gebieten fahren Zubringerbusse immer noch nur stündlich und keiner hat etwas davon, wenn der Mitarbeiter täglich müde, aber 55 Minuten zu früh da ist anstatt ausgeschlafen und 5 Minuten zu spät.)	❑	❑	❑	❑
Liegt es in der Persönlichkeit des Mitarbeiters begründet?	❑	❑	❑	❑
Hat Ihr Mitarbeiter keinen Sinn für Pünktlichkeit?	❑	❑	❑	❑
Ist der Mitarbeiter ein Abendmensch? (Praxisfall: 2 Mitarbeiter in einem Team verteilten ihre Arbeitszeit, und so war die Ersatzteilabteilung regelmäßig von 7.00 Uhr bis 19.00 Uhr besetzt, obwohl die Kernzeit von 9.00 Uhr bis 17.00 Uhr festgelegt war. Keiner hielt den einen um 15.00 Uhr, keiner meckerte, dass der andere erst um 11.00 Uhr kam. Die Besprechungen berücksichtigten diese Zeiten und beide richteten es ein, bei besonderen Terminen während der Kernzeit anwesend zu sein.)	❑	❑	❑	❑
Liegt es am Arbeitsplatz?	❑	❑	❑	❑
Ist Ihr Mitarbeiter demotiviert und hat keinen Spaß an der Arbeit?	❑	❑	❑	❑
Fühlt sich der Mitarbeiter nicht wohl in der Abteilung?	❑	❑	❑	❑
Wird Ihr Mitarbeiter gemobbt und hat Angst vor den Kollegen und der Arbeit?	❑	❑	❑	❑
Hat er Probleme mit der Führungskraft?	❑	❑	❑	❑
Gibt es betriebliche Gründe?	❑	❑	❑	❑
Kommt er morgens immer später, weil er zuerst etwas anderes im Unternehmen erledigt? (Praxisfall: Ein Mitarbeiter hatte nur vergessen, das Team zu informieren, dass er eine tägliche Besprechung in einer anderen Abteilung auf 9.00 Uhr gelegt hatte, damit er einen langen Weg sparte (der Besprechungsort lag nahe der weit entfernten Parkplätze.)	❑	❑	❑	❑
Fürchtet er um seinen Arbeitsplatz? (Seltsamerweise reagieren viele Mitarbeiter darauf mit Unpünktlichkeit – meist unbewusst und vor allem, wenn sie das Problem verdrängen, statt es anzugehen.)	❑	❑	❑	❑
Sonstige Gründe	❑	❑	❑	❑

Kopiervorlage

- Bringt der Mitarbeiter verständliche Gründe vor, können Sie an eine offizielle Verschiebung der Anfangszeiten denken, sofern sie für die anderen Mitarbeiter keinen Nachteil mit sich bringt. Eine solche Verschiebung müssen Sie allerdings den anderen mit einer Begründung mitteilen. Geben Sie Ihren anderen Mitarbeitern dabei die Gelegenheit, Gegenargumente vorzubringen, sonst kommt das bei dem Rest der Belegschaft als Bevorzugung an.

Analyse-Formular: Warum kommt mein Mitarbeiter ständig zu spät?

	trifft zu	wahr-scheinlich	möglich	unwahr-scheinlich
Liegen private Probleme vor, die ihn hindern, morgens pünktlich zur Arbeit zu erscheinen?	❑	❑	❑	❑
Ist Ihr Mitarbeiter krank und muss morgens regelmäßig zum Arzt (vorübergehend oder längerfristig)?	❑	❑	❑	❑
Muss er sich morgens um ein Baby kümmern (vorübergehender Grund)?	❑	❑	❑	❑
Muss er seine Kinder irgendwo absetzen und ist dadurch zeitlich gebunden?	❑	❑	❑	❑
Liegt es an seinem Anfahrtsweg? (In manchen Gebieten fahren Zubringerbusse immer noch nur stündlich und keiner hat etwas davon, wenn der Mitarbeiter täglich müde, aber 55 Minuten zu früh da ist anstatt ausgeschlafen und 5 Minuten zu spät.)	❑	❑	❑	❑
Liegt es in der Persönlichkeit des Mitarbeiters begründet?	❑	❑	❑	❑
Hat Ihr Mitarbeiter keinen Sinn für Pünktlichkeit?	❑	❑	❑	❑
Ist der Mitarbeiter ein Abendmensch? (Praxisfall: 2 Mitarbeiter in einem Team verteilten ihre Arbeitszeit, und so war die Ersatzteilabteilung regelmäßig von 7.00 Uhr bis 19.00 Uhr besetzt, obwohl die Kernzeit von 9.00 Uhr bis 17.00 Uhr festgelegt war. Keiner hielt den einen um 15.00 Uhr, keiner meckerte, dass der andere erst um 11.00 Uhr kam. Die Besprechungen berücksichtigten diese Zeiten und beide richteten es ein, bei besonderen Terminen während der Kernzeit anwesend zu sein.)	❑	❑	❑	❑
Liegt es am Arbeitsplatz?	❑	❑	❑	❑
Ist Ihr Mitarbeiter demotiviert und hat keinen Spaß an der Arbeit?	❑	❑	❑	❑
Fühlt sich der Mitarbeiter nicht wohl in der Abteilung?	❑	❑	❑	❑
Wird Ihr Mitarbeiter gemobbt und hat Angst vor den Kollegen und der Arbeit?	❑	❑	❑	❑
Hat er Probleme mit der Führungskraft?	❑	❑	❑	❑
Gibt es betriebliche Gründe?	❑	❑	❑	❑
Kommt er morgens immer später, weil er zuerst etwas anderes im Unternehmen erledigt? (Praxisfall: Ein Mitarbeiter hatte nur vergessen, das Team zu informieren, dass er eine tägliche Besprechung in einer anderen Abteilung auf 9.00 Uhr gelegt hatte, damit er einen langen Weg sparte (der Besprechungsort lag nahe der weit entfernten Parkplätze.)	❑	❑	❑	❑
Fürchtet er um seinen Arbeitsplatz? (Seltsamerweise reagieren viele Mitarbeiter darauf mit Unpünktlichkeit – meist unbewusst und vor allem, wenn sie das Problem verdrängen, statt es anzugehen.	❑	❑	❑	❑
Sonstige Gründe	❑	❑	❑	❑

Extra-Teil: Eigene Gespräche

Die Beurteilung von Führungskräften

Wenn Sie als Führungskraft beurteilt werden, geschieht dies nach bestimmten Merkmalen. Bereiten Sie sich anhand des Selbst-Tests und der Auswertung gezielt auf Ihre Beurteilung vor.

Sie sollten sich daher auf den folgenden Kompetenzfeldern bewährt haben:

1 Fachkompetenz

Neben einem hervorragenden fachlichen Know-how haben Sie Kenntnisse von unternehmerischen Zusammenhängen. Sie besitzen ein klares Verständnis über die Zusammenspiele der verschiedenen Funktionsbereiche.

2 Intellektuelle Kompetenz

Entscheidungen begründen Sie nach kritischer Analyse und Bewertung. Zusammenhänge werden von Ihnen eigenständig, sachlich und folgerichtig durchdacht. Sie erkennen die unternehmenskulturellen Zusammenhänge und wissen sie zu nutzen.

3 Methodenkompetenz

Sie erledigen Aufgaben systematisch und zielgerichtet, setzen klare Prioritäten in der Arbeitsplanung und unterscheiden wichtige Informationen von unwichtigen. Gespräche führen Sie einfühlsam und ergebnisorientiert.

4 Lernbereitschaft

Mit bekanntem Wissen geben Sie sich nicht zufrieden und sind wach und aufgeschlossen für Ihre persönliche Weiterentwicklung. Schnell können Sie sich auf Situationen, Menschen und Ziele einstellen.

5 Soziale Kompetenz

Sie arbeiten initiativ daran, Ihr Kontaktnetzwerk zu knüpfen und zu pflegen. Sie lassen Ihre Mitmenschen ausreden und hören ihnen konzentriert und interessiert zu. Sie sind geduldig, kompromissbereit und begegnen anderen Personen vorurteilsfrei.

6 Unternehmerische Kompetenz

In Verhandlungen vertreten Sie Ihre Position offensiv und mit Engagement. Zielvorstellungen und Absichten machen Sie deutlich. Auch bei Widerstand bleiben Sie gelassen und arbeiten konstruktiv an Lösungen mit.

7 Personalkompetenz

Auch in schwierigen Situationen (Zeitdruck, Misserfolge) bleiben Sie emotional ausgeglichen und verlieren nicht den Überblick. Gegenüber Vorgesetzten und Mitarbeitern sind Sie aufrichtig. Sie besitzen eine natürliche Autorität.

8 Leistungsmotivation

Sie verfolgen konsequent Ihre persönlichen Ziele und streben nach Leistung und Qualität. Mit Ihrem gesunden Ehrgeiz wollen Sie zum unternehmerischen Erfolg Ihres Unternehmens beitragen. Dafür setzen Sie sich eine hohe Leistungsskala.

Selbst-Test: Wie gut beherrschen Sie die 8 Kompetenzbereiche?

		++	+-	--
1	**Fachkompetenz**			
	Sie verfügen über			
	■ Erfahrungssicherheit	❑	❑	❑
	■ Eigenständigkeit, um Kenntnisse und Wissen anderer Funktionen zu erlernen	❑	❑	❑
	■ Einsatzfreude, um sich im verantwortlichen Kompetenzbereich weiterzubilden	❑	❑	❑
2	**Intellektuelle Kompetenz**			
	Sie verfügen über			
	■ die Erkenntnis der Zusammenhänge	❑	❑	❑
	■ Abstraktionsfähigkeit	❑	❑	❑
	■ das Denken in Alternativen und Möglichkeiten	❑	❑	❑
	■ strategisches und vorausschauendes Denken	❑	❑	❑
	■ konzeptionelle Fähigkeiten	❑	❑	❑
	■ Kreativität und Fantasie	❑	❑	❑
3	**Methodenkompetenz**			
	Sie verfügen über			
	■ zielgerichtete Vorgehensweisen	❑	❑	❑
	■ professionelles Zeitmanagement	❑	❑	❑
	■ fachkundige Verhandlungsführung	❑	❑	❑
4	**Lernbereitschaft**			
	Sie verfügen über			
	■ Neugier und Interesse	❑	❑	❑
	■ Offenheit und Unvoreingenommenheit	❑	❑	❑
	■ Veränderungsbereitschaft	❑	❑	❑
5	**Soziale Kompetenz**			
	Sie verfügen über			
	■ Kontaktfreude	❑	❑	❑
	■ Einfühlungsvermögen	❑	❑	❑
	■ Team- und Kooperationsfähigkeit	❑	❑	❑
6	**Unternehmerische Kompetenz**			
	Sie verfügen über			
	■ Überzeugungskraft	❑	❑	❑
	■ sicheres Auftreten	❑	❑	❑
	■ Motivationsfähigkeit	❑	❑	❑
	■ Risikobereitschaft	❑	❑	❑
	■ effizienzorientiertes Denken	❑	❑	❑
	■ Kundenorientierung	❑	❑	❑
7	**Personale Kompetenz**			
	Sie verfügen über			
	■ Glaubwürdigkeit	❑	❑	❑
	■ Selbstvertrauen	❑	❑	❑
	■ Belastbarkeit	❑	❑	❑
	■ Selbstkontrolle	❑	❑	❑
	■ Selbstkritik	❑	❑	❑
8	**Leistungsmotivation**			
	Sie verfügen über			
	■ Engagement	❑	❑	❑
	■ Ausdauer	❑	❑	❑
	■ Selbstmotivation	❑	❑	❑

Kopiervorlage

Test-Auswertung:

++ = sehr gut   +- = gut   -- = weniger gut

Kontrollieren Sie, wo Sie die **Mehrzahl von „++", „+-" oder „--"** angekreuzt haben.

- Haben Sie überwiegend „++" angekreuzt, bleibt Ihnen nur zu wünschen, dass Sie Ihre positiven Führungsqualitäten beibehalten und ausbauen können.
- Haben Sie in der Mehrzahl „+-" angekreuzt, sind Sie auf dem richtigen Weg zu einer kompetenten Führungspersönlichkeit. Bleiben Sie weiter selbstkritisch und aufgeschlossen gegenüber persönlichen Veränderungen, die zu einem positiven Verhalten führen.
- Wurde von Ihnen in der Mehrzahl „--" angekreuzt, besteht Handlungsbedarf in der Verbesserung Ihrer Führungseigenschaften. Durch Selbstkontrolle und Veränderungsbereitschaft können Sie täglich zu Ihrer persönlichen Weiterentwicklung beitragen.
- Sollten Sie eine Balance aller 3 Ergebnisfelder erzielt haben, sind Ihre Führungseigenschaften nicht klar erkennbar und kontinuierlich vorgelebt. Versuchen Sie, klar zu definieren: Was wollen Sie als Führungskraft erreichen, wie wollen Sie Ihre Mitarbeiter führen, und was sind Ihre persönlichen Ziele? Die oben beschriebenen Kompetenzbereiche weisen Ihnen den Weg zum Ziel.

Selbst-Test: Wie gut beherrschen Sie die 8 Kompetenzbereiche?

	++	+-	--
Fachkompetenz			
Sie verfügen über			
■ Erfahrungssicherheit	❑	❑	❑
■ Eigenständigkeit, um Kenntnisse und Wissen anderer Funktionen zu erlernen	❑	❑	❑
■ Einsatzfreude, um sich im verantwortlichen Kompetenzbereich weiterzubilden	❑	❑	❑
Intellektuelle Kompetenz			
Sie verfügen über			
■ die Erkenntnis der Zusammenhänge	❑	❑	❑
■ Abstraktionsfähigkeit	❑	❑	❑
■ das Denken in Alternativen und Möglichkeiten	❑	❑	❑
■ strategisches und vorausschauendes Denken	❑	❑	❑
■ konzeptionelle Fähigkeiten	❑	❑	❑
■ Kreativität und Fantasie	❑	❑	❑
Methodenkompetenz			
Sie verfügen über			
■ zielgerichtete Vorgehensweisen	❑	❑	❑
■ professionelles Zeitmanagement	❑	❑	❑
■ fachkundige Verhandlungsführung	❑	❑	❑
Lernbereitschaft			
Sie verfügen über			
■ Neugier und Interesse	❑	❑	❑
■ Offenheit und Unvoreingenommenheit	❑	❑	❑
■ Veränderungsbereitschaft	❑	❑	❑
Soziale Kompetenz			
Sie verfügen über			
■ Kontaktfreude	❑	❑	❑
■ Einfühlungsvermögen	❑	❑	❑
■ Team- und Kooperationsfähigkeit	❑	❑	❑
Unternehmerische Kompetenz			
Sie verfügen über			
■ Überzeugungskraft	❑	❑	❑
■ sicheres Auftreten	❑	❑	❑
■ Motivationsfähigkeit	❑	❑	❑
■ Risikobereitschaft	❑	❑	❑
■ effizienzorientiertes Denken	❑	❑	❑
■ Kundenorientierung	❑	❑	❑
Personale Kompetenz			
Sie verfügen über			
■ Glaubwürdigkeit	❑	❑	❑
■ Selbstvertrauen	❑	❑	❑
■ Belastbarkeit	❑	❑	❑
■ Selbstkontrolle	❑	❑	❑
■ Selbstkritik	❑	❑	❑
Leistungsmotivation			
Sie verfügen über			
■ Engagement	❑	❑	❑
■ Ausdauer	❑	❑	❑
■ Selbstmotivation	❑	❑	❑

360°-Feedback-Gespräch

Das 360°-Feedback

Feedbackverfahren für eine Rundum-Beurteilung von Führungskräften

Bei diesem Instrumentarium erhalten Sie als Führungskraft eine umfassende und systematische Rundum-Beurteilung zu den Aspekten Führungsverhalten, Führungs- und Arbeitsergebnissen und Loyalität. Beteiligt an diesem Feedback sind die untergebenen Mitarbeiter, die Kunden und die direkt und indirekt verantwortlichen Vorgesetzten.

Das Verfahren verläuft mittels speziell entwickelter Fragebögen, die ausgefüllt werden:

- von Ihren Mitarbeitern,
- von Ihren Kunden,
- von den übrigen Führungskräften derselben Hierarchiestufe,
- von Ihren eigenen Führungskräften,
- von deren Vorgesetzten.

Auf diese Weise sollen möglichst viele verschiedene Perspektiven – in anonymer Form – eingeholt werden, um eventuelle mangelnde Kooperation oder negative Führungsqualitäten herauszufinden. Externe Berater werten die Ergebnisse aus und erstellen ein Gesamturteil.

Die einzelnen Schritte eines 360°-Feedbacks

1. Teilnehmer werden informiert und Fragebögen konzipiert. Dabei sollten die folgenden Rahmenbedingungen erfüllt sein, um ein 360°-Feedback sinnvoll durchzuführen:
   - Beschluss durch die Unternehmensleitung sollte vorliegen.
   - Teilnahme des Top-Managements sollten gesichert sein.
   - Vertraulichkeit und Anonymität sollte gewährleistet sein.
   - Das Instrument sollte an das Unternehmen angepasst sein.
   - Die Feedback-Ergebnisse sollten im Anschluss ausgewertet und weiterentwickelt werden.
2. Standardisierte Fragebögen werden an Ihre Kollegen, Mitarbeiter und Vorgesetzten verteilt.
3. Die Ergebnisse werden von externen Beratern ausgewertet, die von der Firmenleitung festgelegt wurden und die sich auf Auswertungen von Feedback-Befragungen spezialisiert haben (Unternehmensberatungen).
4. Gemeinsam mit Ihren Führungskräften vereinbaren Sie Maßnahmen zur Förderung und Weiterbildung Ihres Führungsverhaltens.
5. Im Rahmen von Teamworkshops finden Kooperationsgespräche mit dem Vorgesetzten und den Mitarbeitern statt. Ziele werden vereinbart und Maßnahmen getroffen, wie die Zusammenarbeit künftig verbessert werden kann.

Checkliste: Sind Sie fit für ein 360°-Feedback-Gespräch?

Das sollten Sie bei einem 360°-Feedback-Gespräch beachten:	
Sprechen Sie vor Beginn des Feedback-Gesprächs mit Ihrem Vorgesetzten über die Ergebnisverarbeitung. Sie können so Vorbehalte und Befürchtungen aus dem Weg räumen.	❏
Stellen Sie sicher, dass das Feedback anonym durchgeführt wird.	❏
Nutzen Sie das Feedback-Ergebnis, um mit Ihren Kollegen und Mitarbeitern über Veränderungsmaßnahmen zu sprechen.	❏
Reagieren Sie auf ein negatives Feedback nicht mit Abwehr. Machen Sie sich klar, dass die Beurteilung dazu dient, Führungsfehler zu entschlüsseln, die Zusammenarbeit mit Mitarbeitern zu verbessern und Ihnen hilft, an Ihren Führungseigenschaften positiv zu arbeiten.	❏
Seien Sie bereit, aus der Beurteilung etwas zu lernen.	❏
Sollten die Ergebnisse des 360°-Feedback-Gesprächs negativ ausfallen, ziehen Sie sich nicht vor den anderen zurück. Nutzen Sie das Ergebnis, um sich zu verbessern.	❏
Innerhalb von 6 Wochen sollten Sie Ihre Vorsätze und die Vereinbarungen umgesetzt haben.	❏
Das sollten Sie bei einem 360°-Feedback-Gespräch vermeiden:	
Nehmen Sie Kritik nicht persönlich. Machen Sie sich im Vorfeld klar, dass Kritik Verbesserungsvorschläge sind, die Ihnen zur Weiterentwicklung dienen sollen.	❏
Falls Sie mit Kritik nicht umgehen können, ist es nicht ratsam, ein 360°-Feedback durchzuführen.	❏
Sind Konflikte im Team vorhanden, sollten Sie ebenfalls ein 360°-Feedback vermeiden, um Konflikte nicht zu verschärfen.	❏

Checkliste: Sind Sie fit für ein 360°-Feedback-Gespräch?

Das sollten Sie bei einem 360°-Feedback-Gespräch beachten:	
Sprechen Sie vor Beginn des Feedback-Gesprächs mit Ihrem Vorgesetzten über die Ergebnisverarbeitung. Sie können so Vorbehalte und Befürchtungen aus dem Weg räumen.	❏
Stellen Sie sicher, dass das Feedback anonym durchgeführt wird.	❏
Nutzen Sie das Feedback-Ergebnis, um mit Ihren Kollegen und Mitarbeitern über Veränderungsmaßnahmen zu sprechen.	❏
Reagieren Sie auf ein negatives Feedback nicht mit Abwehr. Machen Sie sich klar, dass die Beurteilung dazu dient, Führungsfehler zu entschlüsseln, die Zusammenarbeit mit Mitarbeitern zu verbessern und Ihnen hilft, an Ihren Führungseigenschaften positiv zu arbeiten.	❏
Seien Sie bereit, aus der Beurteilung etwas zu lernen.	❏
Sollten die Ergebnisse des 360°-Feedback-Gesprächs negativ ausfallen, ziehen Sie sich nicht vor den anderen zurück. Nutzen Sie das Ergebnis, um sich zu verbessern.	❏
Innerhalb von 6 Wochen sollten Sie Ihre Vorsätze und die Vereinbarungen umgesetzt haben.	❏
Das sollten Sie bei einem 360°-Feedback-Gespräch vermeiden:	
Nehmen Sie Kritik nicht persönlich. Machen Sie sich im Vorfeld klar, dass Kritik Verbesserungsvorschläge sind, die Ihnen zur Weiterentwicklung dienen sollen.	❏
Falls Sie mit Kritik nicht umgehen können, ist es nicht ratsam, ein 360°-Feedback durchzuführen.	❏
Sind Konflikte im Team vorhanden, sollten Sie ebenfalls ein 360°-Feedback vermeiden, um Konflikte nicht zu verschärfen.	❏

So machen Sie sich fit für ein Gehaltsgespräch

1 Schätzen Sie Ihren Wert für die Firma ein

Überlegen Sie aus der Sicht Ihres Vorgesetzten/des Unternehmens, inwieweit Sie dem Unternehmen nutzen. Fragen Sie sich: Warum bin ich eine Gehaltserhöhung wert? Was hat das Unternehmen von mir und meiner Leistung?

2 Überprüfen Sie das Gehaltssystem Ihrer Firma und das marktübliche Gehaltsniveau

Auch wenn das Gehaltssystem Vertrauenssache ist, haben Sie das Recht auf Auskunft, auf welchem Gehaltsniveau Ihr Verdienst liegt und ob Sie unterbezahlt sind. Dazu können Sie Ihren Betriebsrat oder die Personalabteilung befragen.
Vergleichen Sie Ihr Gehaltsniveau mit vergleichbaren Unternehmen Ihrer Branche. Informieren Sie sich bei Berufsverbänden, Gewerkschaften, dem Betriebsrat und im Internet (z. B. bei www.gehalts-check.de).

3 Wählen Sie einen strategisch günstigen Zeitpunkt

Mindestens eine dieser Voraussetzungen sollte erfüllt sein, um Ihren Gesprächswunsch durchzusetzen:

- Sie können besondere Erfolge vorweisen.
- Grundlage für den Gesprächstermin sind vertragliche Vereinbarungen, Usancen im Unternehmen oder frühere Vereinbarungen.
- Die letzte Gehaltserhöhung liegt länger als ein Jahr zurück, und Sie haben sich weiterentwickelt.

Machen Sie sich ein Konzept

Bereiten Sie sich schriftlich auf das Gehaltsgespräch vor. Nutzen Sie dafür den nebenstehenden Fragenkatalog.

Erstellen Sie ein Erfolgsjournal

Einen besonderen Stellenwert verleihen Sie sich und Ihren Argumenten mit einem geschickten Selbstmarketing. Stellen Sie

- Ihre guten Leistungen der letzten Monate,
- ein besonderes Engagement bei Sonderaufgaben oder Projekten,
- eine Qualifikationssteigerung,
- Lob und Anerkennung Ihrer Vorgesetzten sowie
- Ihre weiteren Argumente

in Text, Bildern und Zahlen professionell (z. B. mit MS Outlook) dar. Pro Seite sollte nur eine Aussage genannt werden. Fertigen Sie für Ihren Vorgesetzten eine Präsentationsmappe an. Sie können dann anhand Ihres Erfolgsjournals Schritt für Schritt Ihre Argumente darlegen. Die Vorteile dieser Taktik:

- Ihr Gesprächspartner gewinnt einen Eindruck Ihrer Professionalität.
- Ihr Gesprächspartner kann Ihren Argumenten besser folgen.
- Sie haben einen „roten Faden" für Ihre Argumentation und können das Gespräch steuern.

Sorgen Sie für günstige Rahmenbedingungen:

- Lehnen Sie ein Gespräch „zwischen Tür und Angel", unter Zeitdruck oder in einer hektischen Atmosphäre ab. Bitten Sie um einen Gesprächstermin, an dem beide Teilnehmer Zeit haben.
- Kommen Sie pünktlich und in guter Verfassung zum Gespräch.

Argumentationsplan: Eigenes Gehaltsgespräch

1

1. Wie verantwortungsvoll ist meine Position? Wie wichtig bin ich für mein Unternehmen? Welche Pluspunkte sprechen für mich?

❑ Besondere Leistungen: ______________________
❑ Erfolge: ______________________
❑ Sonderaufgaben: ______________________
❑ Personalverantwortung: ______________________
❑ Projektverantwortung: ______________________
❑ Weiterbildung: ______________________
❑ Sonstiges: ______________________

2. Die 3 wichtigsten Argumente für meinen Gehaltswunsch:

– ______________________
– ______________________
– ______________________

2

3. Innerhalb des Gehaltssystems meines Unternehmens stehe ich

❑ gut ❑ nicht so gut ❑ schlecht da.

In vergleichbaren Unternehmen würde ich ________ Euro erhalten.

4. Meine konkrete Forderung

- Meine Gehaltserhöhung soll ________ Euro betragen.
- Falls mein Wunschgehalt nicht durchsetzbar ist, könnte ich auch ________ Euro akzeptieren. Wäre ich auch mit einer Provisionsregelung einverstanden? Wenn ja: Wovon könnte diese abhängig sein? Wie messbar?
  ____
- Könnte die Gehaltserhöhung auch in Form von „Naturalien" erfolgen, z. B. eine Fortbildung, die mein Arbeitgeber bezahlt?
  ❑ Nein ❑ Ja, und zwar: ______________________
- Wäre es auch eine Alternative, statt mehr Gehalt weniger Arbeitszeit zu vereinbaren?
  ❑ Ja ❑ Nein

5. Meine Gesprächsstrategie

Plan A: ______________________
Falls meine Forderung nicht durchsetzbar ist, werde ich folgende Alternativen vorschlagen:
Plan B: ______________________

3

6. Der strategisch günstigste Zeitpunkt für meinen Vorstoß ist ______________________

Kopiervorlage

Diese Minuspunkte müssen Sie unbedingt vermeiden:

- Vergleichen Sie Ihr Gehalt nicht mit anderen Kollegen oder Firmen.
- Drohen oder erpressen Sie nicht („Wenn ich nicht mehr bekomme, muss ich mir Konsequenzen überlegen"). Jeder ist ersetzbar.
- Pochen Sie nicht auf Ihre lange Firmenzugehörigkeit.
- Betteln Sie nicht („Ich brauche einfach mehr Geld"), und jammern Sie nicht über Ihre persönliche finanzielle Lage oder gestiegene Lebenshaltungskosten.

Mit solchen Manövern erreichen Sie nichts und schaden Ihrem Ansehen. Sie zeigen damit, dass Sie sich so gut wie keine Gedanken gemacht haben – und, noch schlimmer, dass es kein wirkliches Argument gibt, das eine Erhöhung Ihres Gehalts rechtfertigen würde.

So überzeugen Sie Ihren Chef von einer Gehaltserhöhung:

- Eröffnen Sie das Gespräch mit diesem Statement: „Ich habe Sie um das Gespräch gebeten, weil ich mit Ihnen über meine Leistungen und meinen Wert für das Unternehmen sprechen möchte. Ich habe dazu einige Punkte schriftlich vorbereitet. Könnten wir das zusammen durchgehen? Mich interessiert, wie Sie meine Leistungen sehen, und wie ich meinen Wert für unsere Firma weiter steigern kann."
- Überzeugen Sie Ihren Chef anhand des Erfolgsjournals von Ihrer Arbeitsleistung, Ihrer Qualifikation und Ihrem Engagement.
- Kommen Sie erst auf Ihre konkrete Forderung, wenn Sie die wesentlichen Punkte Ihres Erfolgsjournals durchgesprochen haben.
- Begründen Sie Ihr Anliegen nachvollziehbar. Machen Sie Ihrem Vorgesetzten klar, dass sich eine Steigerung des Gehalts positiv auf Ihre persönliche Entwicklung und die Firma auswirkt.
- Rechtfertigen Sie sich nicht.

Argumentationsplan: Eigenes Gehaltsgespräch

1. Wie verantwortungsvoll ist meine Position? Wie wichtig bin ich für mein Unternehmen? Welche Pluspunkte sprechen für mich?

❏ Besondere Leistungen: ______________________
❏ Erfolge: ______________________
❏ Sonderaufgaben: ______________________
❏ Personalverantwortung: ______________________
❏ Projektverantwortung: ______________________
❏ Weiterbildung: ______________________
❏ Sonstiges: ______________________

2. Die 3 wichtigsten Argumente für meinen Gehaltswunsch:

– ______________________
– ______________________
– ______________________

3. Innerhalb des Gehaltssystems meines Unternehmens stehe ich

❏ gut ❏ nicht so gut ❏ schlecht da.

In vergleichbaren Unternehmen würde ich ________ Euro erhalten.

4. Meine konkrete Forderung

■ Meine Gehaltserhöhung soll ________ Euro betragen.
■ Falls mein Wunschgehalt nicht durchsetzbar ist, könnte ich auch ________ Euro akzeptieren.
Wäre ich auch mit einer Provisionsregelung einverstanden? Wenn ja:
Wovon könnte diese abhängig sein? Wie messbar?
____

■ Könnte die Gehaltserhöhung auch in Form von „Naturalien“ erfolgen,
z. B. eine Fortbildung, die mein Arbeitgeber bezahlt?
❏ Nein ❏ Ja,
und zwar: ______________________

■ Wäre es auch eine Alternative, statt mehr Gehalt weniger Arbeitszeit zu vereinbaren?
❏ Ja ❏ Nein

5. Meine Gesprächsstrategie

Plan A: ______________________
Falls meine Forderung nicht durchsetzbar ist, werde ich folgende Alternativen vorschlagen:
Plan B: ______________________

6. Der strategisch günstigste Zeitpunkt für meinen Vorstoß ist ______________________

Stichwortverzeichnis

Stichwortverzeichnis

Vertrags-Check Arbeitsrecht

Mit diesem neuen System erstellen Sie in Sekundenschnelle rechtssichere Arbeitsverträge! Mit all den vielen wichtigen Details, die **eine ganz neue Sicherheit für Sie als Arbeitgeber** mit sich bringen: Hieb- und stichfeste Formulierungen, Spezialklauseln, unverzichtbare Zusatz- und Sondervereinbarungen.

Exakt optimierte Einzelverträge: Ganz gleich, ob Sie einen Vertrag für den Geschäftsführer, einen neuen Sachbearbeiter oder eine Aushilfe benötigen – jeder einzelne Vertrag wurde von erfahrenen Fachjuristen auf die jeweilige Position hin optimiert.

Gut beraten: Zusätzlich erhalten Sie zu allen Verträgen Ausfüllanleitungen mit wertvollen Tipps für die optimale Rechtssicherheit.

Schnell: Sie kopieren einfach den gewünschten Arbeitsvertrag und füllen ihn aus. Fertig! Oder Sie benutzen die CD-ROM, drucken den Vertrag aus oder laden ihn in Ihre Textverarbeitung.

Fordern Sie dieses neue System zur perfekten Gestaltung Ihrer Arbeitsverträge am besten noch heute an! Wenn Sie nur einen Vertrag mit diesem System erstellen, hat es sich schon bezahlt gemacht!

Sparen Sie jetzt zusätzlich 26,38 €/51,60 DM!

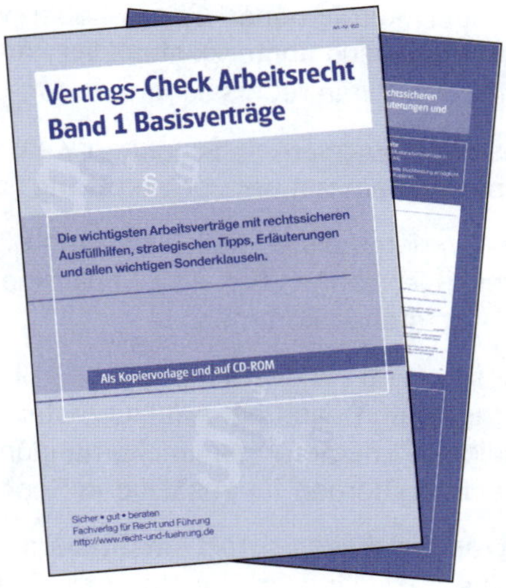

Vertrags-Check Arbeitsrecht Bände 1 und 2:

Das System für 100% rechtssichere Arbeitsverträge, speziell für Chefs und Vorgesetzte

Bestellen Sie einfach:

Per Telefon: Rufen Sie jetzt bei unserem freundlichen Kundenservice an **02 28 / 95 50 130**
Per e-Mail: Schicken Sie Ihre Bestellung einfach an **Kundendienst@vnr.de**
Per Fax: Kopieren Sie dieses vorbereitete Bestellformular und schicken Sie es per Fax an **02 28 / 35 97 10**

Ja, ich möchte nur optimal gestaltete und rechtssichere Arbeitsverträge einsetzen.

☐ Senden Sie mir deshalb die **zweibändige Gesamtausgabe** von „Vertrags-Check Arbeitsrecht" inkl. 2 CD-ROMs zum Einführungs-Komplettpreis von nur 126,80 €/248,- DM zzgl. Porto und Verpackung.
Ich spare insgesamt 26,38 €/51,60 DM gegenüber der späteren Einzelbestellung beider Bände.
Art.-Nr.: 1006

☐ Senden Sie mir deshalb **Band 1** von „Vertrags-Check Arbeitsrecht" inkl. CD-ROM zum Preis von nur 76,59 €/149,80 DM zzgl. Porto und Verpackung.
Art.-Nr.: 953

☐ Senden Sie mir deshalb **Band 2** von „Vertrags-Check Arbeitsrecht" inkl. CD-ROM zum Preis von nur 76,59 €/149,80 DM zzgl. Porto und Verpackung.
Art.-Nr.: 1005

VEC 0156

Name/Vorname ____________ Ggfs. Firma ____________

Straße/Nr. ____________ PLZ/Ort ____________ X Datum/Unterschrift ____________

Das Formularbuch **Vertrags-Check Arbeitsrecht** erscheint im Fachverlag für Recht und Führung, einem Unternehmensbereich der Verlag für die Deutsche Wirtschaft AG, Sitz: Bonn, AG Bonn, HRB 8165, Vorstand: Helmut Graf.

Abmahnungs-Check

Im neuen Abmahnungs-Check haben wir für Sie über 130 Abmahnungs- und Ermahnungsfälle aus der betrieblichen Praxis zusammengestellt. Von A – wie Ablehnung einer Aussprache bis Z – wie Zuspätkommen zur Arbeit bieten wie Ihnen rechtssichere, sofort übernehmbare Musterschreiben.

Diese hochwirksamen Schreiben werden Ihren Mitarbeiter nachdrücklich auf seine Pflichten hinweisen und ihn rechtswirksam mit der „gelben Karte" verwarnen.

Denn in den meisten Fällen müssen Sie vor einer Entlassung mindestens eine Abmahnung aussprechen. Aber bereits hier können Sie viele Fehler machen, die Sie hinterher, im Falle einer gerichtlichen Auseinandersetzung, teuer zu stehen kommen.

Wie so oft im Arbeitsrecht, müssen Sie als Arbeitgeber daher auch bei einer Abmahnung eine Reihe wichtiger Formalitäten beachten. Am sichersten ist Ihnen daher mit vorformulierten Musterschreiben geholfen. Die ausführlichen Erläuterungen im Abmahnungs-Check, die Expertentipps und die Übersicht zur aktuellen Rechtssprechung sorgen für zusätzliche Rechtssicherheit.

Nutzen Sie dieses sofort einsetzbare Arbeitsmittel für Ihre erfolgreiche Personalarbeit und setzen Sie damit die „gelbe Karte" jederzeit wirkungsvoll und rechtssicher ein!

Und so funktioniert es:

Neue Sicherheit als Arbeitgeber
Hieb- und Stichfeste Formulierungen, Formalien und Fristen, die richtige Beweisführung für spätere Prozesse, Wege zur 100%ig sicheren Zustellung, Sonderfälle und der richtige Umgang mit dem Betriebsrat, der keine Mitbestimmung hat – so entscheiden Sie schnell und rechtssicher, ob Sie eine Ermahnung oder eine Abmahnung einsetzen sollten.

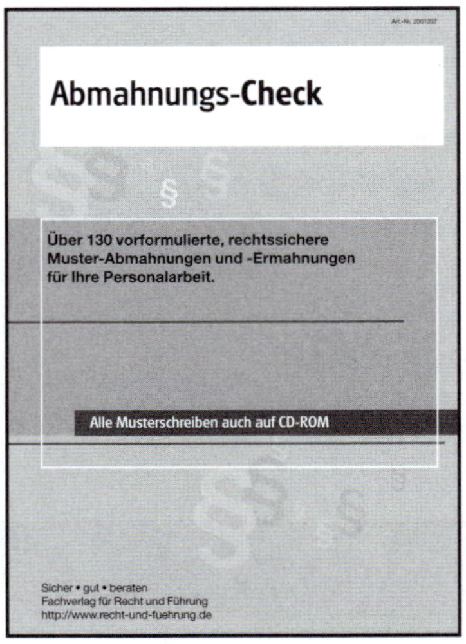

100% rechtssicher formuliert
Rechtssichere, sofort übernehmbare Musterschreiben für nahezu alle Fälle aus dem Betriebsalltag. Von A wie Ablehnung einer Aussprache, Abwerben von Mitarbeitern, Alkoholmissbrauch am Arbeitsplatz, Arbeitsverweigerung bis Z wie Zuspätkommen zur Arbeit!

Mit Ermahnungen führen
So machen Sie aus Ihrer Ermahnung ein hochwirksames Führungsinstrument mit dem Sie Ihren Mitarbeiter nachdrücklich auf seine Pflichten hinweisen - alle Musterschreiben sind direkt einsetzbar - fordern Sie Ihren Abmahnungs-Check am besten heute noch an!

Ihr Vorteils-Angebot:

Fix und fertig vorformulierte Abmahnungen und Ermahnungen, die Sie sofort in Ihrer Personalarbeit nutzen können, bekommen Sie jetzt mit dem **„Abmahnungs-Check" inkl. CD-ROM**. Sie als Kunde erhalten den „Abmahnungs-Check" zum günstigen Vorzugspreis von nur 76,59 €/149,80 DM zzgl. Porto und Verpackung. Das Angebot ist nur die nächsten 14 Tage gültig. Bitte antworten Sie daher noch heute!

Bestellen Sie einfach:

Per Telefon: Rufen Sie jetzt bei unserem freundlichen Kundenservice an **02 28 / 95 50 130**
Per e-Mail: Schicken Sie Ihre Bestellung einfach an **Kundendienst@vnr.de**
Per Fax: Kopieren Sie dieses vorbereitete Bestellformular und schicken Sie es per Fax an **02 28 / 35 97 10**

☐ Ja, ich möchte die fix und fertig vorformulierten Abmahnungen und Ermahnungen sofort nutzen. Senden Sie mir deshalb den „Abmahnungs-Check" inkl. CD-ROM aus dem Fachverlag Recht und Führung zum günstigen Vorzugspreis von nur 76,59 €/ 149,80 DM zzgl. Porto und Verpackung zu. Ich weiß, dass dieses Vorzugsangebot zeitlich befristet ist und nur 14 Tage gilt. Daher antworte ich Ihnen sofort!

MAC 0817

Name/Vorname ____________ Ggfs. Firma ____________

Straße/Nr. ____________ PLZ/Ort ____________ X Datum/Unterschrift ____________

Das Formularbuch **Abmahnungs-Check** erscheint im Fachverlag für Recht und Führung, einem Unternehmensbereich der Verlag für die Deutsche Wirtschaft AG, Sitz: Bonn, AG Bonn, HRB 8165, Vorstand: Helmut Graf.

Das Drehscheiben-Set für Ihren Führungsalltag

Warum Sie mit dem Prinzip »Drehscheibe« so wirkungsvoll handeln
Die neuen Drehscheiben sind höchst effiziente Führungsinstrumente. Jede einzelne zeigt Ihnen für einen bestimmten Aufgabenbereich erfolgserprobte Lösungswege auf. Wie ein „Spickzettel" erinnert Sie die Drehscheibe dabei an alle wesentlichen Elemente, ohne sich in unnötigen Details zu verlieren. Dieser schnelle, direkte und zeitsparende Weg führt Sie ohne Umwege zu ebenso schnellen und effizienten Lösungen. In vielen Fällen können Sie Ihre eigene Effizienz sogar vervielfachen!

Zeitsparende Gesprächsvorbereitung
Sehen Sie sich einfach auf Ihrer Drehscheibe nacheinander die Tipps und Ratschläge zu den jeweiligen Stichwörtern an – schon wissen Sie, in welcher Reihenfolge Sie am besten vorgehen, welche Schritte für Ihren Erfolg besonders wichtig sind, und welche Fallen Sie vermeiden sollten. Dies ist wahrscheinlich die schnellste und einfachste Form der Gesprächsvorbereitung!

Soforthilfe in Besprechungen
Nehmen Sie Ihre Drehscheibe einfach in Ihre wichtigen Besprechungen mit. Unbemerkt von Ihren Gesprächspartnern können Sie sich jederzeit mit einem kleinen Dreh an Ihrer Scheibe Anregungen und Soforthilfe holen. Ihr Gespräch kann kaum noch ins Stocken kommen, und Sie werden Ihre Ziele niemals aus den Augen verlieren.

Strategisches Schnell-Training
Wenn Sie die einzelnen Tipps, Hinweise und Anregungen auf Ihren Scheiben kennen, so kennen Sie auch die wichtigsten Strategien erfolgreicher Führungskräfte. Die Drehscheiben eignen sich deshalb auch ideal zum effizienten Selbst-Training. Besonderer Vorteil der Scheiben: Ihr grafisches Gedächtnis wird durch die Scheibenform optimal stimuliert; Sie können sich die Inhalte schnell und einfach merken.

Universelle Gedächtnis-Hilfe
Jede Drehscheibe bezieht sich auf besonders erfolgreiche Strategien, die im beiliegenden 148-seitigen Begleitbuch ausführlich erläutert sind. Trotzdem brauchen Sie dieses Buch nicht auswendig zu lernen, um eine gute Führungskraft zu sein. Wenn Sie z. B. nur hin und wieder ein Einstellungsgespräch führen, nehmen Sie einfach vor solch einem Gespräch Ihre Drehscheibe zur Hand. Hier sind alle wichtigen Schritte für erfolgreiche Einstellungsgespräche in der richtigen Reihenfolge enthalten, und Sie werden sich sofort wieder an die zugehörigen Tipps im Begleitbuch erinnern.

1. Kritikgespräche
Wie Sie Ihre Mitarbeiter so kritisieren, dass sie Ihre Kritik annehmen und ihr Verhalten dankbar ändern!

Kritikgespräche nach der erprobten **Erfolgsmethode „PowerBurger"**

Rückseite: **Typische Fehler** in Kritikgesprächen und wie Sie sie sicher vermeiden

2. Einstellungsgespräche
Der gründliche Arbeitgeber-Schnellcheck, mit dem Sie die besten Bewerber sicher herausfiltern

Mit diesem Fragenkatalog schauen Sie Ihren Bewerbern **hinter die Stirn**

Rückseite: Fehler, die Sie beim Bewerbungsinterview **in jedem Fall vermeiden** sollten

3. Arbeitszeugnisse
Mit dieser Drehscheibe interpretieren und schreiben Sie Zeugnisse schneller als je zuvor!

Leistungsbeurteilung – rechtssicher formuliert von »sehr gut« bis »ungenügend«

Rückseite: **Führungsbeurteilung** – alle gängigen Formulierungen jetzt auf einen Blick!

4. Zielvereinbarungen
Wie Sie mit geschickt gesetzten Zielen den Erfolg Ihres gesamten Teams nachhaltig fördern

Das bewährte **6-Stufen-Modell** für professionelle und erfolgreiche Zielvereinbarungen

Rückseite: **6 Erfolgs-Formulierungen,** mit denen Sie Ziele setzen und gleichzeitig motivieren

5. Kontrolle & Überwachung
So schützen Sie sich wirksam vor Betrug, Diebstahl und anderen Gaunereien durch kriminelle Mitarbeiter!

Welche **Kontroll- und Überwachungsmethoden** Sie zu Ihrem Schutz nutzen können

Rückseite: **Was nicht erlaubt ist** und wo Sie z. B. die Zustimmung des Betriebsrats benötigen

6. Nie mehr Papierflut
Mit der „Stephanie-Winston-Technik" schaffen Sie ab sofort mit minimalem Aufwand Ordnung im ganzen Büro!

Mit diesen Methoden haben Sie endlich Ihre **Ablage voll und ganz im Griff**

Rückseite: So **befreien Sie Ihren Schreibtisch** ein für alle Mal von lästigen Papierstapeln

Bestellen Sie einfach:

Per Telefon: Rufen Sie jetzt bei unserem freundlichen Kundenservice an **02 28 / 95 50 130**
Per e-Mail: Schicken Sie Ihre Bestellung einfach an **Kundendienst@vnr.de**
Per Fax: Kopieren Sie dieses vorbereitete Bestellformular und schicken Sie es per Fax an **02 28 / 35 97 10**

☐ Ja, ich möchte noch effizienter führen als bisher. Senden Sie mir deshalb das „Drehscheiben-Set für Ihren Führungsalltag" zum Einführungs-Preis von nur 25,46 €/49,80 DM zzgl. Porto und Verpackung. Dieses Paket beinhaltet die 6 beidseitig nutzbaren Drehscheiben „Kritikgespräche", „Einstellungsgespräche", „Arbeitszeugnisse", „Zielvereinbarungen", „Kontrolle und Überwachung Ihrer Mitarbeiter", „Nie mehr Papierflut" sowie das 148-seitige Begleitbuch. Wenn ich innerhalb von 14 Tagen antworte, erhalte ich zusätzlich den Kalender-Schieber „Kündigungsfristen" als Geschenk.

DS 0402

Name/Vorname ________ Ggfs. Firma ________

Straße/Nr. ________ PLZ/Ort ________ X Datum/Unterschrift ________

Das **Drehscheiben-Set für Ihren Führungsalltag** erscheint im Fachverlag für Recht und Führung, einem Unternehmensbereich der Verlag für die Deutsche Wirtschaft AG, Sitz: Bonn, AG Bonn, HRB 8165, Vorstand: Helmut Graf.

Die Pocketcards Führung

Die Pocketcards Führung

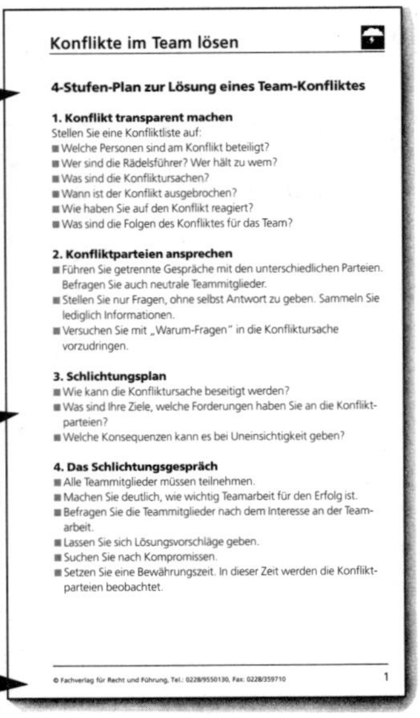
Konflikte im Team lösen

4-Stufen-Plan zur Lösung eines Team-Konfliktes

1. Konflikt transparent machen
Stellen Sie eine Konfliktliste auf:
- Welche Personen sind am Konflikt beteiligt?
- Wer sind die Rädelsführer? Wer hält zu wem?
- Was sind die Konfliktursachen?
- Wann ist der Konflikt ausgebrochen?
- Wie haben Sie auf den Konflikt reagiert?
- Was sind die Folgen des Konfliktes für das Team?

2. Konfliktparteien ansprechen
- Führen Sie getrennte Gespräche mit den unterschiedlichen Parteien. Befragen Sie auch neutrale Teammitglieder.
- Stellen Sie nur Fragen, ohne selbst Antwort zu geben. Sammeln Sie lediglich Informationen.
- Versuchen Sie mit „Warum-Fragen" in die Konfliktursache vorzudringen.

3. Schlichtungsplan
- Wie kann die Konfliktursache beseitigt werden?
- Was sind Ihre Ziele, welche Forderungen haben Sie an die Konfliktparteien?
- Welche Konsequenzen kann es bei Uneinsichtigkeit geben?

4. Das Schlichtungsgespräch
- Alle Teammitglieder müssen teilnehmen.
- Machen Sie deutlich, wie wichtig Teamarbeit für den Erfolg ist.
- Befragen Sie die Teammitglieder nach dem Interesse an der Teamarbeit.
- Lassen Sie sich Lösungsvorschläge geben.
- Suchen Sie nach Kompromissen.
- Setzen Sie eine Bewährungszeit. In dieser Zeit werden die Konfliktparteien beobachtet.

© Fachverlag für Recht und Führung, Tel.: 0228/9550130, Fax: 0228/359710 1

Zeitsparende Gesprächsvorbereitung

Mit diesem neuartigen System haben Sie eine Grundausstattung der wichtigsten Führungs-Instrumente stets griffbereit. Auch dann, wenn es brennt, sind Sie in Sekundenschnelle auf die Situation vorbereitet.

Sicherheits-Check in Besprechungen

Unauffällig und diskret stehen Ihnen wertvolle Checklisten, Selbst-Tests und stichwortartige Gedächtnishilfen zur Verfügung.

Erfolgserprobte Lösungswege

Das tempus Zeitplanbuch:

Optimal eingepasst in ein wertvolles Zeitplanbuch

So haben Sie garantiert „kurze Wege" und eine hocheffiziente Zeitplanung, um Ihren Führungsalltag zu managen.

Jetzt halten Sie mit dieser einmaligen Kombination aus bewährtem Zeitplansystem und den Pocketcards Führung Ihr eigenes, kompaktes Führungsinstrumentarium in Händen!

Auf den Punkt gebrachte Management- und Führungskompetenz für mehr Gelassenheit und schnelle, zeitsparende und direkte Problemlösungen.

Exklusiv im Fachverlag für Recht und Führung

Ihr Vorteils-Angebot:

1 tempus Zeitplanbuch in elegantem schwarzen Leder, Format A6, Register mit Inhaltsverzeichnis, einem Mehrjahreskalendarium, passendem Schreibgerät und geräumigen Innen-Schubfächern sowie **21 stabilen, plastifizierten Pocketcards. Jetzt zum günstigen Einführungspreis** von nur 48,57 €/95 DM! **Am besten heute noch anfordern!**

Diese 21 Pocketcards Führung gehören zur Grundausstattung Ihres neuen tempus Zeitplaners:

Führen:
- 5 häufige Führungsstile/5 Regeln, wie Sie Ihren Führungsstil finden
- Selbst-Test: Wie gehen Sie mit schwierigen Mitarbeitern um/ Der richtige Umgang mit 3 Problem-Typen

Motivation:
- 3 Grundlagen einer erfolgreichen Selbst-Motivation/ Die Phasen eines Motivations-Prozesses bei Mitarbeitern
- 6-Punkte-Plan zum Abbau von Motivations-Störfaktoren/ Checkliste: Motivationsfaktoren in Ihrem Arbeitsumfeld

Kommunizieren:
- 11 Praxis-Tipps: So wirken Sie überzeugend/3 Überzeugungstaktiken
- So umgehen Sie die 4 häufigsten Kommunikationsfallen/ Trainingsprogramm: So verbessern Sie Ihre Kommunikationsfähigkeit

Konflikte:
- 4-Stufen-Plan zur Lösung eines Team-Konfliktes/ Selbst-Test: Wie gut können Sie Konflikte im Team lösen?

Selbstmanagement:
- Die ALPEN-Methode/So vermeiden Sie Zeitfallen

Karriere:
- So entwickeln Sie Ihren persönlichen Karriereplan/ Ihre persönliche SWOT-Analyse
- Mit diesen Schritten haben Sie die richtige Karrierestrategie/ Bewerten Sie Ihre Karrierechancen mit der PEST-Analyse

Analysieren und Bewerten:
- Erkennen Sie Ihr Stärke- und Schwächepotenzial/ Anwendungsschritte
- Die 4 Phasen der Mitarbeiterbewertung/Das Bewertungsgespräch
- 5 Schritte zur sicheren Entscheidung/ So vermeiden Sie typische Entscheidungsfehler

Bewerber auswählen:
- Gesprächsablauf in 5 Schritten/1x1 der Gesprächsführung
- Zulässige Standardfragen/Bedingt zulässige und unzulässige Fragen

Projekte managen:
- Projektstrukturplan (PSP)/Projektablaufplan (PAP)
- Darauf sollten Sie bei der Teamzusammenstellung achten/ Bewertungsliste: Ist der Mitarbeiter für das Projektteam geeignet?

Werben & Verkaufen:
- Kundenfreundlichkeit/Kundenservice
- Aufbau eines Marketingplans/So präsentieren Sie Ihren Marketingplan

Stil & Etikette:
- Stil und Etikette von A-Z/Machen Sie einen guten Eindruck!
- 5 Schritte zum erfolgreichen Business-Lunch/Schlechte Tischmanieren

Bestellen Sie einfach:

Per Telefon: Rufen Sie jetzt bei unserem freundlichen Kundenservice an **02 28 / 95 50 130**
Per e-Mail: Schicken Sie Ihre Bestellung einfach an **Kundendienst@vnr.de**
Per Fax: Kopieren Sie dieses vorbereitete Bestellformular und schicken Sie es per Fax an **02 28 / 35 97 10**

☐ Ja, ich möchte das erste Zeitplanbuch zu mehr Führungskompetenz mit den 21 wertvollen Pocketcards Führung ab sofort nutzen. Senden Sie mir deshalb das tempus Zeitplanbuch mit der Basisausstattung der 21 Pocketcards Führung aus dem Fachverlag für Recht und Führung zum günstigen Einführungspreis von nur 48,57 €/95 DM zzgl. Porto und Verpackung zu.

POF 0031

Name/Vorname ____________ Ggfs. Firma ____________

Straße/Nr. ____________ PLZ/Ort ____________ X Datum/Unterschrift ____________

Die **Pocketcards Führung** erscheinen im Fachverlag für Recht und Führung, einem Unternehmensbereich der Verlag für die Deutsche Wirtschaft AG, Sitz: Bonn, AG Bonn, HRB 8165, Vorstand: Helmut Graf.